A World without

ISLAM

如果世界沒有伊斯蘭

面對地緣政治新變局，來自美國中情局的戰略思考

Graham E. Fuller

葛雷姆・富勒——著　藍曉鹿——譯

獻給

我的太太Prue、

我剩下的子女Samantha、Melissa及他們的家人

我的手足David、Meredith、Faith及他們的家人

他們陪伴我走過在穆斯林世界工作的一切酸甜苦辣

並時時給予鼓勵

也獻給我的好朋友們

不管是穆斯林、基督徒或猶太人

你們都在我的工作與生活中

豐富了我的人生

目次

導言

如果你願意，可以想像一下：媒體頭條、電視廣播以及電腦螢幕和政治辯論中，去掉了伊斯蘭教的圖像和內容，會是怎樣。其實沒有伊斯蘭教的世界，幾乎是不可能想像的。我們可說是浸淫在宗教聖戰、伊斯蘭教領袖裁決、伊斯蘭學校、塔利班、瓦哈比教派、毛拉（伊斯蘭宗教領袖）、伊斯蘭殉道者、聖戰者、伊斯蘭激進分子、伊斯蘭律法等名詞中。無論是美國國內的反恐抗爭，以及「全球反恐戰爭」的海外長期戰爭等，伊斯蘭都顯然居於一個核心位置。

事實上，伊斯蘭教似乎提供了一個即時且簡化的分析模式，幫助我們了解複雜難解的中東事務。只要祭出伊斯蘭教，事情就都簡化成了「西方價值觀」和穆斯林世界之間的兩極分歧。對新保守主義來說，伊斯蘭法西斯儼然是隱約成形的「第四次世界大戰」的首要敵人。這個鬥爭也可能是意識形態上的「長期」對峙，且只要聚焦在宗教區別上就好，而不用考慮其他造成東西方長期對立的複雜因素。

本書將從相反的視角來討論這些問題。也就是說，如果從來都沒有伊斯蘭教，如果先知穆罕默德從來不曾在阿拉伯的沙漠中出現，如果伊斯蘭沒傳播到中東、亞洲和非洲的廣大地區，那麼現今世代，西方世界與中東世界的關係會完全不同嗎？我覺得其實不會。即便沒有伊斯蘭教的出現，現況依然十分相似。

乍看之下，這個結論似乎很不合理，但其實是有許多因由造成了遠在伊斯蘭教出現，甚至早在基督教出現之前，中東和西方世界就在地緣政治上形成了緊張的關係。這些原因包括：經濟利益、地緣政治利益、相鄰國家之間的權力鬥爭、種族對抗、民族主義，甚至基督教內部的嚴重衝突，這些都與伊斯蘭教毫無關係，卻是構成中東和西方世界對立的諸多原因。

這裡請容我再多說兩句，如果我們把發生在西方和中東之間事件觀察期間拉長一點，我們就會為雙方之間的衝突，找到比伊斯蘭教這樣簡單理由更強有力的原因。這也不需要有中東方面的專門知識，才能了解西方，主要是美國，和中東之間關係發生了嚴重的扭曲。到底發生了什麼事？為什麼中東變成了現在的樣子？或者說為什麼西方是現在的樣子？如果沒有伊斯蘭教，我們現在還會面臨著這麼多的挑戰嗎？中東會比較和平嗎？中東和西方的關係又會是怎樣的？顯然，假如沒有伊斯蘭教，國際秩序一定會呈現不同的樣貌。還是，會有不同嗎？這本書就要來探討這個問題。

＊＊＊

直到近五十年來，西方國家特別是美國，對中東從來沒有顯示出認真、持久的興趣。其實數世紀甚至可說一千年以來，西方世界對此地區素有干涉，我們都視若無睹。我們只是很表面的聽見中東對涉及石油、財務、政治干預等問題上對美國的批評聲浪，比方說受到西方支持的政變、對親西方獨裁者的輔佐、在複雜的巴勒斯坦問題上美國完全站在以色列一邊等等。其實這些根源完全不在伊斯蘭教，而在西方世界對歐洲猶太人的迫害和屠殺。

歐洲強權也把他們內部的爭執放大到世界性的戰爭上，這兩大戰爭發生在中東土地上，誠如過去的冷戰一樣。所有這些都明顯造成中東的動盪，有諸多因素，這些因素對當今現狀的解釋力一點也不比伊斯蘭教遜色。

我在這裡想說的，並不像有些讀者可能猜想的「譴責西方」這麼簡單。我認為，好些更深層的地緣政治因素造成的東西方衝突，早在伊斯蘭教之前就存在了，一直延續到伊斯蘭教產生之後，並且擴及到伊斯蘭國家周圍，很有可能是沿襲自本地區的重要地緣政治，而與宗教無關。

當然，如果說伊斯蘭教在東西方衝突中沒起任何作用，那也是不對的。畢竟伊斯蘭教是一種深厚有力的文化，對整個中東世界，以及中東世界之外的地區都產生深遠的影響。但是說到東西方關係的問題，我認為伊斯蘭教不過是其他更深層對立和衝突的表面旗幟罷了。

且不說別的，我希望這樣的檢視至少可以讓讀者重新思考東西方衝突的本質，特別是美國人是如何思考他們外交策略。這種自我檢視對美國這樣的強國來說，不是一件容易的事，從某方面來說是他們是孤立而短視的。國力強盛意味著安全和保證，會讓他們忽略小國容易覺察到的危險和威脅，因為這種錯誤後果是不堪承擔的。國際政治和叢林生存沒什麼不同：弱而小動物必須智慧敏捷、觸覺敏銳、行動敏速才得保全自我；而大型的動物，比方說大象，可以較少關注環境，照自己意願行事，其他動物躲開即好。

強權也會帶來某種程度的傲慢：相信我們可以控制局面，我們可以負起責任，我們輕易就可以說服他者，或者威脅他者，或者我們自己這樣認為。小布希時代的一位高級政府官員在問及中東戰爭的現況時，他不假思考，就說道：「我們將自己創造現況。」過去十年發生的事，悲哀的印證了他的說法。

問題在於我們看待事情的觀點。正如過去的世界強權一樣，面對境外發生的危機，華盛頓採取了我稱之為「無瑕概念」的理論。也就是說，我們美國人本質上並未插手，我們專注於我們國家的事務，並協助讓世界變得更好，只是不斷面對那些惡勢力主動攻擊，我們必須起身回應。絲毫沒有想到，可能美國對外策略本身就是這無止境事端起因的一個部分。這背後有一個很大的悖論：那就是一方面，美國以世界強權為榮，國外擁有七百個軍事基地，五角大廈足跡遍布全球，但是另一方面，卻對自身的強大角色沒有足夠認識，且不論是好是壞，這個是形塑國際局面的主導力量。這種愛麗絲仙境般的想像不僅影響著政策制訂者，甚至華盛頓龐大的智庫也無法置身於外。在對其他國家的情報分析中，重點往往在於**其他**國家、**其他**文化，以及**其他**參與者的負面意圖，美國的看法以及行為卻好像沒有產生過影響。要主流出版品和智庫所做的嚴肅分析，指出美國政策上的作法或缺失，正是當前危機的成因之一，相當的困難。我們在這裡討論的不是要指責誰，我們只是從邏輯上推論，或者說是一個不證自明的事實，那就是世界上現在唯一的強權對國際政局產生了巨大的影響。這點必須拿來被檢視。

這裡還有一處更諷刺的是，像美國這樣的國家，不論場合處處顯現出強烈的民族主義，高舉愛國旗幟，但是怎麼可以無視其他國家愛國主義和民族主義的存在？冷戰期間，對於第三世界動機和情感的同理上，華府向來做得不好，結果把許多國家推向了更具同情心的蘇聯。這是一種戰略上的盲點，將其他國家的利益與偏好視為無關或可以隱藏的東西。而我們也無視了中東的民族主義以及其他認同問題，我們無視這些問題，並把他們打包進一個名叫「伊斯蘭」的籃子裡。

當我們不喜歡一個國外勢力的時候，我們喜歡用一個強烈的近乎毀滅性的名詞來詆毀對方。民主社會一個最不可取的地方就是，如果需要為了戰爭流血或付出昂貴的代價，我們就必須把敵方妖魔化，以獲得國家以及公眾輿論的支持。而這個妖魔化的訊息（解釋敵人是誰，為何而戰）必須夠簡短，短到可以放進保險桿上的貼紙裡。

在當今的世界，伊斯蘭教就成了美國的一個保險桿貼紙，我們在穆斯林世界所有問題的預設原因。過去，我們曾經對無政府主義宣戰，對納粹、法西斯、共產黨宣戰，今天我們要戰鬥的是「激進的伊斯蘭教」。我之所以加上引號，不是說激進的伊斯蘭教是不存在的，而是它本身是一個更複雜更廣義的現象，不同形式和內容，需要用各種不同的方式回應。

這個術語無法準確有效的概括我們在對面伊斯蘭世界的所有問題。在更簡化的分析中，我們有時候還聽見說，問題還不是「激進的伊斯蘭教」，根本就是伊斯蘭教的問題。為什麼「他們」仇恨我們，為什麼他們喜歡暴力，為什麼他們「仇恨民主」，為什麼他們不接受美國的萬靈丹和價值體系，為什麼他們要捲入游擊戰或恐怖戰爭，為什麼他們拒絕美國的政策，接受美國為他們構想的未來，這所有的問題，伊斯蘭教四個字就是一個簡單現成的答案。

可是事實是，並沒有所謂的「一個穆斯林的世界」，而是有許多穆斯林的國家，以及不同樣的穆斯林信徒。同樣重要的是，過去十年來，在西方世界於實體和想像兩個方面加以攻擊和圍困之後，穆斯林的世界變得整合了。事情的真相是，美國數十年來的政策比任何其他因素都更促進形成了一個有共識的穆斯林跨國世界烏瑪（umma），這是自先知穆罕默德之後，從未有過的。

九一一事件可不是這段歷史的起點。美國涉及中東事務從很久之前就開始了，九一一只是一個暴力、蠻橫的極端世界，是過去累積的一個總爆發。如果把九一一作為歷史的起點，我們美國就突然就成了唯一的受害方，我們被賦權來維護世界公義，我們就會一如既往地做我們歷來所做的事，繼續帶來災難性的後果。

＊＊＊

從某個方面來說，「沒有伊斯蘭教的世界」是一個荒唐的說法。我們不能改寫歷史，我們也無法真實設想，某些歷史事件不曾發生，世界會是怎樣。換言之，只要開始了「如果」開頭的討論，那就是開啟了一個無止境的假想。雖然市面上有好些書正是以「如果」起頭：如果九一一沒有發生？如果一九一四年弗朗茨．斐迪南大公沒有遇刺，一戰失去導火線？如果列寧沒有從德國由一節火車車廂秘密送至蘇俄，就會沒有十月革命？如果南方的美利堅邦聯打贏了美國內戰？如果這些事情發生了，今日的世界會產生巨大的變化嗎？還是長期而言，趨勢並沒有改變？

這些問題從根本上來說，是沒有答案的。但是此類思考練習的重點是，用想像力從另一個角度來理解歷史，之前沒有注意到的部分會以一個新的風貌和輪廓出現在我們面前。也許歷史是今天的樣子，只有五一%的可能，這樣的思考只是昭示了其他到頭來沒有為主流的四九%。但是他們其實依然還是存在的，可能屈居表面之下，卻依然發揮著影響力，影響著未來的事。

一九八〇年代的時候，我曾任中央情報局國家情報會議的副主席，負責進行遠程戰略預測。我們不時進行一項腦力快轉練習，對分析局勢剖有啟發性：就是假設一個重大事件在未來發生，不管看起來有多不可能，然後迅速寫下相關的細節，介紹事發經過。

比方說，假設沙烏地阿拉伯發生了一場激進伊斯蘭革命，事情如何發生？有哪些具體場景？假如有一天中共垮台了，事態會如何發展？每天會發生何種變化？什麼隱藏的力量，目前未被發現，有可能在未來崛起？這般練習的目的就讓平時覺得不可能，或者沒想到的可能，變得有血有肉，並且提升我們對「料想不到」、「微乎其微」事件的敏感度。這是政治和社會方面的想像力訓練，是許多專業訓練中其中的一項。

此書也是本著同樣的思路，檢視發生在中東的重要事件，試圖辨識出伊斯蘭教之外的重要原由，也就是說即便沒有伊斯蘭教，這些原由會讓事情演變成大致類似的樣子。本書試圖完全不同的角度來看事情，凸顯出原本我們沒有注意到的特徵。即便讀者未必認同某些假設前提，或者解釋，但是我相信，看完本書之後，你再也不會像過去那樣看待穆斯林世界了。因為我們突然看見了影響事件的其他因素，並且重新考量我們的分析。

也許有些讀者對本書的分析有不同的看法，那很好。我知道我所做的判斷。確實，我也可以寫出與現有內容相反的論調，這些不是重點。重點在於，我們需要重新審視一個簡單的假設，那就是伊斯蘭教是中東世界的全部，是所有問題的原因，也是所有問題的答案，而不去了解造成當今現狀的其他更深的更體系的問題和原因。

有一點我必須說清楚，那就是本書絲毫沒有詆毀或者看輕伊斯蘭教的意思，伊斯蘭教在世界史上具有非常重要的地位，對世界產生了巨大的影響，是源遠流長的重要文明之一。沒有其他一項文明歷時這樣長久，影響幅度如此寬廣。我非常看重伊斯蘭教的文化、藝術、科學、哲學以及教化，對穆斯林人的養成。如果缺少了伊斯蘭文明，這個世界將會變得非常貧乏。

當然我也不會忽略一個事實，那伊斯蘭教撐起了一個龐大且獨特的空間，那就是穆斯林的世界，無數如此不同的人、國族、文化和地區，在其他地方不可能碰觸的，在這個空間裡有了連結。對此一區域內的人來說，這是非常重要的。不過，本書的重點是如果沒有伊斯蘭教，**西方和中東的關係**會有什麼不同，而不是去檢視沒有了伊斯蘭教，整個穆斯林的世界會是怎樣，或者，如果沒有了伊斯蘭文化，西方的世界會失去了什麼。我們關注東西方關係的發展軌跡。而東西方強烈對立的程度，我認為伊斯蘭並非主要原因，甚至也不是第二因素——我們必須從其他地方尋找原因。一旦我們看往他處，我們就會發現竟然有這樣多的因素影響著東西方的關係。

還有其他幾點，我也想在這裡說明一下。首先就是西方總是偏向把伊斯蘭教看作是奇特、異域的，與西方觀點大相庭徑。我在這裡卻極力把伊斯蘭教放到一個世界宗教的脈絡底下，特別是猶太教和基督教。非常教人意外的是，伊斯蘭教是從中東綿延的宗教思想（甚至包含諸多異端）中蛻變出來的，是整體宗教圖像中的一部分。事實上，伊斯蘭與眾多之前就存在的勢力都能相合。

另一個關鍵主題是宗教、權力和國家之間的關係。我認為，西方歷史上這種宗教與國家的緊密聯繫，對基督教與基督教史的影響，更甚於對伊斯蘭與伊斯蘭世界的影響。異端這個題目在這裡就很重要。我想檢視，異端，作為一種不被權威接受的宗教觀點，如何成為大眾反對國家統治的載體。因此，當我們研究宗教爭端的問題時，我們在很大程度上談論的是權力關係。

我也試圖說明伊斯蘭教的演變，和基督教有著類似或者說平行的發展過程，雖然不是每個部分都相同。這方面的觀察也表明，大多數宗教都必須經歷某些過程：經文求實、維護教理之正統、處理信仰的擴大或腐敗等等。在這裡，伊斯蘭也並不特別，而是符合其他宗教在神學發展上的一般規律。這反倒證明了，並非宗教本身，而是國家如何利用宗教造成這些區別，此外，不同宗教社群的基礎可能很少取決於神學，而在很大程度上取決於世俗競爭。

本書下面將要討論的重點是東正教和西方或者說羅馬天主教之間的緊張和分歧。[1] 如果伊斯蘭教沒有在中東世界崛起，那麼這片廣大的區域極大的可能就是依然處在東正教的轄下。在近兩千年的時間裡，東正教和天主教之間的關係可說是既有猜疑又有怨毒，儘管他們也有許多共通的傳統。因此我們大有機會想像，那就是今天的東正教可謂宗教和意識形態上的一個跳板，把中東世界對西方世界的怨憤具體化了，這點從東正教的中心莫斯科的發展歷史可以得到證實。

探討這個主題可以延續到檢視十字軍東征的歷史：這真的是一場宗教戰爭嗎？還是一場地緣政治事件？再進一步說，大家以為的基督教世界和伊斯蘭教世界的爭鬥，其實是三方政治角逐，這三方是：東方的基督教，西方的基督教和伊斯蘭教。

我用了一章專門去討論基督教的宗教改革，發現發生在基督教歐洲的事件，和日後不同情形下的伊斯蘭基本教義派的出現，有著非常相類的地方。在這兩者的情況，政治考量都主導了神學議題，神學都只是動員的載體。而且我們也可以留意到，在國家或教會對神學控制不力的時候，更容易導致激進主義，不管在基督教還是穆斯林中都是如此。

我們發現東正教、天主教之間的衝突和基督教、伊斯蘭教之間的衝突有著驚人的相似。這些包括：歷來的恩怨、教會以及宗教在社會中扮演的角色、對公眾以及私人價值的形塑，國家和教會或清真寺之間的關係，以及世俗主義在當今世界意味著什麼，又暗示著什麼的討論。權力和仇恨再次超過了神學本身，後者本身顯得微不足道。

本書接著會檢視政治學家杭廷頓先生在名著《文明衝突與世界秩序的重建》提出的「伊斯蘭的血腥邊境」一說。我們這裡真正要討論的是什麼？我檢視了伊斯蘭教和其他主要文明之間長期的關係：西方歐洲世界、東正教的俄羅斯、印度教的印度以及儒教的中國。它和其他每一

1 編註：本書中的「東正教」一詞採取比較廣義的解釋，泛稱相對於羅馬拉丁教會的東方基督教傳統，並不限於十一世紀教會東西大分裂之後的東正教會。

個文明之間關係複雜，且不斷調整適應，相互影響。這些關係提供了一個更細緻的圖景，就是伊斯蘭教如何經營和其他文明和宗教的關係，而不是像普遍認為的只是恐怖和對立。

部分讀者可能質疑本書更著眼於伊斯蘭教對西方世界的不滿，而不是外頭世界對伊斯蘭教的不滿。事實確實如此。首先，因為穆斯林對西方世界的長期積怨，從來不為西方世界所了解。關於穆斯林對其他文明，如基督教、印度教或猶太教，歷來所犯暴行已經有很多論著，我若想寫也可以長篇累牘。但是從穆斯林的角度，也可以講述別人對他們做了什麼。本書的目的不是在相互的血祭誹謗（blood-libels，編按：指過去歐洲關於猶太人用血祭祀的謠言）中加入其中的一方，只是希望讓大家看到更多歷史事件，特別是發生在「文明斷層線」上的歷史，也就是說伊斯蘭教文明和其他主要文明接觸的時候，發生了什麼。審視這些事件，我們就會發現種族的對抗遠甚於伊斯蘭宗教的角色，我們也可以看到這種對抗有沒有因為宗教差別而加劇。

本書的最後一部分探討了當今穆斯林世界的願景。首先從穆斯林對殖民強權的反抗史入手。我們可以看到在較近期的時間，中東地區對西方帝國勢力是如何發展成形的，以及反帝國思潮如何深深影響了中東的世界觀。我留意到，其他文化中的反西方言辭和行為，其中包括中國，這說明了西方帝國干涉主義的議題上，穆斯林的觀感和其他亞洲國家有多麼雷同。

我也關注了一下當代最急迫的話題：聖戰、反抗、戰爭以及恐怖主義。這些議題主宰著媒體，栩栩如生的再現在大眾面前。一方面它們理應得到大量關注，但是另一方面，這也是在製造恐慌，並不乏有誇大不實之處。這到底是宗教範疇還是地緣政治的範疇？在最後一章結語中，我回到幾個特別的政策議題，提供的簡潔而明了的觀點，說明如果我們想從犧牲太多、代價太高的泥淖中脫身，我們的觀點跟政策應該要大大的改變。

本書除了伊斯蘭教之外，也討論的不少其他與伊斯蘭相鄰的文明，如拜占庭、俄羅斯、西方基督教、印度和中國，份量比起伊斯蘭教來說，只多不少。我想要論述的重點是，不管在文化預設、期望以及世界觀各方面，伊斯蘭都有能力與其他文化共存。當今穆斯林社會普遍對西方價值感到懷疑跟恐懼，事實上，許多開發中國家也都如此，儘管他們可能在文化細節上不盡相同。換句話來說，困擾著西方世界的穆斯林價值觀和特質同樣也存在於一個「沒有伊斯蘭教的世界」中。

本書是一個論證，而不是一段敘述。我企圖指明，一般歷史記載所忽略或掩蓋的特定趨勢或力量。藉由「如果沒有伊斯蘭」這個問題，我試圖呈現，除去伊斯蘭因素，中東局勢**為何**且**如何**發展的新視野。最後，我希望讀者把伊斯蘭教看做整個世界複雜的人文、政治及宗教經驗的一部分。如果有所謂的「伊斯蘭教問題」，那麼這也是我們的問題。

我在書中會重複提及「伊斯蘭教」一詞，就像在這篇導言中一樣。但是其實從某個角度來說，沒有單一的「伊斯蘭」，而是「複數的伊斯蘭」。換句話說，有一套伊斯蘭信仰，但是被不同的穆斯林用他們的生活詮釋出來的，因為國別、年紀、事件、人與人的特質不同，而有了不同版本。事實上，伊斯蘭是穆斯林所認為的樣子，也是他們所期望的樣子。而跟其他宗教的信徒一樣，一個信仰有很多差異。

伊斯蘭教是一個廣大且變動的現象，而想要概括其特質就要把它像蝴蝶標本一樣釘在收藏盒中加以觀察、諮詢、研究。外頭有千千萬萬的蝴蝶，在我們試圖掌握牠們的時候，依然在進化改變著。諷刺的是，一個極端是刻板狂熱的穆斯林分子，他們想要推廣伊斯蘭教，另一個極端是他們的西方勁敵，他們想要削弱此教，這兩方都試圖把伊斯蘭教當作一個不會變動的單一現象。

最終我想說服讀者的是，目前東西方的關係危機，或者說西方世界與伊斯蘭教之間的危機，並不是所謂宗教上的衝突，反倒更是政治、文化上的摩擦、對抗和衝突。這個結論非常重要，關係著我們如何處理西方世界和穆斯林的關係。照現在的趨勢，我們正邁入一個文化上的鐵達尼號，或者說一場文明的衝突，所謂的「新百年戰爭」或「第四次世界大戰」，似乎在所難免。少部分的穆斯林、基督徒以及猶太教眾，確實喜歡對現存衝突的極端描述。但是我們認定宗教問題不是目前緊張關係的中心，那我們就有更大機會處理和化解這些衝突。從這個意義上來說，我們有希望讓亞伯拉罕的三大信仰：猶太教、基督教和伊斯蘭教有更多的分享，更少的分歧。分歧是國族的，而不是宗教的。

* * *

可惜宗教一旦和政治力量攪和在一起，就失去了其靈魂的精神面向。是以在很多的地區，宗教常常引發了流血衝突，爭奪土地、主權和權力，以及保存現有的社群。此類現象發生在許多宗教中，包括：基督教、伊斯蘭教、猶太教、佛教、印度教、神道教甚至還有傳統的原住民信仰。

我們生活的時代，西方的「理性」思考把宗教當作古老過時之物，好的一面也就是約束社會維護秩序，壞的一面更是造成了仇恨、暴力衝突甚至戰爭。「回歸宗教」讓西方許多人感到失望，因為那是一個更大的力量，有時也是更危險的。這種觀察有幾分道理。雖然真正的危險不在宗教本身，而是教條式的思考。二十世紀真正的恐怖事件幾乎都與宗教無關：兩次世界大戰、弗朗哥、墨索里尼、希特勒、列寧、史達林、毛澤東、波布、盧安達等，造成的數以億計的人口死亡，這些都是世俗的力量，甚至是無神論的政權，執著於一個教條理念，不計一切代價固執執行。

最後，我這裡討論的不是作為信仰的宗教，而是「有組織的宗教」，是承載了人類許多面向如政治、恐懼、驅力、偏見、夢想和苦難的終極機器。我不會說，這些就是宗教的全部。但是我們展開二十一世紀的苦難，我們會真實的認識到現代宗教乘載了多少複雜的事宜，既便很多已經超出了「宗教事務」的範圍，但是依然公開援引了宗教概念。在美國如此，開羅、斯拉維夫、孟買或可倫坡也都一樣。宗教有不同的聲音，被不同的目的所用，就像人本身一樣，有好有壞有貴有奸。讓我們從這個思考方向，來看一看「沒有伊斯蘭教的世界」是怎樣的情形：我們和中東的關係會是怎樣的？我們還會有其他什麼新發現？

第一部

異端與權力

第一章　伊斯蘭教與一神教信仰

「他沒有生產，也沒有被生產。」（古蘭經一一二：三）

誠然，伊斯蘭教不是從來自古就存在的。直到公元七世紀，先知穆罕默德受到神啟，開始傳教，這就是伊斯蘭教的產生。但是若把伊斯蘭教的產生當作中東世界發展的一個轉捩點，從某種意義上來說，又是錯的。從政治意義上來說，沒錯，這是一個分水嶺；但是從宗教和文化層面來說，伊斯蘭教的出現是繩索中多出來的一股，是中東地區一神教思想發展的延續。

我們現在常常聽見「亞伯拉罕的信仰」一說，用來概括三種始於先知亞伯拉罕的一神教，這三種宗教是：猶太教、基督教和伊斯蘭教。其實這三個宗教是緊密相連的，不管隨著時間的推移，他們在政治上產生了多大的分歧。

這就是我們要說的重點了：政治和權力鬥爭常常為了自身的目的，放大了宗教之間的差異，而不是強調其共有的歷史傳承。此地區的政治秩序、地緣政治間的緊張關係，在伊斯蘭教出現之前就有了，在伊斯蘭教出現之後依然存在。我們要尋求的是那些持續存在的。因此把伊斯蘭教看作是中東地區的基督教完全相異的東西，甚至帶著反西方的態度，不是正確的觀點。伊斯蘭教吸收、表達、並保持了此一地區深層的發展趨力以及深層的文化。

伊斯蘭教出現之前，中東地區的信仰版圖以東方版的基督教，也就是東正教為主，薩珊王朝治下的波斯，部分地區也同時有信仰一神教瑣羅亞斯德（也稱拜火教，或者祆教），都市地區有部分猶太教徒，印度次大陸地區還有佛教和印度教徒。當時的歐洲信仰版圖則是主要基督教，外加少量異教。單就宗教方面來說，伊斯蘭教是後來者，但是這個新宗教卻對國家結構具有非常的影響力，此後就再也沒有其他宗教具有這股力量。

身為後來者的伊斯蘭教，擴張迅速，很快就收復了原本由東正教和祆教主控的中東地區。如果沒有伊斯蘭教，東正教極有可能至今仍然是中東地區的主要宗教，唯一可能的例外就是伊朗的祆教。

雖然伊斯蘭教遠征廣大地區，就像所有的征服者一樣帶來巨大的政治衝擊，但是就神學意義來說，其開始幾十年對本土人口的影響並沒有很大。伊斯蘭教是從中東現有的宗教環境中，以一種有機且自然的方式真實萌生出來的。其實最令人驚訝的一點是，伊斯蘭教如何與已存的宗教和諧共處。

伊斯蘭教的誕生不是沙漠中的一個孤立事件，一個與西方文化根源毫無瓜葛的異國果實。伊斯蘭教的思想直接來自東地中海地區和中東地區的廣大文化背景之中，在這裡東西方文化有著深度的宗教交流、交叉傳授，以及對話辯論。可能世界上再也找不出第二處地方像中東這樣，各式宗教都在歷史上留下的其蹤影。而伊斯蘭教的出現，讓我們目睹了同樣的主題同樣的關切，那些在猶太教和基督教發展早期湧現的又一次浮上檯面。

我們先來簡單回顧一下基督教的歷史，在目睹了公元六世紀左右的基督教宗教和教義之爭，再看到伊斯蘭教的時候，我們不會驚訝的：伊斯蘭教傳播的信仰闡述都是一些非常熟悉的議題：唯一真神的本質是什麼？誰是福音的受眾，猶太人，神的選民，還是全體民眾？耶穌是神的兒子，還是受到神啟的普通人？我們會快速檢視宗教問題的迷人特質，看到哪些受到政治力量擁戴的教義，贏得的勝利；而沒有得到政治力量維護的，就成了異端。

最重要的是，我們在這些偉大帝國看到，教義的爭鬥是如何和政治緊密聯繫的。權力總是吸引著宗教，而宗教也吸引著權力。神學是其次的。此外，文化、時間、傳統、歷史以及信仰有著持續且堅強的力量，可以把一切新事物納入到既有的軌跡當中。伊斯蘭教，一個新興且輝煌的文明果實，無疑是那個大環境下的產物。

阿拉伯

就連阿拉伯半島也不是一處孤立之地，而是置身於一個更大區域的宗教思想以及其他紛擾之中。就拿處在西南角的葉門來說，這裡是中東地區最古老的文明之一，可能也是所有閃族人的最早家園。閃族部落就是從這裡移居到美索不達米亞，於西元前二三〇〇年征服了蘇美人，在那裡建立了閃族人的文明。沿著紅海，豐富的香料和紡織品貿易可以一路抵達埃及、黎凡特以及地中海地區，因此葉門人和腓尼基開始有了最初的接觸。知名的示巴女王還刻意選在葉門居住，和衣索比亞的基督教王國阿克蘇姆往來。基督教和猶太教都在葉門擁有很多信眾。有段時間，波斯人也移居此地。

沿著紅海海岸的漢志地區北上，就是麥加城，這也是阿拉伯最知名的城市之一，歷史可以追溯到四千年之前。但是在先知穆罕默德出現之前，少有歷史資料提及此城，至少外部的資料沒有。儘管如此，這裡還是成為紅海到敘利亞貿易路線的轉運站。在漢志沿岸的幾個重要的城市，都有猶太人的社區，特別是在麥地那。此區再往北是東正教的拜占庭帝國，在今天的敘利亞和約旦也有幾座城市中心。

阿拉伯長期以來，一直有自己本土的傳統宗教，由當地的部落神明構成，和閃族人（包括早期猶太教徒）早期的神明相似。敬拜的地方集中在麥加的卡巴神殿，那裡供奉了三六〇尊神，據說還有耶穌和聖母瑪莉亞。這處聖殿給麥加帶來了可觀的經濟收入，也帶來的政治權力。麥加城設法管理部落聯邦，監督半島內複雜的政治關係，並限制破壞性的部落戰爭。部落聯邦的另一項成就是，和拜占庭維持了貿易夥伴的關係，促進此一地區的經貿。麥加的繁榮也促發了政治和社會新緊繃，因為舊的部落結構和裙帶關係所支撐的社會體系正在崩解，而新興的資本市場經濟正在崛起；舊的社會價值日漸衰退，有待新的價值體系來填補。

在這樣的地緣政治與神學氣氛下，於公元六一〇年的時候，一個年輕的麥加商人名叫穆罕默德，在受到神啟後，為一神教的發展開啟了一個新篇章。穆罕默德從小是個孤兒，為他的叔叔工作。四十歲那年，受心理焦慮所苦的穆罕默德開始訴說他在山上的奇異經歷：大天使加百利曾經親臨他，指點他背誦神的話語。他受命要傳遞這樣的訊息，這位神是唯一的，他要把神的話語傳到各部落中，傳遞給麥加多神異教的腐敗社會中。穆罕默德開始散布這個訊息，並譴責殘酷不公的社會，以及卡巴的多神偶像崇拜。後者是麥加政權和商貿的象徵。這叫人立即想到了耶穌和放高利貸的人，但是穆罕默德顯然還有政治的願景。

更重要的是，穆罕默德很早把自己列入舊約先知群中的一位，可以追溯到亞當和亞伯拉罕。[2]古蘭經上確實包括了這些像眾人揭示神蹟的人，稱他們為首批的穆斯林，僅因為他們經歷了並且認識到唯一真神以及祂的力量，儘管那時他們還沒有稱呼自己為穆斯林。穆罕默德堅持說，他也是這樣的使徒或者先知，並沒有神性。

事實上，對此區域的人來說，穆罕默德傳遞的訊息沒什麼新鮮的，不過再度確認了唯一真神上帝的永恆話語。穆罕默德也宣告了簡明、直接的神學，擺脫了過去六百年來，東方各個基督教神學中心對耶穌性質莫衷一是的解釋。他特別強調回歸神所規範的道德社會這一點。

擁戴伊斯蘭教很簡單：新人只需要用純淨的心宣示見證，即唸清真言（shahada）：世上只有唯一的真神，沒有其他的神；穆罕默德是真神的使者。所有的穆斯林都需要行使五項職責（五功）：宣示見證（唸）、每天祈禱五次（禮）、齋戒月的時候照規矩齋戒食物和飲水（齋）、一生去一次麥加朝聖（朝）、佈施或支付天課（課）。

伊斯蘭教信仰的要求是相信唯一的真神，接受這位神的先知（包括摩西、耶穌和穆罕默德），相信天使，相信真神的神聖經典（包括舊約、新約和古蘭經），相信審判日和復活日、相信命運或命定。新信仰的神學基礎方便傳播、解釋和接受。

穆罕默德是第一位自稱穆斯林的人，聲稱自己是伊斯蘭教徒，願意服從於真神的安排。他感到有必要澄清並說明唯一真神的想要傳達給世人的訊息，並且清除早期猶太教和基督教對神意詮釋中參雜的誤解和錯誤信念。但是神的啟示是唯一的，而且相同的。

傳統的穆斯林學者自然拒絕在伊斯蘭教出現有任何世俗的原因，也就是說，拒絕承認有任何外在的、區域性的、非神聖的原因影響到先知受到神啟。在他們的神學體系底下，這也是合理的。但是穆罕默德所生活的環境自然作為一個外在因素，影響了他的思想、他的想法和他的人格，這也自然影響他如何接受神啟以及如何解釋神啟，而這又影響著他自己和他的跟隨者。因此，其他人檢驗可能和看似有理的外在因素影響了穆罕默德的個人經歷以及他對神啟的解釋也是合理的，就像研究歷史上的其他宗教人物的經歷和其神學詮釋系統之間的關係一樣。

在彼時的阿拉伯半島，大多數古蘭經的新戒律基本上是大家熟悉的，從猶太教信仰就開始否認耶穌是彌賽亞，而只把他當作一個用信仰治病的人。同樣熟悉的是，基督教的「異端」說，對耶穌各方面做的推測，也早就在中東地區流傳開來。其實，古蘭經嚴格的一神論更接近

2 編註：將亞當列入先知是伊斯蘭的說法，亞伯拉罕則為猶太、基督與伊斯蘭共同認定的先知。另，漢譯古蘭經依據阿拉伯語，多將亞當音譯為「阿丹」，亞伯拉罕音譯為「易卜拉欣」。

早期流傳至中東的基督教，而不是後期的在緊張關係中作出妥協的東正教。但是一神論的各種版本，滲透在這一地區所有文化之中。

作為一個主要宗教的先知，穆罕默德是第一個生平事蹟有歷史記載的。關於他的生平和行事，在古蘭經上有紀錄，與先知同時代人所寫下的聖行（Sunna）和聖訓（Hadith）也紀錄了更多細節。

可是即便是在當時，伊斯蘭教也面臨著和其他宗教包括基督教同樣的問題，那就是對先知生活和言語的現代紀錄，到底有多少準確度呢？其所言所行都是透過口頭傳誦紀錄下來的，先知生活的時間到記錄成冊、系統分析整理，此間相隔約百年之久。這項任務等同於基督教體系中，收集所有耶穌的生平記錄，以判斷福音書中有多少是可信的，多少不可信，至今對此問題的猜疑和辯論依然喋喋不休。

雖然在伊斯蘭教中，聖訓地位不如古蘭經崇高，古蘭經是神對人的直接諭示，但是聖訓卻是後來伊斯蘭教法規更重要的依據。聖訓是對具體情境，直接提供了具體的處理辦法，這些情境是在早斯伊斯蘭教社群的發展過程中出現的，是古蘭經時代尚未出現的問題。聖訓也昭示了，先知自己是如何理解神的話語，已經如何落實在實際生活中。很像基督徒常常思考的這個問題，那就是「耶穌會怎麼做？」

但是在當時，伊斯蘭教中少部分的人卻認為古蘭經才應當是唯一的典籍，因為直接來自於神，況且聖訓龐雜多變的版本，可信度不同，且有些選用了更有利於自己觀點的說詞。很有趣的，在新教改革運動中，也出現出類似的「唯獨聖經」派，他們只依據聖經來建立神學理論，而揚棄了教會史上累積的慣例、大公會議決議等等。

把新啟示用到伊斯蘭教的政治和宗教社群在實踐上遭遇了非常大的困難，特別是麥加的菁英們，他們覺得自己的權力、財富、地位都在穆罕默德的神訓底下遭到威脅，因此他們激烈反對。在生命遭到威脅後，穆罕默德帶領他的追隨者逃到了麥地那，在那裡他建立的第一個穆斯林社區，並且受邀在敵對的武裝力量中擔任要職，這樣就維持了城內的和平新秩序。

他把這些規則寫在了《麥地那憲章》中，對不同部落和宗教團體（包括猶太教、基督教和穆斯林）的權利、責任以及關係都明明白白闡述清楚。同時，這個麥地那的穆斯林團體持續受到麥加軍方和政客的敵視與威脅，直到公元六三〇年。敵意終於消除，先知在沒有流血衝突的情況下，凱旋回到麥加。

這段長時間的緊張、敵意、爭戰、敵友改變，以及背叛，反應在古蘭經的比較黑暗和戰爭氣氛的篇章中，旨在教導穆斯林團體如何面對想要毀滅新興力量的勢力。這些段落的憤怒和暗黑像極了舊約中以色列人遇見敵意閃族部落的時候，經文呼籲以色列人不要對阻攔他們在以色列重建國度的人留下半點情面。在這些文字中，少有和解與平和。

隨著伊斯蘭教的發展、散布，與伊斯蘭帝國的建立，聖訓的可靠性問題具有了更大的政治意義。和基督教教會一樣的是，伊斯蘭教後來的俗世社會和宗教權威，有無數人想要追溯伊斯蘭宗教典籍是怎樣詮釋的、由誰主控的、又產生了哪些影響；但和基督教教會不一樣的是，伊斯蘭教非常幸運的保留了對先知神性的討論，不管先知本人或者他人如何宣稱的。或者正是因為對神學願景的粗線條勾畫，才使得在這個信仰體系中，少有被認定為異端和歧義。不過，對古蘭經和聖訓的解釋依然是伊斯蘭教演變的核心問題，至今如此。

而且隨著伊斯蘭教的傳播，它遇見了新的語言、新的地理位置、新的文化和歷史。就像其他傳播中的宗教一樣，伊斯蘭教也做出了改變，以適應當地的背景，更容易被當地人接受，成為他們的新信仰。但是在後來的改革者眼中，有些在地化和增修是非伊斯蘭教的，是異端比阿達，神學體系應該去除這些，恢復到正統。這些議題成為伊斯蘭教的改革派和基本教義派關切的重點，和馬丁．路德的新教改革關切的問題十分類似。

宗教以及信徒之間的摩擦，很少是基於某些特殊的教理，更多是基於宗教的政治以及社會意義。我們來看看猶太教、基督教和伊斯蘭教三大教派的重要差異。到底這些神學差異對古代和中世紀的中東的政治有多大影響呢？仔細查看之後，我們就會注意到，對一神論性質的反覆中辯，一直是這個區域文化的重要課題。與其說伊斯蘭在神學理論上做了多少改變，不如說是採用了其他兩個宗教之間的平衡觀點，強化了宗教教理上連續性。

認為伊斯蘭教象徵某種破壞文化和神學的力量，或者說這個宗教為其日後反西方思想奠定基礎的流行看法，完全脫離了此一宗教產生的文化和歷史脈絡。事實上，伊斯蘭教反映了中東地方某些深層的文化、哲學和宗教趨勢，並且做了延伸，其中也包括對待西方保持審慎的態度。

猶太教觀點中的基督教和伊斯蘭教

猶太教對基督教的評價對後來後來基督教異端產生了明顯的影響，也影響了伊斯蘭的神學理論。第一點就是，對整個中東來說，最敏感也最重要的一個議題就是彌賽亞的本質：基督徒認為耶穌是救世彌賽亞，他的出現在舊約中早有預言；而猶太人拒絕認為耶穌是彌賽亞。對有些基督徒來說，猶太人是異端中最糟糕的，因為他們拒絕相信自己的經文中明文寫下的：那就是彌賽亞的降臨。但是猶太學者卻不承認這點，他們聲稱，耶穌顯然不是舊約中預言的彌賽亞。

他們認為，真正的彌賽亞必須完成數項任務，才可被驗明「真身」：首先他必須是大衛王的男性子嗣（耶穌據稱是上帝的獨生子）；他必須遵守摩西律法（耶穌顯然沒有遵守，而且他還試圖改變律法）；真正的彌賽亞還會開啟一個新的和平時代，仇恨和壓抑將不復存在，事實上這個時代沒有產生。舊約期待的彌賽亞是可以立即完成這些救恩，而不是等到「第二次降臨」，而且舊約中根本就沒有提到第二次降臨。同時，猶太人也不接受人類因為耶穌的犧牲而得到救贖的觀念，也沒有其他人可以拯救人類，只有藉由過著合於猶太律法的生活才可以得到救贖。

猶太人更進一步譴責耶穌採納了猶太一神教的觀念，卻毀了它，讓猶太人自己內鬨，從而削弱了猶太教。穆斯林時期的西班牙有位傑出的猶太哲學家邁蒙尼德，他直言道：

> 第一個用此計（消滅猶太國的蹤跡）的人是拿撒勒人耶穌，希望他的骨骸化做了塵土……他讓大家相信他上帝派來的先知，為的是澄清猶太律法中的疑問，他就是每一位先知預言過的彌賽亞。他對猶太律法托拉的解釋，就是廢除其戒令違反其禁令。記得老規矩的猶太教賢明，看出了他的意圖，想在他名聲鵲起之前，找個妥當的辦法處置他。

因此，從猶太教徒的觀點來看，耶穌並不符合預言中彌賽亞的定義，而非基督徒認為的，否認經文中的預言。

伊斯蘭教在這個問題上採取了一個中間點，認定耶穌是神的先知，的確施行了神蹟，確實由聖母瑪莉亞所生。古蘭經的十九章題為「瑪麗」（Miriam，中譯本多作「麥爾彥」），她是古蘭經中被提及次數最多的女性，在新約中出現的次數更多一些，是在伊斯蘭教中最受尊重的女性形象。

然而，依照伊斯蘭教的觀點，耶穌不是至尊神的本尊，也不是這位神的兒子，而是一個受到神啟的人類先知。真神嚴格的只有一位。但是對伊斯蘭教來說，否認耶穌是偉大先知也是對他們信仰的觸犯。比方說，穆斯林一向認為有辱耶穌的藝術作品都是瀆神的。古蘭經上提到耶穌時，會交替使用下列稱呼：神的道，神的靈，神的跡象，沒有任何貶低的字眼。因此，在一個沒有伊斯蘭教的世界中，猶太教對耶穌的強烈抨擊，依然會存在。

同樣的，猶太教也無法接受穆罕默德為先知。雖然如此，伊斯蘭教和猶太教的精神卻意外的接近，勝過兩者和基督教的關係。兩教都持強烈的一神論觀點，每天需要禱告數次，稱誦神的唯一。猶太人和阿拉伯人都屬於閃族，在很長的時間內，他們分享共同的生活空間、分享共同的歷史，使用的語言也非常接近。伊斯蘭教和猶太教都是以律法為根基，強調個人通過經營合於律法的生活來得到救贖。

兩者都有社區法庭，用宗教律法來解決許多爭端。猶太教堅持神不可描繪，不可擬人化，因祂不具備人形；伊斯蘭教也堅守著同樣的概念，那就是神不可被賦予人性。因此，對猶太教徒和穆斯林來說，基督教的宗教藝術就算不是褻瀆，也是令人驚嚇的。因為這些藝術作品直接且細節的描述了上帝，通常是年長的白人、白鬍白袍；而在不同地區、不同文化背景中的耶穌形象則是千差萬別。

在準備食物、屠殺動物、禁食豬肉，以及宗教儀式之前的潔淨上，猶太教和伊斯蘭教都同樣有許多規矩。事實上，伊斯蘭教的這些規矩是從猶太教吸納而來的，但是大大簡化了猶太潔淨食物的要求。曾經和穆斯林長期共存的東方猶太人（也稱為塞法迪猶太人），他們的宗教實踐也受到穆斯林的影響。雖然生活在穆斯林社會下，猶太人經歷過數段血腥的歷史時刻，但是猶太學者無一例外的同意，數世紀以來，生活在穆斯林社會下的猶太社區和猶太文化，境遇要比在基督教治下的幸運許多。

一九四八年，以色列建國。這是一個為經歷歐洲殘暴大屠殺後無家可歸的猶太人打造的家園，卻以犧牲巴勒斯坦為代價，也就是這個戲劇性的轉捩點，造成了後來猶太人和穆斯林之間的緊張和衝突。事實上，這些緊張的關係完全是政治地緣上的，以色列與鄰國為了領土與外交衝突不斷。

伊斯蘭教觀點中的猶太教和基督教

亞伯拉罕諸教有三，伊斯蘭教是最後一個發展成形的，因此可以借鑑其他兩個宗教的發展過程。依照古蘭經上的說法，猶太教在接受神給他們的訊息時，犯下了幾個錯誤：首先，他們認為自己是神的選民，他們認為世上唯一著真神是猶太人的神，他們認為神給人的訊息是給猶太人的。但是古蘭經說，不，神是不選人的。古蘭經第十九章九十六節說：「信道而且行善者，至仁主必定要使他們相親相愛。」這是聖徒保羅寫給眾人的訊息，也是和猶太教不一樣的地方，那就是耶穌關於神的福音，是給全體人類的，而不是只給猶太人的。因此伊斯蘭教對神的解讀顯然是對猶太教的「修正」，而這個新觀點很可能是受了保羅書的影響，神的訊息是給普羅大眾，而不是專給猶太人的。

儘管伊斯蘭教和猶太教有所不同，但是他們對基督教的批評在下面這一點上卻是共同的：他們認為任何一種上帝之子的觀念，都是對一神觀念的褻瀆，這唯一的神是不會生出其他的，也是不可分割的。三位一體的概念帶著多神教的味道，對猶太教和伊斯蘭教一樣，同樣都是背神的。對伊斯蘭教來說，耶穌不是死在十字架上的，而是被神接去了天堂。而且在審判日的那天，將會是耶穌，不是穆罕默德，將要回來，平息反基督的勢力，懲罰伊斯蘭教的敵人，帶來正義。

不過，歷史的發展會改變人們看待宗教的方式，這一事實有助於解釋和說明不同宗教之間的差異。穆斯林意識這一事實，雖然他們察看的角度比較偏向他們的宗教。不止一個穆斯林告訴我：「這三大宗教都是源自於上帝的，但卻是產生於不同的歷史時期。人類對神的理解也隨著時間的推移而進化。用現代電腦術語來比喻，猶太教可說是Word2.0，在當時運作完好，現在如果想用，還免強應付。但是隨後出現的基督教，大概就是進化到了功能更多的Word5.0版，對神的話語理解升級了。而晚六百年出現的伊斯蘭教，則是Word8.0版，最幽微精緻的理解了神和神的訊息。只要你願意接受，每個版本都可以運作，當然最新的更好一點。」

我們無法接受穆斯林普遍認定的宗教進化說，但是宗教的理解是進化的，此一觀念在許多宗教學者之中也很盛行，即使軟體版本一說有些刺耳。凱倫．阿姆斯壯（Karen Armstrong）在《神的歷史》（History of God）一書中，就把人類對神理解的進化，標示出了清楚的里程碑。

但是廣為穆斯林內部接受的新科技比喻，卻也為他們帶來了一個邏輯上的後續問題，有沒有可能有更新版，比方說Word9.0會出現呢？當然這在穆斯林當中是一個如假包換的異端。因為對穆斯林信眾來說，先知穆罕默德帶來神啟是最終完美版的，不可能有更新的空間，不可能有更合法的先知。穆罕默德是「眾先知的封印」（seal of the Prophets，表示他是最後一位先知）。

這番認定讓伊斯蘭教處於一個奇特的位置：伊斯蘭對過去的宗教史相當寬容；但是對穆罕默德之後，任何宣稱包含新啟示的宗教教義，則毫不寬容。這也是造成伊斯蘭教與後來的阿赫邁底亞、錫克教和巴哈伊教緊張的源由，後面三種宗教都是建立在伊斯蘭教基礎上的，但是在說到較後出現的先知，有部分更新。這三種宗教運動都受到伊斯蘭教神職人員的強烈譴責，追隨者在許多穆斯林國家遭到迫害。

猶太教和基督教如何看待伊斯蘭教

最後，我們來看看猶太教和基督教是如何看待伊斯蘭教的，這個加入他們中間來後來宗教，他們的看法卻是不夠寬容的。相較於伊斯蘭教接受舊約和新約的大部分內容，猶太教和基督教都拒絕穆罕默德，連他先知的身份都無法認同。他們也拒絕舊約和新約中被穆罕默德「更新」過的訊息，這也不出乎意料。多年來，許多基督教文獻都把穆罕默德當作異端，甚至魔鬼，應該被丟到但丁神曲所描繪「地獄」的最下層。順便說一句，天主教曾經在歷史上把清教徒視為魔鬼的異端，而清教徒對他們的觀感也一樣。

＊　＊　＊

因此三個亞伯拉罕教之間的關係複雜難解：在許多方面，他們是平行的，在另一些方面，他們又相互衝突。此外，伊斯蘭教是一神教在中東發展史上的一個強有力的新階段。它是從基督教和猶太教衍伸出來的，卻又和他們同時存在於同一區域。伊斯蘭教確實建立了一個新的政治秩序，但是並創造出全新的宗教、全新的神或全新的道德觀。如果這裡沒有出現伊斯蘭教的話，這一塊土地在文化上和智識上將會貧瘠一些，但是對中東文化和神學的基本想法或許不會有太大的不同。

＊　＊　＊

幾乎所有的宗教都是從早期的宗教和教義中發展出來的：佛教源自印度教以及其文化哲學，儘管印度教並不把佛教視為異端；錫克教源自印度教和伊斯蘭教；巴哈伊教源自基督教和伊斯蘭教。從某種意義來說，異端是宗教的創造性進化，但是這些早期的宗教衝動和領悟，將要等待未來世代的依照他們當下的文化環境，加以打磨、闡明和再詮釋。

諷刺的是，宗教的非常小的細節和具體的特徵都完全的被教眾接受，而且被認為是宗教中最重要的事，其中若有不同，便會引起彼此之間武力對抗。但是如果神學理論上的小差異引起了仇恨、暴力或戰爭的話，其實這不過是一個徵兆，背後一定有比神學理論爭執更大的事。好比在廚房裡，家人為了義大利麵該煮多久引發了激烈的爭吵，憤怒是真實的，但是外人一看也知道，義大利麵是否彈牙其實無關緊要，而是意味著背後有更大的問題。

因此就中東地區以及此地的宗教而言，神學並不是衝突的真正根源。身份認同、社群團體、國族、政治、權力、地區民族主義等等，都是一觸即發。宗教只是一個方便的標籤，在構成身份的諸多因素中，宗教是一項重要的因素，但是後頭的神學理論其實並不重要。其實我們很少人是自己選擇成為基督徒、穆斯林或猶太信徒的，我們只是生在其中某一種傳統之中，然後接受了社群中豐富的面向；而不是在不同的宗教理論之間，綜合考量，擇一而從。

猶太社群從來都是強有力的文化力量，原因卻不是因為猶太教特定的儀式細節。這些細節是會改變的，而且確實發生了改變。文化身分與神學——可以是任何神學——黏合了整個宗教或族裔的社群。基督教不同的支派，也是同樣的道理。宗教幫助建構了一個社群，而這些社群可能因為安全問題、資源問題、領導者問題或者地盤問題，變成了敵對方，甚至發生戰爭。

當今的時代，我們已經朝各宗教之間的和解及合一審慎小心跨出了步伐，也認識到彼此之間的共同之處。事實上，猶太—基督教（Judeo-Christian）一詞開始流行，不過是二十世紀初的事情。這個詞目的就是承認兩大宗教之間的共性，在基督教史的大部分時間軸上，對猶太教是採用了一個敵視和歧視的態度。而我們知道的，在三大宗教當中，就神學角度來說，猶太教和基督教之間的差異是最大的。在新近二、三十年來，我們看到「亞伯拉罕諸教」一說開始變得流行起來，把伊斯蘭教也納入到尋找共性的範圍之內。這些改變的原因不是神學理論有了大改變，而是人們期望克服差異的態度有了轉變。

宗教、國家、權力以及異端

宗教擁有異常強大的力量，人生意義、死亡議題、戰爭的和與止、什麼是合於道德的行為、社區的維護以及性，凡此種種大哉問都是宗教要處理的議題，宗教也影響著個體的精神、心理和行為。還不止於此，更影響著參與宗教活動的整個信仰團體。這群志同道合的人，宗教定義了他們，同時也加強了他們之間的連接。如此強大的力量，位於權力寶座上的人，當然也試圖讓宗教站在他們的那一邊，我們難道會感到驚訝嗎？說來，本書宗旨就是要探討宗教、權力和國家之間的關係。

國家基本上都希望採用一種宗教，並管理此教，使其成為「國教」。一旦宗教和國家產生了連接，其教義和教理就和國家的威望、權力和控制連接到了一起。宗教是猶太教、基督教或伊斯蘭教，其實不是重點，如果到了這一步，對教義的不同認識就不只是一個神學議題，卻有著嚴重的政治意涵。那些不認同國家主流想法的就會被列為異端，事實上，這種差異可能變成叛國罪。

那麼什麼才是異端呢？這個詞叫人想起了穿著制服的審判者、執行酷刑的刑具、淚流滿面的懺悔者、殉道者，以及燒死在火刑柱上的情景。歷史確實常常如此。雖然異端常常遭到壞名聲，但事實是，異端是創新的一環，人類歷史和新觀念演化中都是如此。

異端（heresy）一字的字源本來很單純，在希臘文中，原本是「選擇」的意思，就是有意識的遵循一條特別的思維途徑。在基督教中，開始用來形容偏離正統教導的思想。當然，正統原本也就是「正確意見」意思。但是是誰決定哪些意見是正確的，或者說正統的呢？這就是問題的關鍵了：異端其實是取決於旁觀者怎麼看的。而什麼是「正確觀念」幾乎和特權出現的時間完全吻合。

從最陽春的宗教崇拜出現之初，異端就存在了。當有人站起來，批評團體的關於神和精神的訓導，說這會招致日後的災難，這些批評者就是異端。受害者可能被當作犧牲，處死在祭壇上，還有處女被丟進火山中來祭慰神。舊約中遭到天火之災的先知，大多是宣講猶太人的罪惡將給他們帶來災難，或者不守十誡的人將在主再來時遭到懲罰。約拿（不聽神的話）被丟進海裡；耶穌宣揚罪惡將招來末世來臨的消息（被釘十字架）。

維持正統觀念是三大一神教的首要問題，也是受爭議最多的問題，而在其他宗教如印度教、佛教、道教或者儒家思想體系中，卻遠遠沒有這麼重要。部分原因可能是基於這樣的事實，那就是一神教是一種「揭露」（神啟）的宗教，這些神是永恆的，會永遠存在於後世，也存在於先知們的神啟時刻之前。因此從這個意義來說，教義不容有彈性。

十多年前，我在印度搜集有關伊斯蘭教和西方宗教的資料，曾經和印度教學者有一番討論。他們告訴我說：「你的命題一開頭就有問題。真正的斷層線不在伊斯蘭教和西方文化之間，而是在像印度教這樣的多神教和西方的一神教之間。後者包括猶太教、基督教和伊斯蘭教。」照印度教學者的觀點，一神教的信仰是人和唯一真神之間的約定，以及神的啟示，從本質上來說，這樣的信仰是狹隘不寬容的。

在軍事戰爭、政治鬥爭，或者歷史事件中，國家以及政權使用甚至濫用宗教為藉口，我們是屢見不鮮。把整個宗教現象，化約為權力衝突的託辭，也未免太頭腦簡單了；但是不可否認的，在政治和社會歷史上，宗教卻一直為世俗所用。因此宗教機構最總得花上大量時間，以維護其正統。從這層意義來說，所謂的正統，就是有本事定義和控制觀念，以保證當權力量的正當性。

我們也不要苛責宗教圈，在人類活動的所有領域，包括歷史、哲學，甚至科學，都有所有所謂的正統。只要教條判斷取代了懷疑、探究和辯論，就有所謂的正統存在，而教條判斷是受到權力方支持的。回想一下，馬克思無神論的共產主義正統是如何被史達林極端實施在歷史、藝術和科學等廣泛領域的；諸多領域意識形態的異端都會招來在KGB地牢裡一槍斃命的下場。在那裡，正統和意識形態都是用來維護共產黨統治的。

政黨也是一樣，特別是有意識形態的政黨，成敗就在他們能不能提出一個信念，吸引跟隨者，並且把他們組織起來；而政黨就是要維護其成員在意識上的統一認同。如果沒有了共識，政黨就會崩解。政黨努力維持思想觀念的純正，和國家把握宗教教理，差別甚少，只不過宗教組織握有的王牌可以吸引更高的權力。

當信仰和權力的結合，異端就應運而生。宗教被制度化之後，就面臨著「擁有」和控制教義的問題。如果每個人都可以自由的相信他想相信的，或者說ＤＩＹ一個個人專屬的宗教，那信仰其實算不上什麼大事。自己在經文中發現神，確實是新教改革運動的終極目標，但是這個運動也把基督教分散更小的宗教團體。基本教義派的瓦哈比（也稱為薩拉菲），也是一項改革運動，呼喚個人自己直接去解讀經文，而不是透過中介來認識神。

權力是終極的陷阱，也是終極的腐敗：和國家政權連接愈緊密的宗教，就愈是遠離智識和精神的領域，愈是靠近政治的範疇，直接捲入國家政權和權威。這種時候，國家自然不能置宗教於不聞不問。當國家官方的信仰或教義遭到質疑的時候，國家政權本身就遭到了質疑，國家不可能坐視這種情形發生。

至此神學教義也反過來服務於國家利益。國家招募的神職人員是那些可以把他們的宗教特長奉獻給對國家有利的宗教詮釋上。伊斯蘭教和基督教長期以來，歷來都和不同的國家政權有著長期的連接，因為他們持續面臨著這樣的問題，直到現在。

事實上，基督教歷史上的教會和國家緊密聯繫的程度，遠遠超過伊斯蘭教，在伊朗伊斯蘭共和國出現之前，伊斯蘭神職人員少有這般機會。另一方面，猶太教因為大多時候缺乏國家機器，比較少有這方面的經歷。不過，當今的以色列卻是猶太教和國家權力以及政治緊密掛鉤的，因此日後猶太教也不會在這方面缺席了。

相反的，如果宗教獨立於國家政權，某些重要的事情就發生了：國家保護宗教的正統，卻不會有實際的利益。但是宗教並沒有因此就獲得完全的自由。如果一些教義和觀點影響到社會大眾對國家的看法，那麼這些個人的信仰觀念也會對國家產生很大影響。這就是美國的福音教派直接衝擊了社會大眾對政府的觀念；穆斯林的基本教義派運動成員如何看待國家，直接威脅了最世俗的威權政府的合法性。

以上所有也不意味著宗教不過是遮掩權力鬥爭的偏激面具。當然也有可能是這樣。但是人類讓宗教屈就於政治或者商業目的，一點也不會減損信仰本身的精神力量，它可以藉由塑造一個人的哲學、行為和生活，由此改變整個社會。

甚至寬容也難以達成。印度教看似明顯沒有需要妥協權力和正統的問題。因為確實在此教中是沒有所謂的正統和異端的。印度教海納所有的宗教觀念，因為每個觀念都可以窺探真理的一部份，而神聖真理本身則是博大精深，難以掌握。但是看似寬容的多神教特質並不表示，印度教為國教的國家，或者印度教的信徒中，就對其他宗教信徒沒有歧視、迫害和暴行；我們近來就非常遺憾的看到印度民族主義軍方領導人對穆斯林、錫克教徒和基督教群體使用暴力。

所有這些都是政治和民族主義，和宗教本身無關。請留意，這些反對外來者的印度民族主義也可能把印度變成一個不寬容的、狹隘宗教的國家，這就和伊斯蘭的基本教義派推動伊斯蘭民族主義運動，反抗西方的介入非常類似。拿佛教來說，其宗教哲學是非常平和的，一旦和民族主義相結合，比方說斯里蘭卡的僧伽羅人對待信奉印度教的泰米爾人，早把平和這個道德考量忘到腦後。為僧伽羅人而戰的時候，佛教僧侶們也平和不再。在這種時候，神學什麼也不是。

難道我們忘了在伊斯蘭教中，真主阿拉有九十九個尊稱：慈悲、同情、忠誠、復仇者、安慰者、得勝者、救贖者等等，這都是同一位神的不同屬性，不同面貌。但是沒人因此就說伊斯蘭教是多神教，只是讓我們認識到同一位神的多重面向。

寬容、包容，以及排他

世上的心理模式可以分成兩種：一種是排他為目的，旨在畫出一條界線，區別出我者和他者，他們認為自己相信的才是獨特的，和其他人相信的都不一樣，也就是說，他們所信的才是正確的，其他人都信錯了；另一種的目的是找出信仰的共性，分享重疊與相同的部分。同樣的信仰體系底下，也可以分成這樣的兩類心態。誠如一位哲人說的：「他們畫出了一個方型，我在方塊的外面；我畫出了一個圓，他們在圓中。」

但是是什麼個人心理因素，促成某些宗教信徒選擇狹隘、排他，另一些卻追求寬容和包容？在討論西方和伊斯蘭教的關係時，這個二分法引發了許多討論。我若在演講中，說到亞伯拉罕諸教的共同點，就會遇見抗議的聲音。我留意到，對穆斯林來說，他們的真主阿拉與西班牙人的Dios，法國人的Dieu，俄羅斯人的Bog，或突厥人的Tanrı，並沒有什麼不同。事實上，阿拉伯基督徒便以「阿拉」向上帝禱告。這只是不同語言表達的同一個概念，唯一神的意思。但我這麼說，有些西方的基督徒又會抗議。他們會說：「阿拉不是我的神。我的神把祂的獨生子耶穌派給了我們，耶穌是我們人類的救贖，是我們禱告的代禱者。和伊斯蘭教的神不一樣的。」

從某個意義上來說，這是對的。有些猶太人也會反對「基督教上帝的觀念，那個上帝派了祂的獨生子來，這不是猶太教的觀念。此外，照舊約說的，耶穌顯然不是基督徒認為的彌賽亞。」這也是對的。同樣的，有些思想狹隘的穆斯林也把基督徒和猶太教徒描述為「不信教（伊斯蘭教）」的人，而不是古蘭經上所稱的「有經者」（People of the Book，意指接受神啟、信奉經典的人，多指一神教徒）。

或許有些人在自己的文化和社群受到威脅時，就會傾向於畫出一條清楚的界線，變成排外的信仰者，以期保護他們的文化遺產免於受到威脅。但這種時候，我們真正討論的是個人和社會的心理，而完全不是神學。

本章展現給我們的是，伊斯蘭教，可以放在猶太教和基督教兩極的中間點上，它是如何在宗教演變和宗教思維演變過程中自然出現的一個部分。伊斯蘭並非全新的宗教，但是它也確實服務於地緣政治的力量，就像基督教一樣。因此，本書大部分內容都在處理宗教與國家的關係，而國家的力量與目標遠大於宗教本身的角色。這個事實為本書的論點提供了基礎：那就是西方和中東的歷史其實是國與國之間的地緣政治，而不是宗教本身，不管宗教用什麼宣傳口號、主張，或者意識潮流激起民眾愛國情緒。沒有伊斯蘭教，中東一樣會和西方起齟齬。

第二章　權力、異端以及基督教的演化

大多數的宗教可以定義為，神站在政府那一邊的信仰。

——伯特藍・羅素（Bertrand Russell）

公元四世紀是基督教決定命運的時刻：因為在這個時刻，羅馬帝國／拜占庭帝國接納了基督教，教義的詮釋權直接落到了國家手上。我們可以看到，政治如何直接影響了神學。宗教還是異端成了工具、成了口號，被不同城市、地區、野心勃勃的牧首們用於他們在羅馬帝國／拜占庭帝國內部的權力鬥爭中。

這構成了日後中東地區地緣衝突的基底，甚至也是基督教內部衝突的基底。中東地區最後將變成一個羅馬、君士坦丁堡和伊斯蘭教三方衝突之地，但是我們先來檢視，在伊斯蘭教出現之前，權力和異端如何影響了地緣政治，東方和西方，也可以說是君士坦丁堡和羅馬之間，如何滋長敵意。而後伊斯蘭教，也同樣對西方採取審慎及不信任的態度。這些都跟隨著領土而來。

耶穌的生平、使命和死亡非常具有戲劇性，當如何詮釋這些在他信徒當中出現分歧時，基督教異端雛形就此產生。歷經了時間的推移，國家或者互相競爭的政治力量，更深涉入到對宗教以及異端的定義和管理上，反過來說，宗教和異端這類事件本身在國家政治上扮演了重要角色。誰來推廣宗教，推廣哪一種宗教，跟宗教本身一樣重要。

從一開始，處死耶穌的時刻政治就已經介入了。耶路撒冷的大多數猶太教的頭目，都認為耶穌是假先知，他帶領的運動是一個宗教異端，呼籲判耶穌死刑。當時國家尚在羅馬帝國治下，終於屈從了猶太社區的要求，判了耶穌死刑。就羅馬方面來說，這是完全是一個政治決定，而不是宗教選擇。我們容易就看出來，對猶太公會（Sanhedrin）來說，剷除耶穌是一項政治行為，因為他對現存宗教威權構成了威脅。

於是異端的潛在可能立即就顯現出來。那麼，新的「異端」和「正宗」猶太教之間有聯繫嗎？如果有的話，那又是怎樣的聯繫呢？事實上，早期的基督徒幾乎每個都是猶太教徒，因此他們認為自己是猶太基督教。那麼基督教只是猶太教的一個分支，那麼新的基督徒必須先接受猶太教再轉變成基督教嗎？對於現代大多數的基督教神學家來說，真正把基督教從猶太教中區隔出來，變成一個獨立教派的人是保羅，而不是耶穌，因此不需要先成為猶太教信徒，才可以變成基督徒。

是保羅打下了神學理論的基礎，在這個基礎上信仰的宗旨是救贖，而不是終生恪守猶太律法。這個新的宗教方向造成了猶太教史上最大的分裂。而新的基督教信仰是對全世界開放的，不管什麼種族，不管原本信仰什麼，就不妨礙新信仰。再也沒有「神的選民」，只要選擇基督教就是被神揀選。是信仰，而不是律法，才是通往救贖的道路。

因此從基督教社群開始在耶穌基督的人生、他的使命以及教誨中尋找意義的時候，就開始出現了分歧。這些早期爭論的核心就包含了基督論的重要議題：耶穌基督的真正本質到底是什麼？這些爭論也無可避免的影響了伊斯蘭教教義。

- 耶穌是人，是神，還是同時為人且為神？
- 他的肉體是被一位處女懷孕、生養的嗎？還是在出生之前，他就先存在了？如果是這樣，那麼他存在的時間和上帝一樣久遠嗎？

• 耶穌等同於上帝嗎？還是他就是上帝？
• 是先有上帝，然後創造了耶穌嗎？這不是說耶穌是第二位神嗎？
• 上帝是一嗎？還是上帝和耶穌二位一體？還是加上聖靈，三位一體？
• 如果耶穌同時是人，也是神，那麼哪個因素更重要，神的特質，還是人的特質？上帝真的會降臨人世，化為人形，然後被殺，死在十字架上？
• 耶穌死後復活，會是怎樣的？是獨立的存在，還是與上帝合一？還是他一直就是獨立存在的？

上述列出的以及其他沒有列出的類似問題，困擾著教會，後來也攪擾著羅馬帝國，引發了叛亂，創造了新的教派，激起了民事和軍事衝突，讓現世的權力分崩離析。至今在基督教裡，依然沒有達成共識。

公元之後的三世紀，基督教還沒有合法的地位。從事基督教的活動，是羅馬政府禁止的，會週期性遭到迫害。而對羅馬當時的國教，基督徒甚至不願表現出口頭上的服從，而所謂口頭上的服從不過是對皇權的象徵行簡單的禮，私下大可行自己的教。但連口頭上服從也不願意表示，就會被認為是背叛國家，是一種叛國行為。

有關耶穌的不同觀點同時存在了好長時間，直到教會開始要系統性的剷除異己，尋求單一的正統觀念。在君士坦丁堡的羅馬帝國正式採用的最後版本只是加速了實施統一信條的過程。

對國家來說，宗教太重要了，不能由神學家們說了算。不能由神學家們端坐在會議室中黑箱作業般的做出決定，而是應該由各方權威：信徒們、不同的宗教學派、政治家，還有最重要的帝國當政者，濟濟一堂，決定符合他們利益的基督教訊息。

他們有一個終極重要的目標：那就是要確保教會和國家在教義上的唯一壟斷的解釋權。如果挑戰這個解釋權，就是挑戰教會和國家。新信仰掀起了一股熱潮，在猶太社區以及傳統社區之外的非猶太社區，特別是黎凡特、安納托利亞、希臘和埃及，大家都公開討論耶穌的本質。據說有些廣為人知的辯論，發生在君士坦丁堡的理髮店和小酒館。猶太社區的主要人口是希臘化的猶太人，他們成了辯論中的要角。這個議題始終沒有退出流行，而且在後來異端興起時，一次又一次的浮上檯面。就連伊斯蘭教出現時也是如此。

拜占庭的羅馬採用基督教為國教之後，便接手控制帝國內已有的各式詮釋系統和派別，以建立某種正統的經學，定義出「正確的觀念」。持異見者被要求採納新觀點，放棄舊觀念或者會被壓制。不意外的，有權力的官員們的不同見解，將會影響到國家最後的決定。

自耶穌誕生以來，這片土地上，就出現了繁複的基督教思想，國家要如何確認、組織、理性化、編撰、協調、整合，最終再推廣給大家？第一步就是招開大會，讓不同基督教派的人士就信仰的本質達成共識。君士坦丁一世在公元三二五召開尼西亞大公會議，敲定了基督教神學的基本信條，紀錄編撰為尼西亞信經。大公會認為他們為後世千秋制定了最重要的基督教基本信條。

但事情尚未結束：還有更多的大公會要開，還有更多的改變要完成。官方教會的首要任務之一就是確認經文。關於耶穌、他的門徒，以及早期基督教運動，有許多的文字紀錄，哪些該奉為基督教的核心文本？當有不同的書冊，不同版本的時候，該用哪些書冊，哪個版本的？採用其中一個，而沒有用另一個，會直接產生贏家和輸家，某些經書被認為是「核心」，納入正典，有些書則比較「外圍」，被拒絕載入。能不能採納的標準也很多種：有些版本因為創作時間太晚，很難說是紀錄基督生平的權威之作；有些羅馬人認為很重要，是羅馬世界中非常流行的經文，但同樣的經文在君士坦丁堡的希臘語世界中，卻少為人知；有些版本在某些特別族群中很流行，卻不為外人所知；有些陳述不可靠，有些完全背離了教會精神，是徹頭徹尾的異端；有些書寫頗有歷史價值，紀錄了基督教早期的運動，但卻不適合當作經文。

最後，正典經文到底是哪些呢？就是經公認權威認可後收入到正典之中的，後來也被認定為是「神聖的」。說到底，神聖經文是由利益相關的不同群體，一起決定的。也正因為如此，有些重要的基督教文獻卻被其中這個或那個的利益團體否決了。然後，即使正典沒有收錄，這些經文卻對理解基督教會有重要幫助，這一類重要的遺珠包括：多馬福音書、死海古卷、旁經使徒行傳（也稱偽經使徒行傳）等等。伊斯蘭教也經歷了類似的過程，把聖訓——與先知言行相關的千萬條紀錄，整理出真實可靠的，有些至今仍然在辯論和考據中。

也不止是文字有沒有錄用決定了輸贏。信仰和觀念附著在什麼載體上，也有關係，有時候擁戴觀念的群體是被教會官方排斥在外的，當教會官方和國家裁決保持一致的時候，這些觀念也一併被排除在外。當然一些深受喜歡、歷經時間考驗的觀念不容易消失。但是對於促進基督教大聯合的大公會，哪些人會受邀參加？哪些人的聲音會被聽到？決定要如何做？如果觀點未被接受，教會領頭人和社區領袖必須聲明放棄，否則會被宣判為「異端」。

在認證、傳播和施行宗教的過程中，國家的權力變得愈來愈具有侵入性了。雖然改宗成基督教的過程大多是透過大公會和平發生的，接管早期「異教」的聖地、敬拜場所和其他機構，禁止再進行其他的儀式和其他宗教實踐，這些都受到國家支持。但是後來，這些改宗就變得一點也不平和了。看看公元七三二年開始，延續三十年的撒克遜戰爭，企圖征服和「改宗」撒克遜人，已經是極其暴力了。在此，「改宗」已經成為查理曼擴張法蘭克加洛琳帝國的意識形態依據。繼續對傳統神明施行宗教儀式的撒克遜人被處以極刑，以至一些法蘭克主教們擔心武力征服的長期後果。

國家支持，包括其強制力和說服力，對傳教的進程大有助益；而對國家教義表忠的好處顯而易見，也讓改宗更容易，也更政治化。教會更是使用的各種方式來詆毀和消除異教：有時候他們妖魔化異教的神靈，宣稱他們不過是信徒處在危難中求助的惡魔和女巫；有時候他們和本地的傳統宗教妥協，接納他們的神為暫時的「聖徒」，讓這一批宗教人士在基督新教的環境中暫時保持安穩，雖然其原本宗教的重要性被降低了，而原本異教遺址也被改良成當地「聖徒」遺址。

同樣的事也普遍發生在歐洲荒蠻的部落，直到現在，羅馬教堂依然對拉丁美洲和非洲的當地人做著同樣的事。伊斯蘭教在往東西南北擴張的時候，也面臨著同樣的問題，早期宗教、崇拜和聖徒依然被保持著，只是打上新皈依於伊斯蘭教的幌子。

聖母瑪麗亞成為教會萬神殿中一員的時候，反映了神聖領域在另一方面的擴展。正式對瑪麗亞的崇拜出現在耶穌之後的四百年，而且遭到相當程度的反對。直到公元六世紀，對瑪麗亞的敬拜才在東方教會變得公開的。這種敬拜出現在西方教會要再晚一點。宗教學家凱倫・阿姆斯壯甚至認為，把聖母瑪麗亞放到天主教的教堂中是一種潛意識的補償，因為在早期的東方宗教中，無論是早期嚴厲的父權一神猶太教以及後來的基督教，女性神祇都被完全廢除了。梅林．史東（Merlin Stone）所著《當上帝是女性的時候》反映的就是社會從崇拜女性的母系社會轉變成父權社會之後，女性成了誘惑和罪惡的象徵。而三個亞伯拉罕宗教都對女性採取類似的立場。

這些早期關於基督教神學和教義的決策大多發生在君士坦丁堡，而不是羅馬。羅馬雖然是羅馬帝國的首都，但是到了基督教合法化的年份，這座永恆之城已經榮光不再，因為蠻族經常性的入侵深受攪擾。同時，新羅馬城君士坦丁堡被選為替代首都，羅馬皇帝幾乎一直居住於此。決定採納基督教為國教的正是東羅馬帝國。即使羅馬城不再是具有重要戰略地位的帝都，龐大的東羅馬帝國，或者說拜占庭，仍將繼續屹立一千年。

早期決定什麼是正教的任務是在君士坦丁堡完成的，他們確認那些經文列入正典，哪些是異端。後來也是東羅馬（拜占庭）把基督教傳遍大部份的中東地區、地中海世界，直到巴爾幹地區和斯拉夫世界。最盛時期，帝國征服的土地包括北非、埃及、黎凡特以及今天伊拉克的大部份地區，以及小亞細亞（安納托利亞）。在伊斯蘭教出現之前，只有波斯的祆教是基督教在這些地區的唯一對手。

異端大拼盤

在相當長的時間裡，中東地區曾經出現了系列的基督教思想，其中的大部份後來都被認定為異端。其實這些異端是很重要的。他們告訴我們許多拜占庭帝國的政治動態，也向我們揭示了宗教文化和心態隨著時間而做出的改變，甚至成為後來伊斯蘭教神學觀點的先聲。了解到異端隨著歷史而產生的改變，一再向我們顯示出宗教只是一個載體，承載著因為世俗利益與敵對而來的分裂與衝突，而非衝突的原因。對於一個有野心的人來說，還有什麼比宗教和神的包裝更可以叫他如虎添翼的？

馬吉安主義是最早的異端之一，而且維持的時間也最久。依照基督教研究學者G．R．S．米德（G. R. S. Mead）的觀點，馬吉安（Marcion，公元一一〇～一六〇）是黑海沿岸（也就是今天的土耳其地區）錫諾普的有錢船主。他的父親是錫諾普的主教，他也子承父業。據說他捐獻了許多錢財給教會，並於公元一四〇年造訪羅馬，宣傳他的宗教願景，這比羅馬帝國採納基督教為國教要早一百六十年。但是教會對他的講道充滿敵意，於公元一四四年把他逐出教會，並且退還了所有他奉獻的金錢。

教會認為馬吉安的錯誤是他把自己變得比保羅更保羅。保羅已經提出耶穌傳講的是一個全新的宗教觀，和猶太教是完全不一樣的。而馬吉安身為公元二世紀的主教，小亞細亞地區知名的宗教領頭人，竟然宣稱整個舊約都與基督教義無甚關聯。

他繪製了一張表格，列出了舊約中描述的希伯來上帝各項特徵，與耶穌所傳授上帝之特徵，結論是善嫉、易怒、暴力和復仇的希伯來上帝和耶穌所說仁愛、寬恕的上帝完全不同，因此希伯來的神不是真正的神，不是基督教的上帝，而是比耶穌的上帝次要的神，權力也更弱一點。馬吉安拒絕認為大多數的使徒是可靠的見證人，他認為只有保羅清楚了解耶穌的訓示，他還作出結論說，要讓基督教和猶太教和解是不可能的，也沒必要。

儘管被宣告為異端，馬吉安的信眾依然非常多，他在義大利、埃及、巴勒斯坦、阿拉伯、敘利亞、小亞細亞和波斯興建了許多教堂，數世紀以來不讓羅馬教堂專美於前。他是除了官方基督教之外，影響最大的也是最重要的基督教派。

馬吉安傳道中的有些觀點，一直延續到今天，有些形式的團體和組織中依然在傳播著。馬吉安的思想會一直流傳，很重要的一點是他提出的神學上的兩難：舊約中閃族部落的神易怒、任性且喜怒無常，如何和耶穌傳道中滿是愛的神相協調？接下來的問題是，在猶太教和基督教之間，是連續發展的，還是有一個劇烈轉變？如果是一個連續發展的過程，那麼從猶太教的觀點來看，基督教顯然就是一個異端；如果有一個劇烈轉變，那麼基督教就不該被認為是猶太教的異端，而是一個全新獨立的新教，這就產生了一個新問題，舊約和耶穌教義之間的關聯又值得質疑了。這些疑問至今依然存在，只是版本可能變成，否認亞伯拉罕諸教有一個共同的神，聲稱他們所說的神是不一樣的。反正不管怎麼說，對當時拜占庭基督教國家權威來說，馬吉安構成了重大挑戰。

公元三一三年，基督教合法化之後，勢力最大的異端是亞流教派。這次也是一樣的，耶穌的本質是什麼成為爭議的中心。知名神學家亞流（Arius，公元二五〇～三三六）出生於利比亞，在安提阿（Antioch，位於現在的土耳其）接受教育，接受了許多重要的觀念，後來在埃及的亞歷山大城傳教、生活。彼時亞歷山大城是早期基督教的中心地之一，許多大主教都生活在那裡，他們也是亞流的競爭對手。

亞流佈道說，耶穌是由天父創造的，就像聖靈一樣，因此他們都從屬於天父的，天父才是「真正的」上帝，是創造者。因此耶穌（的生命）是有一個起點的，但是上帝卻沒有。上帝是自在的，但是聖子卻不是，因為聖子本身不是神，因此耶穌是較次要的存在。

對認為聖父、聖子和聖靈是三位一體，過去在、未來也永遠都在的正統派來說，亞流的學說是一大打擊。公元三二五年的尼西亞大公會上，亞流教義受到譴責，被宣判為異端。但是此教派的活動並沒有停止，而且還壯大了，後來還吸引了繼任的君士坦丁皇帝。亞流教派在歐洲的日耳曼部落以及中東地區影響深遠，特別是亞歷山大城。那裡的人很多都傾向相信，耶穌是比天父次一級的存在。

這一神學觀點為亞歷山大人博得了名聲。堅持亞流的觀點反映了三位一體，以及耶穌和上帝同等地位的觀念是會讓有些人不安的；簡單來說，就是在亞流的觀念中有些因素，是認同純粹一神論，認為唯一的神不可損減的。這是猶太教信仰的精髓，也是後來穆斯林教義的精髓，當今的一位論派（Unitarian）也包含這樣的思想。

儘管被官方判定為異端，被逐出正教大門，有些異端依然生存了下來，另立門戶。而關於耶穌基督真正本質為何的討論，過去不曾、未來也不會停止於任何的基督教派別當中。

雖然亞流教派拒絕承認耶穌和上帝具有「同等的地位」，但是另一個大異端，基督一性論（Monophysitism），卻是鐘擺的另一個極端，他們堅持認為耶穌確實具有部分的人性，但是本質上只有神性。這也違背了正統學說中，關於耶穌「既是完全的人，也是完全的神」的教誨。基督一性論在公元四五一年第四次迦克敦大公會中被列為異端。這是一個分水嶺，導致了後來基督教內部第一次嚴重且永久性的分裂，分裂出來的一支就稱為東方正統教會，也稱為基督一性教會。這一派的神學在敘利亞、黎凡特和埃及這些反抗君士坦丁威權的地方，受到特別青睞。當然也有其他更遠的地方，比方說亞美尼亞和衣索比亞，支持者也甚眾。

對耶穌本質認定的不同，也產生了其他的一些異端。伊便尼派（Ebionism）是第一世紀猶太基督教派中的一支，他們的宗教思想反映了猶太教廣泛的影響力：認為耶穌是先知而不是聖徒，不認同保羅的觀點（與現今伊斯蘭教對耶穌的觀點接近）。

歐迪奇派（Eutychianism）則認為，雖然耶穌擁某些人的特質，但是神的特質佔據主導地位。而這些爭議的也牽扯到瑪麗亞，她耶穌神性的母親？還是更是耶穌身體人性方面的母親？在希臘文中，這兩個意思的文字是不同的。

通常時候，神學上的爭論都是因為地緣政治利益的衝突而加劇的，甚至從無到有的引發出來。歐迪奇派和亞歷山大城緊密相連，後者在公元四三三年，被確定為繼君士坦丁堡之後第二大基督教中心，這也是其競爭對手安提阿覬覦的位置，後者推廣的是更符合正統的耶穌概念。

另一個教派幻影派（Docetism）則認為，耶穌的身體不過是幻影，他只是看起來死亡了，其實他是一個純精神的存在，沒有死亡的問題。與此相關聯的另一個觀念是，這塵世的物質都是邪惡的，因此上帝和祂的兒子都不可能是物質的。而伊斯蘭教則相信，耶穌只是一個身體的存在，沒有神性，同樣的道理，他在十字架上只是看起來死去了，卻是被神接去的天堂。

伯拉糾教派（Pelagianism）源自一個不列顛群島的小修士。這位修士否認正統教會關於原罪說的教誨，原罪說是認為人生來就帶著罪，始自亞當夏娃。但是反對原罪說的問題在於，如果沒有原罪，也就不需要教會所說的從信仰中得到救贖。因此在公元四一六年，伯拉糾的觀點被宣判為異端。伊斯蘭教也否認原罪說和人與身俱來就帶著罪惡的說法。

基督一志論（Monotheletism）試圖在兩個對立的教會，亞歷山大和君士坦丁堡，耶穌象徵著一個神聖的精神，還是人神合一的宗教觀之間，找到一個妥協點，可惜失敗了。雖然教義看似深奧，但是其政治上的出發點只有單純的一點，那就是彌合基督一性論帶來的東方教會的分裂。但是，最後這個兩方妥協的辦法被拒絕了。政治勝過了神學。

這些異端的細節非常驚人，因為他們揭示的耶穌特質非常幽微、細節，也合乎經文。但是這些異端都出現在伊斯蘭教出現之前，伊斯蘭教顯然也應該被看做這些辯論的一部分。

現代關於這些爭論的研究，也有助於增進我們對異端的了解。當政者有權力決定哪些是異端，哪些是正統，但是異端也並不總是新的見解。十九世紀德國神學家華特·鮑爾（Walter Bauer）在其精彩的著作中，檢視了早期基督教的不同教義，得出結論說，我們今天認為的「異端」其實反映了早期基督徒對耶穌性質的理解。他認為，事實上是教會在後來的世代提出了更新的神學理論，建立了新的正統體系，有時候這些改變了原本的基督教信仰，甚至修正了經文本身。這些後來的解釋是因應後期教會機構的需求或者政治需求，把早期對耶穌的不同理解定義為「異端」。頗有影響力的學者，北卡羅萊納大學教堂山分校的宗教學系主任巴特·葉爾曼（Bart Ehrman）把這個觀點做了進一步延伸。

事實上，我們還發現較小支派的一神教神學的詮釋更富彈性。比方說，在貴格會、耶穌基督後期聖徒教會（摩門教）、五旬節教派、靈恩教派，以及巴哈伊教徒，他們都會不斷的詮釋神的話語啟示。根據這些教派的訓示，來自神的啟示是永遠不會停止的，從個人到教會，一代一代不斷受到啟發。而且隨著時間的推移，這些觀念得到更廣泛的運用。而巴哈伊教更特別擁戴「漸進式啟示」的教義，包括神的先知會不時出現一下，也揭示神的話語；這是漸進式的啟示是因應人類對神的更深入的了解，或者對神意領悟的改變而出現的。不同的歷史背景下的人們，需要不同的啟示，以便更精確的了解神的啟示。

伊斯蘭教也經過了同樣的模式。第一個伊斯蘭哈里發王朝伍麥亞於公元七五〇年崩解原因諸多，但最重要的原因有二：一個是，這個王朝的權力中心大馬士革，一座典型的阿拉伯城市，受到了新興力量阿拔斯的威脅，阿拔斯代表著巴格達及其伊拉克—波斯文化的利益。當時非阿拉伯的新穆斯林在伍麥亞王朝治下，是沒有同等權力和利益的，阿拔斯就是為這一群人發聲的。這些不同的哈里發朝代此起彼落原因皆是地緣政治，而不是神學。

權力在宗教中所起的作用，直到今天依然清晰可見。二〇〇九年六月，黎巴嫩南部泰爾的什葉派穆夫提，因為伊朗選舉的爭議，槓上了真主黨的領導人。這位穆夫提，賽義德．阿里．

阿敏（Sayyid Ali Amin）表示，黎巴嫩的真主黨運動要設法阻止大家探討伊朗的神職統治，因為質疑這點，對真主黨在黎巴嫩的權威不利。「（神職統治）不是宗教信仰的一部份，而是權力和政治意識形態，此案是最好的證明。」這位宗教律法詮釋專家說。

關於神學問題的激烈爭執，說到底都是潛在政治利益的較勁。從伊斯蘭教出現開始，重要的就不是神學理論，而是一個新國家在區域統治權上的一個轉移。和過去的中東一樣，是一個政治議題。國家、權力、意識形態還有異端，所有這些的爭執摩擦都還會繼續下去。

我們這裡討論的真正重要因素是基督教的拜占庭帝國和西方教會之間迅速升級的緊張關係。而伊斯蘭作為一個地緣政治的力量，會承襲和延續拜占庭對西方社會的諸多懷疑。拜占庭和羅馬之間的緊張不亞於君士坦丁堡和新穆斯林中心之間的緊繃。事實是，拜占庭可能永遠無法確認哪一個威脅更大，是西方的基督教社會還是伊斯蘭。另一方面，即便沒有伊斯蘭教，中東對西方的反感依舊會延續。

第三章　拜占庭與羅馬：基督教兩極之間的戰爭

如果伊斯蘭教從來沒有出現到歷史舞台上，無疑的，至今統治中東地區的宗教依然是東方東正教，因為這裡並沒有出現其他可能的宗教挑戰者。而這個主導的東正教很大可能依然會對西方社會一直維持著相當的敵意，直到現在。

如果東正教維持著它在地中海地區和中東地區的主導位置，那麼它就會成為載體，承載著東方對西方數世紀來的怨恨，以及兩者之間的衝突。我們在接下來的幾個章節會繼續討論這個主題，大家就會了解到，即便沒有伊斯蘭，中東地區對西方世界，依然沒有信任，只有恐懼。

宗教、文化、地緣政治、歷史、藝術和心理上的諸多差異，讓杭廷頓那樣的學者把東正教劃入在與西方相「衝突」的文明之一。不管有沒有伊斯蘭教，即便中東地區不受西方教會控制，多方面的敵意依然存在。

在我們西方傳統中，對東正教向來視而不見，我們很少珍惜它在基督教和中東歷史上的特定地位。首先，東正教是中東地區最早的基督教，相對於誕生在耶路撒冷的羅馬天主教，不管在宗教儀式、神學理論、政治和各式觀點上，東正教也是最「本土」的基督教；再說，東正教依然以少數的東正教群體存在於當今的中東地區。雖然是少數，卻在形式以及精神上非常接近原初的教會，在原本的教會土地上滋生繁衍，免去了西方拉丁教會中結構和教義上的腐敗。

在東正教中，反西方主義的傾向依然根深蒂固。讓人印象深刻的是，東正教中的反西方情緒和穆斯林反西方態度非常的相似，這個共同點提示著地緣政治的共同起因，對西方的影響、企圖和干預抱持懷疑不滿的態度。我們前面已經簡要說明了，許多基督教派別都對耶穌的性質有不同的見解，儘管他們後來被官方斥為異端，但他們卻跟伊斯蘭教的許多觀點雷同。

東正教和伊斯蘭教對西方世界的不滿是共同的，這個共性顯示的不單單因為「文明斷層線」，而是這兩個宗教的文化特質，更與西方世界的本質和他們面對中東的態度有關，而且由來已久。政治、社會以及經濟本質上的差異，可以讓原本看似微小的神學差異變成了異端和反叛。什葉派跟遜尼派的分裂，也因為同樣原因，雙方剛開始只是對先知的繼承人意見不同，在神學上差異不大，後來發展成彼此的敵意。

這裡也有一個先有雞還是先有蛋的問題：到底神學差異引起了政治、社會和經濟的衝突？

還是相反，具體存在的政治、社會和經濟差異，反應在神學或者意識形態的差異上？一旦出現了神學上的差異，通常就會演變成社群群體的議題，比方說身份認同以及社群存亡。換句話說，人們可能在耶穌的細節特徵上有一些神學見解上的不同，但是到底是什麼促使人們為了這個差異而赴湯蹈火的？或者非要你死我活？顯然背後還有更重要的因素。

* * *

我們需要回溯到亞歷山大大帝的時代，兩千年東西地緣政治衝突剛開幕的時候。公元前三三四年，亞歷山大大帝第一次以西方強國之姿挺進亞洲，他的軍隊穿過希臘，進入波斯人治下的安納托利亞，征服了伊朗地區信奉祆教的阿契美尼德王朝。亞歷山大帝國的疆域不只如此，之後又攻佔了敘利亞、埃及以及部分的伊拉克，邊境最後直抵印度。從亞洲觀點來看，這場異文化的入侵帶來深遠的影響，在文化上留下豐碩的成果，在政治上則帶來敵意。數世紀以來，波斯和希臘之間打了停，停了打。對亞洲地區的人來說，希臘是西方世界的代表，是對手和敵人。

儘管希臘的影響力已經被迫退出，但是亞歷山大之後的賽琉古帝國，依舊在閃族和波斯的邊境上駐紮軍隊哨所。敘利亞和安納托利亞就是這類地區的典型，東西文化在這裡交匯，競相存在，數百年來都是如此。最後羅馬帝國取代了亞歷山大的希臘化帝國，並在公元四世紀時，把領地拓展到君士坦丁堡。因此，到東羅馬帝國的時代，東西方在政治上的競爭和軍事上的對立已經長達六世紀之久。

此區域的衝突也不僅僅限於希臘和波斯，以及希臘和閃族文化之間。羅馬帝國本身，羅馬和君士坦丁堡之間的對立從公元二世紀就開始了，羅馬、君士坦丁堡、亞歷山大、耶路撒冷到安提阿五個城市的宗主教都各有對手出現。

到公元七世紀的時候，後三位宗主教都已經屈從在伊斯蘭統治之下了，雖然他們依然享有宗教上的宗主教位置，但已經沒有世俗威權了。神學界的爭鬥在俗世也表現在羅馬和君士坦丁堡之間的對抗上。經過這些時間以來，這兩個地方在神學理論和宗教儀式上都有了分別，一方面君士坦丁堡認為自己理應擁有同樣重要的位置，另一方面羅馬卻依然認為自己才是官方是主流。隨後羅馬設立教宗，以取代原本的羅馬宗主教，用以和其他東方基督教地區「不很重要」的宗主教相區別。即便到了現在，羅馬依然認為其在宗教上是領先群倫的。

權力的差異也反應在日益加深的文化差異上。當我們說起君士坦丁堡的時候，我們通常在說希臘文化。君士坦丁堡是希臘世界的中心。而文化差異轉而又加深了希臘和拉丁基督教世界之間的衝突，也就是中東和西方世界的衝突。君士坦丁堡的源頭可以追溯到很久之前，在公元前六世紀的時候，這裡的港口城被希臘人稱為拜占庭，九百年後，公元三三〇年，這座城市被羅馬皇帝君士坦丁重建，並以自己的名字為城市名，當時羅馬不時被蠻族圍困，他把這裡視為更安全的羅馬第二國都。這時，東羅馬西羅馬已經初顯雛形。

之後，內戰、叛亂以及蠻族不斷入侵，已經讓西羅馬帝國徒有其名。但是真正終結西羅馬帝國的是公元四七六年日耳曼人的入侵。這時位於君士坦丁堡的東羅馬帝國繼承了羅馬帝國的整套衣缽，廣闊疆土包括巴爾幹半島、安納托利亞、東地中海地區以及北非。

君士坦丁堡作為一個重要新席次，出現在羅馬帝國的版圖上，對後來的文化肩負著重大的責任。相較對拉丁文在西羅馬帝國的絕對統治地位，希臘語是整個東地中海地區的通用語言，這使得君士坦丁堡和周邊地區帶著明顯的希臘文化色彩。君士坦丁堡的王牌之一，就是新約聖經是用希臘語寫成的，而不是拉丁語。空為官方行政語言的拉丁文，只在東羅馬帝國維持了數世紀之久。語言本身決定了區域更廣泛的文化：西羅馬帝國殘留的「拉丁」帝國，而東羅馬帝國則是強有力的希臘文化帝國。

隨著時間的推移，拉丁和希臘的概念在對方的地盤上有了不同的意義，在君士坦丁堡被稱為「一個拉丁人」，或者在羅馬被稱為「一個希臘人」，都帶著貶意。比起東方帝都來，羅馬城只佔其中的一小塊，教宗名聲雖大，卻也只是一個象徵，接下來的七百年，實際上不過是四圍強權下的囚徒。

西羅馬帝國消失殆盡後，東羅馬首都君士坦丁堡的意義又何在？經過時間歷練，君士坦丁堡發展出自己特殊的使命，那就是在東方繼承和保存了羅馬帝國。當時的君士坦丁堡成了基督教文明和精神的最後堡壘，它一方面要反抗西方世界的蠻族：包括哥德、法蘭克、凱爾特、阿蘭以及匈奴；同時也要反抗東方的，異教的斯拉夫、祆教的波斯，以及後來穆斯林的阿拉伯和土耳其人。東羅馬帝國成為有別於西方與羅馬的權力中心，並發展出自己的文化認同。

爭奪羅馬之名

名字透露著心理，表明了身份。即便是今天，若和希臘人討論，君士坦丁堡和東方教會該怎樣稱呼，依然會激起熱切的討論。東方帝國的名字之爭說盡了東西方的緊張。

當時的君士坦丁堡絲毫也沒有猶豫，依然稱呼自己為「羅馬帝國」的首都，雖然它位於一個希臘語的世界中。那麼，我們可以找出一個轉折點，經此之後，君士坦丁堡就不再需要「東羅馬帝國」來掩飾它的希臘文化，或者言名其「拜占庭」帝國的身份？事實是，沒有這個轉折。拜占庭這個名字是在十六世紀出現的，一位德國歷史學家稱呼這個東方帝國為拜占庭。君士坦丁堡自始自終都認為自己是羅馬帝國，從來不曾動搖過，即使羅馬一詞是用希臘語寫的。

而象徵東方帝國「羅馬」一詞，威力也超出希臘語的世界，穿透到穆斯林的世界之中。請注意，在幾個主要的中東語言，如阿拉伯語、土耳其語以及波斯語中，東方基督教帝國依然以「魯姆」（Rûm，羅馬的意思）為其代稱，至今依然如此。

魯姆至今依然和東羅馬帝國，或者說安納托利亞（小亞細亞）聯繫在一起。古蘭經中有一章叫做〈羅馬人〉（al—Rûm），裡頭說的就是拜占庭的基督徒們。在九、十世紀與君士坦丁堡爭奪安納托利亞的塞爾柱土耳其人，就妄稱自己為「魯姆蘇丹國」；阿拉伯語中的地中海叫做「魯姆之海」。至於極富盛名的蘇菲詩人魯米（Rumi），我們只消提一下，魯米就是魯姆的形容詞形式，用來表示生活在魯姆地區，也就是安納托利亞地方的人。

但是西方世界可不會放手這個名號。儘管在中東地區，「羅馬」一詞廣泛用來指稱東方帝國，西方卻依然很不情願的把羅馬帝國的衣缽交給君士坦丁堡，即便是西羅馬衰敗被蠻族所統治之後，不可否認的東羅馬帝國依然在東邊繁盛了好長一段時間。西方依然堅持稱呼東羅馬為Imperium Graecorum（這個拉丁文意指「希臘人的帝國」），明白拒絕任何暗示羅馬帝國的名稱，這個名字他們是只想保留給西方統治者的。

我們看到「誰是羅馬人」的鬥爭，在公元八〇〇年聖誕節的時候，又重返舞台。當天，在羅馬聖彼得大殿舉行大禮彌撒之際，教宗李奧三世替日耳曼蠻族的統治者查理曼加冕為羅馬人的皇帝。藉由重啟羅馬皇帝的稱呼，教宗想把這個稱呼還給西方，從「篡奪」了它的君士坦丁堡希臘人手中奪回來。

結果，查理曼這位當時西方世界最有權力的統治者自己竟然決定拒絕接受羅馬皇帝的稱呼，他想安排一場皇室婚禮，迎娶君士坦丁堡女皇伊琳娜，試圖同時獲得頭銜並把兩國版圖都劃歸到他的羽翼之下。可是他沒有如願。

不久，就在日耳曼部落聯盟決定要採用「神聖羅馬帝國」的稱號，不再拱手讓給君士坦丁堡和東方帝國之後，這個多出來的神聖二字又為原本的名字爭奪戰添柴加火，因為這表示日耳曼部落聲稱擁有帝國的精神力量，儘管日耳曼部落聯邦並沒有佔據羅馬城。這段歷史也成為英語國家的學生最常見的歐洲史考題：請論述一下為什麼神聖羅馬帝國既不神聖，也不羅馬，更不是帝國？

因此，這場名字之爭挾持著更深層的地緣政治衝突，包括威權、合法性和精神世界領袖等各方面。被孤立在羅馬的教宗，執著於基督教世界的信仰和頭銜，儘管他遠本也只是四世紀五位主教的其中之一。每過去一個世紀，東方和西方的鴻溝就擴大一點。在君士坦丁堡，基於語言和文化因素，希臘已經成為廣泛的「國族」認同。

激情加深了偏見；隨著時間的推移，由蠻族人統治的西羅馬地區開始認為君士坦丁堡不過就是一處腐敗、且了無生氣不合時宜的東方傳統老古董，終究會不敵日漸逼近的穆斯林力量。即使後來一千年來，君士坦丁堡在政治、軍事和文化上取得了非凡成就，權力範圍擴及北非、東地中海、巴爾幹半島以及肥沃月灣的廣大地區，這種蔑視依然沒有改變。君士坦丁堡的權力日漸衰弱，終於在公元一四五三年，希臘帝國最後一塊土地也落入到穆斯林土耳其掌控之中。

與未能撐過第五世紀的短暫羅馬帝國不同，東羅馬帝國繼續輝煌了一千年，直到十五世界。而且即便帝國衰落了，東正教也常勝不衰。迄今為止，東正教依然是天主教之外，第二大單一基督教團體。

國家教會的形成

說起拜占庭帝國的成就，不可不提的是東正教會對周遭區域龐大的文化影響力。東羅馬帝國最重要的遺產之一，也是本書的重要主題，就是在東歐和中東建立了國家教會，直到今天，這些教會依然與特定語言族群有文化和情感上的連結。這種國家化教會的結果至今依舊困擾著我們，特別是一九九〇年南斯拉夫解體後的血腥歷史，讓東正教的塞爾維亞人和天主教的克羅埃西亞人彼此對抗。

除了爭名字，爭神學理論之外，東羅馬的「希臘人」還花了數百年的時間，爭相擴散其多方面的影響力，特別是在巴爾幹半島和部分中東地區。東正教往各個方向派遣了傳教士，試圖改變異教的世界，建立了當地語言傳教的教會：保加利亞、塞爾維亞、俄羅斯、馬其頓、科普特、阿爾巴尼亞、亞美尼亞、羅馬尼亞等等，遍及整個拜占庭地區以及之外的地區，可說是歷史上關鍵的文化決策。

這些民族和「國家」的東正教可以在教會儀式中使用他們自己的語言，和超越國家的「普世」天主教恪守拉丁經文，不管在哪裡都用拉丁語進行禮拜，形成了鮮明對比。而幾乎每一個這樣的「國家」東正教教會之後都與伊斯蘭教有著密切關係，好像棋盤上的黑白一樣的共同存在。而西方教會，除了西班牙之外，都未能和伊斯蘭教建立較近的關係。

東正教在不同地區建立基於種族文化上的教會，這個過程是自然發生的，並沒有特別的意圖。拜占庭的傳教士被派遣到異教地區之後，自然在宗教和當地文化之間產生了連接，特別是在斯拉夫地區，把聖經翻譯成當地語言，並且用在地化的經文傳教成了一件很自然的事。翻譯成斯拉夫語始於公元九世紀，傳教士西里爾（Cyril）和梅索迪斯（Methodius）來到巴爾幹半島傳教，他們為斯拉夫語創造了第一張字母表。

用當地語言傳教的意義遠遠不止是宗教上的，這致命的一招讓東正教把異教徒轉變為東正教徒，而不是羅馬的天主教徒。把《聖經》翻譯成帝國邊境上居民的當地語言，也成為改變信仰過程中重要的一環，把《聖經》用活生生的語言呈現給他們，讓受眾在忠實於原本文化的同時可以接受，特別是有時候翻譯的《聖經》還是第一本當地語言的書面文字。比方現在所謂的「古教堂斯拉夫語」，就是斯拉夫東正教禮拜時使用的語言。作為回應，日耳曼的天主教神職人員極力說服斯拉夫人不要採用斯拉夫語的禮拜，但是沒有成功。（讓人驚訝的是，在同期的西方，聖經尚沒有整本被翻譯成其他語言，直到五百年後的清教徒改革。而在天主教體系中，一直堅持使用拉丁語作為唯一的禮拜用語，直到二十世紀，雖然《新約聖經》原本是用希臘文完成的。）

東正教的第二個吸引人的地方是，給了教會相對大的自治權，不像羅馬天主教需要嚴格服從於羅馬教宗，即便是教會的經營管理權也不能旁落。教宗更是堅持自己擁有俗世的權力，那是拜占庭的宗主教們所沒有的。在歐洲中世紀的時候，就充斥著教宗和世俗皇權之間的權力爭鬥。這點也提示著我們，那就是羅馬天主教干涉俗世政治素有淵源，伊斯蘭教和他們的世俗統治者（非神職領袖）就沒有這樣深的牽扯。

在東歐地區東方東正教和西方天主教競爭激烈，塞爾維亞、保加利亞、羅馬尼亞、俄羅斯，以及南阿爾巴尼亞，最後轉為東正教；而波蘭、捷克、斯洛伐克、克羅埃西亞、斯洛文尼亞以及匈牙利，選擇了羅馬天主教。一個宗教信仰的簡單選擇，卻決定了日後的政治以及文化取向，影響一直延續至今。從波羅的海到愛琴海，有一條鮮明的拉丁天主教和東正教的文明斷層線，這也是造成一九九〇年南斯拉斯境內，天主教的克羅埃西亞和東正教的塞爾維亞分裂的導火線之一。

君士坦丁堡把宗教和國族融和到東正教底下，形成了一個強力的結合，這是他們事先沒有預料到的。多元的文化，讓東正教變得更加豐富，且彼此連結在一個共同的精神價值、信仰體系和儀式之下，是一個寬大且有力的宗教系統。伊斯蘭教是一個鮮明的對比，他們拒絕讓伊斯蘭與族群相連結，也不可使用當地語言來取代阿拉伯文作敬拜；但是伊斯蘭教也沒有採用高度集權的羅馬天主教模式。羅馬有教宗，伊斯蘭有哈里發，但是後者不曾擁有教宗那樣的集中權力。

東西方衝突的加深

一四五三年君士坦丁堡淪陷，之後的數世紀，拜占庭基督教和西方天主教的衝突不斷加劇。看到羅馬教宗對西方教會各方面都擁有更大的管轄權，讓東正教屢屢失望；因為教宗清楚暗示了，東方教會也應該接受他的管轄。對君士坦丁堡來說，教宗不過也就是大一點的「羅馬宗主教」，從來就不曾合法宣告過對整個基督教會有普世的權威，未來也沒有這樣的可能。

不久發生了一件事讓主導權的爭奪從一個宗教小事端變成了宗派對立的不穩定因素。公元七一七年，拜占庭皇帝利奧三世下令禁止在教堂敬拜中使用偶像，這就是知名的「聖像破壞運動」，有一段時間，東正教教堂內禁止藝術品上有人形的圖像（在猶太教和伊斯蘭教中也有同樣的觀點）。羅馬教宗想推翻利奧三世的決定，但是教宗這回失敗了。於是，教宗將東正教的宗主教逐出教會，東正教會也將教宗逐出教會作為回敬。雖然這個衝突後來和解了，但是卻成為東西方教會不和的徵兆，之後還會更糟。

到公元十世紀的時候，因為說服保加利亞加入哪一邊的教會又發生了激烈的地緣政治衝突，君士坦丁堡的東正教勝出對羅馬來說是一個沉重打擊。

一〇五四年，神學理論和政治衝突經過了長期醞釀，到達了一個災難性的破裂點：羅馬和君士坦丁堡走到了一個地步，互把對方逐出教會，標誌著教會史上「大分裂」的開始。據說原因竟然是因為聖靈來處的不同見解：君士坦丁堡方面稱「聖靈直接來自於聖父」，而羅馬方面卻堅持「聖靈從聖父和聖子那裡來」。

顯然，一個深奧的神學問題已經和數世紀的地緣政治鬥爭和敵意綁到了一起，這是一場宗教領域的冷戰。至今這個裂口依然存在著。東正教也拒絕接受羅馬聖母無原罪始胎的「新觀念」，這一觀念認為聖母瑪利亞及耶穌基督成胎時未沾染原罪；以及羅馬「發明」的煉獄說，這一說法是在耶穌時代之後幾百年被採納的。

雖然這次互相逐出教會的事件和十字軍東征時雙方的怨恨和武力衝突無法相比，我們會在第五章討論十字軍東征這個主題。拉丁十字軍最後洗劫君士坦丁堡時，造成了無法估量的後果。這個對立在一一八二年「拉丁大屠殺」事件中達到了高峰。反西方的情緒深植到普通大眾心中，他們原本就非常討厭威尼斯商人的圈子，這些人是天主教徒，實際操控著君士坦丁堡的經濟。隨後的一場騷亂中，城中竟有八萬「拉丁人」遭到屠殺，更讓羅馬和君士坦丁堡結下了更深仇恨。

現在，鄂圖曼土耳其征服君士坦丁堡已經將近六百年了，東正教依然對失去了這顆皇冠上的寶石耿耿於懷，但是對此歐洲從來都不以為意。儘管對於這個城市後來信了伊斯蘭教，他們感到是基督教的損失，但是他們卻無意再來一次收復宗教失地的運動，對這個古老的東方帝國之都也沒有牽掛和留念。對大部份西方基督徒來說，君士坦丁堡及其歷史不過是腐敗東正教的殘污，一個歷史的例外，不值得關注。但在東方，這段慘痛的歷史不會被忘記，對俄羅斯有著特別重大的影響，我們會在稍後的章節討論。現代的西方人中，有多少對東方基督教有真正領悟和了解的？

但是東正教並沒有因為東羅馬帝國落入土耳其手中就消失。宗主教本人留在了穆斯林的伊斯坦堡，受到土耳其許可在當地繼續從事東正教的宗教活動（東正教至今依然在伊斯坦堡進行著宗教活動），只是沒有了世俗的權力。即便是淪陷了，拜占庭人依然怨恨羅馬，他們甚至認為被穆斯林的土耳其征服，比被拉丁基督教收服好。因為他們知道，在其他穆斯林統治已久的地方，基督教會依然可以存在並且從事崇拜，包括耶路撒冷。這也意味著東正教可以繼續延續。相較之下，被羅馬征服就意味著教會拉丁化，東正教最忌諱的莫過於此，因為這意味著東正教真正的消失，那樣的命運更糟。因此在被穆斯林還是被拉丁天主教統治，對幾乎所有的東正教信徒來說，都是一個不用思考就知道答案的問題。

對照與回響

我們已經從一個更大的視野來看東西方教會之間的緊張、敵意、競爭以及猜疑。雖然看起來表現在神學理論的爭議上，但是大多時候都牽扯到俗世事務上，比方說想要爭取信眾；爭奪地盤和機構的權力。說到底，很明顯的國家宗教和神學理論都不過是服務於國家的社會、政治乃至於心理需求的終極工具。

東正教研究學者瓦西里奧斯．馬克瑞德（Vasilios Makrides）曾說過：「民眾抗議一個明擺著的宗教形象，通常抗議的是另一個隱藏的形象。換句話說，他們不滿的是政治和經濟，以及西化所帶來的影響……反西方主義也可能採用極端愛國主義的方式，因為愛國可以是一種宗教情懷的替代。」就當今時代來說，西方社會引領的全球化在東正教的世界裡也引發了恐慌，和早期東方敗給西方之後的地緣爭鬥有異曲同工之妙。

這樣的論述也同樣適合於解釋穆斯林和西方世界之間的裂痕。如果基督教內部尚且存在著這樣的競爭和緊張關係，那麼穆斯林和西方世界之間就更是如此。身份認同和政治權力遠比宗教攸關重要；而個體內在的身份認同又返過來加劇了族群差異。正如馬克瑞德所述：「許多東正教徒依然十分相信，他們比其他人更優越，他們負有救贖世界的任務。」許多穆斯林也相信的，他們有一天，可以拯救道德淪喪、人心衰頹的西方。

發達強權的西方與發展較慢相對弱勢的東方有相當的差距，作為較弱勢的一方自然會尋求一個理由。有一個方向，就是把東正教和穆斯林世界的失落都歸因於西方。馬克瑞德補充說明道：

> 在某些時候，反西方主義是一種權宜之計，為東正教世界的各種問題提供了一個既定答案，一種發洩的方式……把罪惡的根源外部化（這裡外部原因是西方），以減少個人的責任感和罪惡感，是東正教一向做法，同時也可以把社會的不滿和不安加以分散

馬克瑞德還觀察發現，在現代的希臘和其他東正教的地區（比方俄羅斯），反西方的政治組織竟然期待某種形式的土耳其聯盟，就反西方的議程達成某種協議。今天的俄羅斯也還聽得在這類親穆斯林或親土耳其的論調，雖然並非主流，但也可視為某種歷史的本能反應。

我們從這裡也可以了解到，伊斯蘭和東正教對西方有著多麼相近的觀感，有其歷史上的淵源。事實是，如果伊斯蘭教真的從來都沒有出現在中東，東正教依然維持在這一地區的影響力，想像東正教在中東獨自舉起反抗西方潮流的火炬，難道不是很合理嗎？。

第四章　當伊斯蘭遇見東方基督教

七世紀中葉，被伊斯蘭新宗教觀、社會觀和政治觀武裝的阿拉伯軍隊，野心勃勃，快速攻佔了阿拉伯以北的地區。在這裡，我們看到新舊社會相遇的經典場面。拜占庭底下的敘利亞省，成為伊斯蘭教和東正教兵戎相接的第一現場。

當阿拉伯軍隊往北進入拜占庭治下的黎凡特地區時，顯現出驚人的結果。首先，肥沃月灣的閃族文化對試圖統治他們的西方力量非常反感，對這些地區的人來說，西方不單指羅馬，也包括希臘的君士坦丁堡。我們討論的這片土地，基本上屬於閃族東方文化，歷來都是波斯人和希臘人爭奪之地。當地人對希臘和拜占庭鮮有好感。因此，在這裡我們遇見了根深蒂固的反西方主義，也就是說，即便在伊斯蘭教出現之前，當地人就抗拒著希臘和羅馬的入侵以及掌控。

其次，我們一再的看到，宗教如何提供了一個藉口，表達出民眾抵抗羅馬或拜占庭的聲音。那就是這些城市通常會擁抱「異端」，來表達他們對正教的不滿。問題並不是因為他們相信基督一性論，所以反對君士坦丁堡，不是這樣簡單的。部分原因是他們反對君士坦丁堡，因此傾向支持和中央敵對的理論。穆斯林奪得了拜占庭帝國的黎凡特地區諸多城市，頗得力於他們內部長期的反拜占庭情緒。

最後一點是，被穆斯林勢力控制一方面看起來改變了宗教的世界，但是事實是幾乎同時的，他們改變了國家的控制。阿拉伯政權如何擴張提供了一個很棒的洞見，讓我們了解到在這些鬥爭中，宗教其實並不重要。事實上，伊斯蘭不過是一面新的旗幟，底下則是中東由來已久的地緣政治鬥爭，最大的獎賞就是贏得統治的果實。

當然如果把伊斯蘭教本身完全排除在中東各城市、省份和統治者之外，這也是不合理的。不管怎麼說，伊斯蘭在當時的歷史舞台上象徵著一種全新的精神。而當時的中東地區已經成熟到可以有一個全新的力量，統合當地的統治者和城市，反抗極權化的君士坦丁堡勢力。意識形態，不管存在於哪裡，都不可避免的用來服務於當地地緣政治。簡而言之，我們將看到反拜占庭的情緒如何協助伊斯蘭征服許多閃族文化的地區。

敘利亞的反官方文化

敘利亞是一個很好的例子，數百年來這一地區潛伏著許多不滿，過一陣就會爆發出來。穆斯林軍隊的入侵不過提供了新火種，點燃了反叛之火，當地人要反叛的還不止是君士坦丁堡，他們還要反抗羅馬。敘利亞地區一直具有強烈的反官方色彩，這種深層的地緣政治文化，可以解釋為何拜占庭帝國在此地難以抵擋早期伊斯蘭的入侵。

是什麼特質讓敘利亞成為一個反叛角色呢？敘利亞地處多種文化的十字路口，歷來東西方的意識形態和政治權力都時常在這裡交匯，使得其首都大馬士革得以活躍在中東的政治舞台上。彼時的敘利亞被今天的敘利亞、約旦、巴勒斯坦、黎巴嫩、以色列和西伊拉克所包圍。縱貫整個歷史，各種不同的勢力都賦予了這塊土地鮮明且分裂的特質。公元前三一二年，這裡是希臘化塞琉古帝國的中心，在這之前，亞歷山大帝國已經統治著從安納托利亞到印度的廣大地區長達兩百五十年。但是敘利亞也屬於東方，特別受到波斯與東方文化的影響。就這樣的，受到閃族文化和波斯文化影響的敘利亞，也處在東進的希臘文化前哨位置上。

敘利亞北方的城市埃德薩對拜占庭來說，是如刺在喉，它正是當地強烈反西方控制的鮮明例子。在東羅馬帝國時期，埃德薩曾經駐紮著希臘軍隊。但是官方的希臘語逐漸被敘利亞語所取代，後者處於閃族語言，類似阿拉美語，我們可以從語言的改變看出敘利亞文化正在侵入希臘前哨。儘管此地依然處在東羅馬教會治之下，但是埃德薩更同理東方，和帕提亞（祆教的伊朗）站在一邊，而不是拜占庭。

但是我們不能說埃德薩是反基督教然後才反拜占庭的。事實上，埃德薩在阿布加王朝治下時，是世上第一個基督教國家。阿布加王朝是由阿拉伯人，或者說納巴泰部落在公元前一三二年建立的。是由埃德薩派出的基督教傳教士把聶斯托留派傳往東方，傳到美索不達米亞和波斯，並在那裡立下的根基。

此區域因而成為最早的基督教社區之一，從文化角度來說，敘利亞語的聶斯托留派基督教帶著明顯的東方色彩，使得在帝國內的影響力遠遠超過了希臘語的。公元四一〇年，聶斯托留派做出的一個重要舉措：拒絕隸屬或從屬於任何「西方主教」。所謂的西方主教不單指羅馬來的，還包括拜占庭當局，聶斯托留派無疑也認為後者是屬於西方的力量。這意味著聶斯托留派的宗教獨立，這無疑是一個政治上的宣示，雖然是以上神學方式來表達的。

埃德薩還不止接受了一個異端信仰，後來同為異端的基督一性論也在此地區產生的極大的影響。在幾百年之間，基督一性論的觀點迅速在敘利亞地區傳遍開來，儘管君士坦丁堡官方堅持基督同時具備著神性和人性。選擇哪種教義成為政治忠誠度的試金石。敘利亞基督教永遠站在與官方敵對的一面，反應出鮮明的獨立特質。

誠如德國學者亞瑟．渥布斯（Arthur Vööbus）所述：「現存最早敘利亞基督教的資料揭示了（敘利亞人）強悍且自覺的獨立精神。這個嚮往獨立的渴望銘記在歷史的每一頁。」在寫到早期敘利亞基督教領頭人時，我們會發現：「厭惡一切有關希臘或羅馬的事物……自治是早期敘利亞教會高舉的觀念。」這些歷史事件都發生在伊斯蘭教出現之前，後來出現的伊斯蘭教自然也承襲了肥沃月灣區反西方文化的傾向，甚至反拜占庭的部分也照單全收。

而且還不只是埃德薩。看看另一個敘利亞的重要城市帕邁拉，公元三世紀中葉在那裡發生的重大叛亂真正的挫敗了羅馬帝國，可以這麼說，帕邁拉重塑了東地中海地區的權力結構。帕邁拉是敘利亞的商業中樞，是往來波斯、印度、中國和羅馬的必經之地。帕邁拉市也採敘利亞語，反應這裡受到埃德薩閃族文化的影響和波斯、希臘、羅馬文化一樣多。公元二六九年，傳奇女王芝諾比雅（Zenobia）發起軍事行動，反抗羅馬的統治。那麼這位傳奇女王又是誰呢？據說，她是迦太基（也就是今天的突尼西亞）的名門之後，這個城市歷來嫌惡地中海地區的競爭對手羅馬，而羅馬也在之前把迦太基建起的百年基業全數毀滅。

短短幾年之內，帕邁拉的軍隊征服了廣大的地區：整個敘利亞、埃及，以及安納托利亞的一半。事實上，帕邁拉帝國有幾年的時間，攻佔了羅馬帝國東邊三分之一的地區，當時羅馬已經分成了三個不同區塊。帕邁拉在東邊企圖取代羅馬，如果真的發生了，東地中海地區的敘利亞閃族基督教將會取代拜占庭的希臘東正教，在此一地區盛行。

只是美麗的芝諾比雅女王最後還是被羅馬軍隊擊垮，根據當時的記載女王被銬以黃金鐐銬遣送羅馬。儘管她的王國毀滅了，但是她個人最後招赦免，並成躍身為羅馬社會的名媛。敘利亞的大部份地區反羅馬、反君士坦丁堡的風氣都很強盛。波斯帝國利用了這一衝突，他們公然支持聶斯托流派，並為信徒在波斯境內提供庇護所。宗教在這段時期的扮演意識形態的角色，用來支持地緣政治利益的鬥爭。

在政治上、意識上、神學理論上都持反羅馬反希臘的態度，這使得敘利亞的宗教文化更傾向於基督一性論（不管是單一的神性或者單一的人性），而拒絕君士坦丁堡複雜的三位一體教義。被簡單化的基督一性論教義很快就在廣大的安納托利亞、敘利亞、黎凡特和埃及傳播開來，受到極大支持，並且一直延續至今。

基督一性論後來的發展也一樣充滿戲劇性。它傳到了埃及的亞歷山大城，這是東地中海宗教力量的另一個重鎮。亞歷山大也鼎力支持基督只有一個「神聖本性」，這個已經廣為敘利亞、埃及和托納托利亞接受的簡單直白、容易理解的教義。

但是這條教義在君士坦丁堡在公元四三一年的以弗所第一次大公會中被否認了。但是教會的政策以及特質也非常人所了解，僅僅過了十八年的時間，在以弗所的第二次會議上，面子問題、政治利益，這一教義卻又被官方接受了。每一次神學教義上的大變遷，教會重要人物地位也跟著起起落落，這又加劇了彼此的爭鬥。四年政治風雨過去，伽克敦四五一年的會議，教會竟然再次宣布基督一性論是異端。會後又出現了一批贏家和輸家，原本重要的主教和教會帶頭人被逐出教會，也影響了他們所在地的權力和勢力。

至此故事還沒結束。這回，儘管雙方都在神學教義方面做足了修辭的功夫，大多數的基督一性論持有者還是斷然拒絕了君士坦丁堡的裁定。最後，他們還是和君士坦丁堡決裂了，重新建立起自己的教會，那就是所謂的東方正統教會，主要盛行在帝國的東部。

和之前為了面子就接受了基督一性論一樣叫人震驚的是，伽克敦會議還做出了另一個重大決定：那就是宣佈君士坦丁堡為「新羅馬」，地位等同於原來的羅馬。其實，在西羅馬被外族所滅之後，新羅馬是唯一的羅馬。但是新羅馬的概念確實魅力十足，千年之後，拜占庭帝國（東羅馬帝國）也殞落了，莫斯科曾經號稱自己為「第三羅馬」，意指是東正教權威的新延續。

那些重要的人物：教宗、東羅馬皇帝、各位主教和宗主教各有他們的支持者和利益，在決定他們選擇爭議中的基督教派時，遠比神學理論更重要。拿基督本質的神學教義來說，也和教宗如何定位自己有關。如果耶穌的本質只有神性，那麼教宗要如何宣稱自己是「耶穌的代理人」？因為神性是不可以有代理的，然而，如果耶穌也有人的屬性，那麼從彼得開始，到教會神父到主教，都是一系列的代理人。

事實上，在教義爭鬥中我們見證的三個層面的爭鬥：第一，是羅馬和君士坦丁堡之間，誰是真正的「帝國羅馬」之爭，誰才是真正的領頭者；第二，是東羅馬帝國的東正教內部的教義之爭；還有，反對君士坦丁堡在東部省份內威權的各式異端及反叛力量。伊斯蘭教就是在這樣的背景下出現的，一個因為不同歷史、文化和政治傾向而四分五裂的地區。伊斯蘭只不過是這個地區複雜權力與意識形態平衡的新來者——與繼承者。

伊斯蘭教進入拜占庭

伊斯蘭教如何擴大推廣可以說明許多宗教轉變和文明改變的複雜過程。也可以告訴我們，不同宗教之間如何調適和共存的。杭廷頓所說「伊斯蘭教的血腥邊界」不過是將複雜的政治和社會互動簡化成報紙上的諷刺漫畫。

繼早期埃德薩和帕邁拉反拜占庭的叛亂之後，下一個叛逆之城是大馬士革。我們再一次看到，異議的宗教團體，為穆斯林在六三五年征服此城提供了便利，大馬士革成為第一座被穆斯林軍隊佔領的城市。

其實不過二十多年前，大馬士革便曾經落到波斯人手中，因為猶太人和基督一性論的信徒對拜占庭的歧視和徵稅感到不滿。但是拜占庭又收復了，但是又再次失守，這回是敗給了阿拉伯穆斯林。第二次的失守同樣是由背離官方的基督一性論和聶斯托留派所促成。總體來說，伊斯蘭教宣稱耶穌只有單一人性的主張，對一向為此爭論不休的基督教徒來說並不奇怪，不過是諸多論點中的一個新變體。因此這個新宗教重要的不是其神學理論，而是其政治力量和統治的方式。

經過多次談判，包圍大馬士革的阿拉伯部隊將領最終同意：為了避免其他敘利亞城市激烈抵抗，讓大馬士革和平投降是最好的戰略。阿拉伯和拜占庭經過了長期對抗之後，終於在穆斯林將領哈立德·本·瓦利德（Khalid bin Walid）承諾之下，大馬士革於公元六三四年決定投誠。這位指揮官的承諾如下：

> 穆斯林進城後，他們（當地人民）的生命安全、財產、敬拜場所以及城牆，無一不得毀損。此保證奉阿拉之名，奉阿拉使者之名，奉哈里發和穆林斯之名。只要他們交付人頭

稅，保障他們未來將有百利而無一害。

第二個投誠的城市是耶路撒冷，年份是六三八年。耶城棄械的條件是，哈里發以個人名義做出安全保證。於是這位歐瑪爾哈里發在與耶路撒冷的宗主教簽署了城市安全和東正教敬拜的自由之後，就在宗主教的陪同下，騎著一匹白駱駝進了城。阿拉伯文獻上記載著，歐瑪爾幫忙清理了廢棄的猶太聖殿山，並在那裡禱告，之後還在西南角興建了一座清真寺。

改變信仰的問題

在敘利亞地區轉變成伊斯蘭教的過程中，揭示出許多政治和文化因素。正如我們前面說到的，如果照西方流行的觀念，簡單把這個過程稱為「過去虔誠的基督徒落入了反西方的穆斯林力量中」是不合理的。這些閃族地區的基督徒並不樂於受拜占庭統治，他們本來就有「反西方」的傾向。「伊斯蘭和西方」簡單的二分法在現實面前是無效的。事實是，在這個時期，伊斯蘭尚沒有直接接觸到西方世界或拜占庭的權勢，因此並沒有反西方的一個預設態度，反倒是許多拜占庭帝國境內的諸多地區已經發展出這樣的情緒。隨著敘利亞的其他主要城市落入穆斯林手中，羅馬帝國的疆界日漸退縮，這才開始了民眾轉信伊斯蘭教的長期過程。

西方一般對信徒改宗伊斯蘭的想像都是透過武力脅迫。但是這次又錯了。因為實際過程完全不是如此，而是跟大多數宗教在政治變動後的改宗類似。首先在最早的幾十年裡，攻城掠地之後，穆斯林的政權立即建立起來了。先知穆罕默德死後三十年，阿拉伯的穆斯林軍隊橫掃地中海以西，遠至今天的突尼西亞，北到高加索邊界以及安納托利亞的一半土地，東至巴基斯坦。舊體制垮了，新穆斯林統治者上任。但是真正的個人層面以及社會層面的宗教改變卻要晚得多。正如伊斯蘭教的歷史學家伊拉·拉匹杜斯（Ira Rapidus）在有關穆斯林社會的重要的著作中所述：「征服，一開始是軍事上強與弱的較量，強者得勝。但是開始的幾十年，阿拉伯的統治得到了鞏固，是因為當地人民樂意接受新政權。」

對帝國不滿的情緒，在拜占庭表現為敘利亞的基督一性論和聶斯托流派，在波斯則表現成伊朗基督徒和猶太人，這些群體都成為後來阿拉伯征服的助力。波士頓大學教授梅林·斯瓦茨（Merlin Swartz），也是中世紀伊斯蘭的研究專家，就認為大多數的猶太人在拜占庭帝國治下是受到宗教迫害的，因此他們歡迎穆斯林的武裝力量，事實是穆斯林的統治反而促成了猶太文化的新榮景。

此外，與我們的設想相反，讓當地民眾皈依伊斯蘭教並不是阿拉伯征服者的短期目標，他們要的只是擴大穆斯林的權力和統治範圍。我們討論的是世俗統治者的改變，而不是社會層面的宗教改變。正如拉匹杜斯指出的：「阿拉伯統治者並不要求所有非穆斯林都要改變信仰。剛開始的時候，（阿拉伯統治者）對改宗者甚至帶著敵意，因為這些新穆斯林會分享原本阿拉伯人在經濟和社會方面的特權。」

對這些地區的阿拉伯新統治者來說，他們也有誘因不將成為穆斯林的特殊福利推廣給更多人。阿拉伯人享有不用繳交吉茲亞的特權，而被征服者則必須繳納吉茲亞，以不用服兵役、受到保護為交換條件。這些非穆斯林必須承認穆斯林的政權，且不可以讓穆斯林改信基督教。正如湯恩比（Arnold Toybee）在其恢宏的著作《歷史研究》中指出的：

首先，整個基督教世界，包括天主教東正教，普遍高估了伊斯蘭在傳播過程中所使用的武力，這一點需要打個折扣。先知的後繼者對宗教的嚴格信念只限於少數行為，而且外在行為也只是少數幾個……在羅馬和薩珊帝國，被征服之後的選擇是「或者伊斯蘭教，或高賦稅」，而不是「或者伊斯蘭教，或者殺無赦」。這項政策很有啟發意義，多年以後，對宗教不甚感興趣的伊莉莎白英女王也沿用了類似做法。

剛開始的時候，阿拉伯人不想把權力分給其他人。新的穆斯林政府盡力不讓生活發生太多改變——對生活在權力更迭地區的人，這個過程並不陌生：因為戰爭的原因，處在權力頂端的執政者換了，但是底層人的生活並沒有大改變。事實上，很少人改變了宗教信仰。如拉匹杜斯所說：

> 歐瑪爾結束紛爭的第二原則是：盡量讓被征服地區的人民受到最少干擾。這就意味著，阿拉伯—穆斯林並沒有試圖讓當地民眾改信伊斯蘭教，這點與傳說完全相反。先知穆罕默德已經以身示範了，只要繳付人頭稅，猶太教和東正教徒是可以維持他們原本的宗教信仰……
>
> 在征服他國的時候，伊斯蘭教就是只作為阿拉伯人的宗教，是一種征服者的特權和優越。阿拉伯人鮮有傳教的熱情。當轉信伊斯蘭教的事情發生時，阿拉伯人覺得很尷尬，因為這會帶來身份地位的問題，也會佔用賦稅方面的特權。

有件事值得我們的關注，那就是早期的阿拉伯征服者非常以他們的種族為榮，認為伊斯蘭教是阿拉伯人的宗教，神的訊息是特別要傳達給他們的，這個觀點反映了阿拉伯人了解摩西的啟示是特別給猶太人的，而伊斯蘭教就是給阿拉伯人的特別獎賞。正是阿拉伯人享有的特權，這讓二等公民，包括轉信了伊斯蘭教的非阿拉伯人，感到憤懣不平。緊繃的關係最終導致了在公元七五〇年，非常阿拉伯取向的伍麥亞王朝被多民族的阿拔斯王朝取代。當然這樣唯阿拉伯人是尊的觀點顯然是和先知最後一次演說背道而馳，這篇演說中，先知曾說到：

> 人們啊！你們的主確確實實只有一個，你們的父也只有一個。所有你們都同亞當屬於同一個祖先，而亞當本是用泥所造。阿拉伯人沒有比非阿拉伯人更優越，非阿拉伯人也沒有比阿拉伯人更優越；除了敬虔，白人沒有比黑人更優越，黑人也沒有比白人更優越。你們當中最尊貴的乃是那些最敬虔的。

伊斯蘭教的發展歷史展現了一個從征服者的種族宗教觀，到接納新改教的信徒，直到一個更理想的普世宗教過程。在伊斯蘭教內部，自認阿拉伯人較優越的觀念雖然減弱了，但是並沒有在阿拉伯普遍消失。主要原因在於：首先，伊斯蘭教起源於阿拉伯文化，古蘭經也就是神的話語，使用的是阿拉伯語，其言語和修辭之豐富無與倫比；其次，先知穆罕默德是阿拉伯人；其三，是在現實中早期阿拉伯軍隊所向披靡。但是到麥加朝覲卻有一個重要作用，那就全世界的穆斯林都聚集到了一起，多語言多種族，在同一個地點朝聖。現代通訊技術也讓所有的穆斯林了解到，非阿拉伯穆斯林對伊斯蘭文化的貢獻，這些是用以穆斯林為阿拉伯民族認同換來的。

轉變信仰的過程實際上是如何發生的？其實所有的改宗過程都很複雜，包括個人方面的考量，也包括宗教方面的因素。拉匹杜斯發現了在改宗過程中有兩個奇特的現象。沙漠地區的萬物有靈論和多神論轉變成伊斯蘭教徒，是因為這個宗教後方有一個更偉岸更豐富的文明，因此具有更多重的加入誘因；而對一神教的都市以及農業人口來說，「伊斯蘭教在政治上取代了拜占庭或薩珊王朝，在宗教上取代了基督教、猶太教以及祆教……拜占庭和薩珊王朝的舊菁英和行政機構都歸順到新政權底下。」

因此，在不到一個世紀的時間裡，非常廣大的區域都發生了特別的轉型：

阿拉伯從一個氏族或部落轉變成了「城市」民族，與非阿拉伯人混居，他們放棄了軍事作戰，改任文官，不再獨占伊斯蘭教。相應的，非阿拉伯人進入軍方和政府，改信了伊斯蘭教，改說了阿拉伯語，在當初侵佔他們的帝國政府裡謀得一席之地。

此外，憎恨拜占庭、薩珊和其他統治的少數人也相信在穆斯林治下，他們的境遇會好轉，而穆斯林新哈里發王朝的經歷更鞏固了他們的這一想法。有些轉信是出於對新統治者的恐懼，有些是想獲得一些個人利益。原本屬於少數族群的，現在因為加入的主流宗教而成為主流文化中的一個部分，享受社會流動帶來的益處。甚至還有人選擇加入伊斯蘭軍隊，來冒一趟險，獲得財富。

但是這個改變過程並沒有普遍認為的那麼快。哥倫比亞大學學者理查德．布列特（Richard Bulliet）的研究顯示，伊斯蘭教第一世紀這個轉變過程有多緩慢。在伍麥亞哈里發朝代，被統治者當中只有百分之十真正變成了伊斯蘭教徒，相較多民族治下的阿拔斯王朝，從百分之四十開始，到了十一世紀的時候，幾乎快到達百分之百。

也不是所有的宗教團體都改了宗。在中東地區尚存的大型東正教社區，以及許多猶太社區都顯示，「有經者」可以選擇維持原本的信仰，只要繳付人頭稅，以免除兵役並獲得國家的保護。一千年之後，鄂圖曼帝國統治的巴爾幹半島，主要人口依然信仰東正教，依然維持著他們的宗教以及生活方式，沒有太大的改變。

事實是，轉信宗教的過程是緩慢漸進的，這一地區的生活也並沒有重大且突然的轉變，即使全新的跨越國際的伊斯蘭文化慢慢成形。許多古老的生活態度和方式依然與新事物並存著，反映了中東地區古老的政治文化。政治、社會和經濟的變化要遠比宗教來得重要。我們就要來討論的是，這一地區持續不變的主要政治和社會因素，即便作為地緣政治的角色之一伊斯蘭教慢慢進入中東，接管了中東。之後，我們就知道如果說「伊斯蘭教與西方」，或者「伊斯蘭教和基督教」兩極簡化的方式來討論這一地區的問題，是沒有任何意義的。

伊斯蘭教改變了政治環境，同時也被環境所改變。阿拔斯王朝的時代，引入了更多族群的人口、文化以及語言，從西班牙到中亞和南亞，無疑讓這一地區發展出更國際化的觀點，也吸納了被征服國的一流人才。敘利亞聶斯托留派神學家、思想家和其他知識分子，為阿拔斯帝國打下了智識的基礎。特別是聶斯托留派宗主教們，在阿拔斯帝國擁有了更大的權力和影響力。一場新文化的醞釀正在悄悄進行，這將把伊斯蘭文明提升到一個新的高度，同時期的其他地區無法超越，而且將維持數百年。

我們看到伊斯蘭文化慢慢吸收了周圍文化、傳統、語言、藝術、歷史以及其他許多的經驗傳承，這個融合的過程讓伊斯蘭成為中東地區的一個部分，而不是阿拉伯人進口來的一個外來擺飾。正是這樣深入的融合，伊斯蘭文化融入到最古老的文明之地，因此許多的價值觀、世界觀以及其他特質上，伊斯蘭教是承上啟下的綿延一致的。中東沒有被伊斯蘭教轉變成全新的不同的中東，而是在原本根深蒂固的文化上多了一個豐富多元的表層，新舊文化彼此鑲嵌。

伊斯蘭教和伊斯蘭文化和其他的傳統文化融合在一起的模式，是我們理解中東的關鍵：這一地區強大的地緣政治和多元文化長期存續。如果伊斯蘭教沒有出現，這諸多的勢力將繼續存在，彼此滲入，就像現存於伊斯蘭文化表層之下的一樣。同樣的地緣政治力量以及緊繃關係都會繼續著。無疑的，伊斯蘭教把這個區域統合在一個文明的模式底下，存續至今，不管伊斯蘭的政治版圖做了何種改變。

在我們已經看過基督教異端如何充當了反羅馬、反君士坦丁堡的當地人意識形態的載體，如果我們在伊斯蘭治下的國家發生類似的事，也就不會覺得奇怪了。就拿北非來說。阿拉伯遜尼部隊橫掃北非沿海地區，建立阿拉伯政權的時候，原本居住在當地主要的人口柏柏爾人有著自己的語言、文化和傳統，視阿拉伯武裝部隊為民族和政治上的最大威脅。因此，在新穆斯林政權建立之後，柏柏爾人就開始轉而擁抱什葉派和哈里哲派（一種激進伊斯蘭學派），這些非主流的伊斯蘭教神學觀念成為反抗阿拉伯遜尼主流宗教的形式。也就是說，柏柏爾的民族主義者也在伊斯蘭教的異端找到了情緒的載體。

伊斯蘭長久存續的力量

因為軍事和戰爭策略，穆斯林征服世界的速度讓人側目，而能夠在這樣廣泛的地區、多元的文化和族群之中持續下去，這是另一個值得我們關注的。因為我們不能用穆斯林的軍事力量來解釋其維持數世紀之久的統治。為什麼敘利亞沒有回轉成基督教？或是其他被阿拉伯削弱的其他早期信仰？在阿拔斯王朝勢力日漸衰弱直到崩潰之際，為什麼伊朗沒有回到古早的祆教？如果伊斯蘭沒有穩穩立於不同種族的人口之上，在接下來的十四個世紀裡，我們為什麼沒有看到某個反伊斯蘭教的力量崛起了，回到早先的信仰和文化中去？

十三世紀的蒙古大軍在東方瓦解了伊斯蘭的勢力，伊斯蘭是如何在灰燼中再次崛起的？伊斯蘭作為一個團體、一種文化、一派宗教、一個政治秩序，都具有非常的韌性，即便是在低谷的時候，也折而不撓。在經歷了歐洲殖民主義、世界大戰以及東西方冷戰之後，穆斯林社會依舊十分頑強，伊斯蘭依舊扮演著文明黏著劑的角色，讓穆斯林對抗外在的挑戰，雖然在現代穆斯林文明落後於西方強權。伊斯蘭的宗教力量讓這一地區統合在高度文明的穆斯林文化之中。而此地對西方、對羅馬，甚至君士坦丁堡的態度，卻根源遠在伊斯蘭教之前，一路經伊斯蘭教留存至今。

伊斯蘭教要傳達的宗教訊息非常直接，願意接受的人就覺得那些話好像是對著他們說的。相對於複雜，甚至有些模糊的，需要永無止境的政治宗教會議來討論敲定的基督教體系理論，穆斯林的神學簡單明確，這一點倒是對其傳播非常有利。伊斯蘭吸引力強、傳播快速，可能正是這點讓基督教從一開始就感到畏懼，從而將之妖魔化。雖然所有的統治者都可以採用嚴厲治國的方式，但是以伊斯蘭統治時間之長來推斷，其統治方式要明顯優於其他。馬上得天下之後，其治天下的能力也不落人後。見證了多個強權帝國之衰亡之後，伊斯蘭能夠長治久安必然有其過人之處。

伊斯蘭教在政治和宗教上都處於中東的支配地位，顯然和原本的宗教信仰和思想體系相處融洽，兼容並蓄了新老觀念。若說伊斯蘭表徵了某種全新的、侵入性的力量，突然改變了中東地區的地緣政治，建立了一個全新的反西方思潮，這種說法是很難說得通的。只能說傳統的文化、世界觀和地緣政治繼續存在著，但是上頭包裹了一層伊斯蘭的薄塗層。如果伊斯蘭教沒有出現，那麼反希臘，反拜占庭的閃族文化難道不會繼續反下去嗎？

第五章　十字軍東征（一〇九五—一二七二）

十二世紀的時候，在教宗號令之下，滿懷基督徒熱忱的西方十字軍，旗幟招展的向東挺進，試圖收復穆斯林轄下的聖地——這是西方歷史長河的其中一景。這是一場穆斯林與西方世界的對抗，對嗎？對不少基督徒或穆斯林基本教義派來說，十字軍標誌著兩種文明衝突的開始。但是如果我們仔細檢視一下，故事還暗含更多線索。首先我們要想一想，這裡討論的真的是文明的衝突嗎？或者，意味著伊斯蘭和西方世界的永恆衝突？還是可能是另一個更複雜的事件？本章想要說明的是，在西方派遣軍隊前往東方的地緣政治變動中，宗教只不過是背景、流行的敘事跟合理化的說法。如果伊斯蘭並未統領聖地，那麼西方的十字軍還會成行嗎？讓我們揭開事件更深層的原因，答案教人意外。

從某個角度來說，天下還有比十字軍更宗教色彩的嗎？歷史學家注意到十一世紀的歐洲更加注重宗教虔誠，這當然是十字軍運動給教會帶來的益處。這場冒險有個末世論的前提，許多基督徒認為，在千年末世之後，將會在耶路撒冷重建一個基督王國——這是個不退流行的話題。並且在歐洲，大眾第一次意識到「基督教世界」的存在，因為牧師及神父不斷在宣教中提醒大家在中東的異教世界——事實上，在早先歐洲更為「黑暗」、孤立的時代，一般人並不關心這件事。

教會鼓勵男士們都成為「十字軍中的一員」，為擴張基督領地而戰。教會記事上記載了加入十字軍的神聖儀式：每一位戰士都宣示一定要完成耶路撒冷之旅，然後會獲得教宗代表頒發的十字架，象徵已經認可其成為十字軍的一員。在東征期間，可以免除國內的司法義務。但是大家更關心的是如何赦免個人的罪孽。是只要踏上東征之路，就可以免除了嗎？具體來說，是在出發的時間點之前的罪都免了，還是此後的罪通通都免了？還是必須在東征中犧牲了，才能達至罪惡全免？如果耶路撒冷被收復了，那麼這個獲得免罪的大門就會關上了嗎？

對這些十字軍新兵來說，這些問題教他們非常困擾，或許和今天某些穆斯林基本教義派怎樣的死法可以變成「殉道士」的問題相似。準確來說，殉道士當然應該是嚴格的為了保護信仰或者宣傳信仰而獻身的死亡。但是如果用自殺式的方式來消滅敵方，而古蘭經中自殺是被禁止的行為，那麼這種自傷式的殉難是真正的殉道嗎？

教宗烏爾班二世的召喚

關於十字軍的宗教性格，最適合不過的證據自然是教宗烏爾班二世在一〇九五年克勒芒的宗教大會上發表的演說，這是籲請基督徒反抗東方穆斯林的最早西方文獻紀錄。雖然沒有紀錄烏爾班教宗具體說了什麼，只有幾位參與的教會領頭人各自的紀錄，版本各異。重要的在於教宗的措辭：我們在這裡看到了「文明衝突」的源頭，後來終究影響了基督教徒和穆斯林。教宗演講的風格我們可以從其他與會者的引述中略見一二，其中一位名叫沙特爾的福爾榭（Fulcher of Chartres）的引文就表達了烏爾班對穆斯林入侵西方的恐懼：

> 因為，你們大多已經聽說了，土耳其人和阿拉伯人攻擊了（聖地），並且佔領了這一地區……直到地中海岸和達達尼爾海峽……他們殺人擄虐，破壞了教堂毀壞了帝國。如果你們再縱容這些異教徒一段時間，我們對上帝的信仰就會受到更大範圍的攻擊。因此上述原因，教宗我，更準確的說是我們的主，懇請你們以基督使者的身份，把這個訊息傳揚出去，說服你們周圍的人，不管他們什麼位階，不管是步兵還是騎士，是窮人還是有錢人，盡快加入基督徒的大軍，幫助我們的朋友從邪惡的外族人手中收復失地。我對來現場的朋

友們說，也對沒有出現在這裡的朋友們說。我說的，不僅僅是我說的，更是基督的命令。如果信奉惡魔的該受鄙視的種族，竟然戰勝了信奉萬能上帝、榮耀基督的人們，該是多大的恥辱。

那些曾經以搶劫維生的，現在可以成為真正的騎士，為正義而戰。那些曾為了弟兄和家族而戰的，現在為了更好的理由，去打敗野蠻人吧。

教宗烏爾班的演說流傳的版本各異，但是各種版本之間一個驚人的共同之處在於，任何一個版本上都沒有出現「穆斯林」或者「伊斯蘭」的字樣。提到的時候，都是用「異教徒」、「不信神的人」、「土耳其人」或者「阿拉伯人」，和聖地、我們基督徒弟兄們相對。這暗示著，基督教官方甚至不願稱呼這些人為穆斯林——即便是蔑稱也不行。只以他們的種族，阿拉伯或者土耳其來稱呼，或者稱呼他們為壓迫基督徒的人。還有一點，那就是信基督教之外的教必是異教徒。

猶太大屠殺

在克勒芒的宗教會議上，烏爾班在演說中照常把「非信者」稱為敵人。這些人可以是穆斯林，也可以是猶太人。當時在歐洲反猶太情緒已然是常見的，猶太人被稱為「殺害基督的人」。因此，在離開歐洲征討聖地之前，十字軍先搜索了德國的很多地區，特別是在萊茵河兩岸，猶太人被迫在改信基督教與受死之間做出選擇。在這次事件中，有一萬兩千猶太人被殺害，還有幾個猶太社區選擇集體自殺。

教宗的演說由是美化了出於神聖原因的暴力，並允諾了殺戮非基督徒的殺手們一個天堂的報賞。更意料之外的是，儘管教宗並沒有把東正教徒們列入「非信者」之列，但是就普遍大眾來說，不少的歐洲基督徒更認為希臘的東正教徒是非信者，特別是一一八二年君士坦丁堡的拉丁人大屠殺事件之後，此時距離第一次十字軍東征已過了一百年。

總之，教宗演講之後引起廣泛迴響，但是加入東征隊伍的只有少數是騎士，更多的是尋常人等，他們大多沒有作戰技能，也不知道未來將要面對什麼樣的軍事任務。其中還包括許多女性和孩童。這樣的隊伍除了他們各自對末日救贖的想像，以及急著逃離日常生活的苦難之外，毫無紀律可言。這點也反應在他們的行為上。這個「群眾的十字軍」行過巴爾幹的時候，甚至和當地的其他基督徒發生了衝突。此時距一〇五四年東西教會大分裂也不過幾十年的時間，東正教並不受到尊重。君士坦丁堡的拜占庭皇帝意識到這群不受控制之暴徒的潛在危險，當他們靠近君士坦丁堡的時候，他急著讓他們快速穿過市區，進入安納托利亞的土耳其控制區。其實當中很多人都在還沒有到達耶路撒冷的時候，就或因疾病或因勞累而亡，也有死於安納托利亞土耳其人手下的。

而那些最後抵達聖地的人，多半沒有受過什麼教育，遠離家鄉跟自己的文化，常常挨餓，在征服東方城市時使用極端暴力，殺害當地人、毀壞寺廟、掠奪城池。在西方十字軍自己的紀錄中，也有數起彼此相食的案例在冊。

一位一〇九八年敘利亞城市馬阿拉（Ma'arra）的目擊者卡昂的拉爾夫（Radulph of Caen）寫道：「在馬阿拉，我們的軍人在煮鍋中沸煮異教徒的成年人；嘲孩童身上吐口水，肢解他們，烤了吃……

編年史家亞琛的亞伯特（Albert of Aix）所寫的記載，穆斯林似乎比狗位階更低，他寫道：「我們的軍人不但不畏吃死掉的土耳其人和阿拉伯人，他們還吃狗！

這隻民眾組成的十字軍其實是西方歐洲和中東第一次的重大的軍事對抗，除了西班牙以外，此地經過了阿拉伯八百年的統治後，他們時有衝突。十字軍東征的另一個重要意義是，標誌著西歐對中東的歷史上的重大侵略，影響深遠。自此之後，十字軍之野蠻就銘刻在穆斯林的民間集體記憶中。

後來，更多有經驗的騎士響應教宗的去聖地耶路撒冷的召喚，加入到十字軍當中。這些專業軍人對拜占庭的威脅並不下於對穆斯林：這些西方軍隊在拜占庭的土地上作戰，卻又不受拜占庭的管控。拜占庭的憂慮則在第四次東征時變成了現實。

第一次東征的十字軍隊伍在一〇九九年抵達了耶路撒冷，收復聖地的過程非常殘忍，與五百年前，有紀律的阿拉伯軍隊進城時截然不同。我們前頭提過，公元六三七年時，第二位哈里發歐瑪爾在數月圍城之後，親自進入城中。阿拉伯的軍隊紀律嚴謹，遵照了歐瑪爾和耶路撒冷宗主教簽下的和平協議，城池沒有受到搶劫。有關基督教會的部分，協議內容上有：

他們的教會不可沒收，不可以毀壞，也不可以不受尊重或者被蔑視；也不可如此對待他們的十字架和錢財；不可強迫他們改變信仰，也不可以傷害他們其中的任何一個人。

猶太人的史料還紀錄說，歐瑪爾對猶太教寺廟的毀壞感到非常震驚，在羅馬人手下，已然一片廢墟，因為即便是對穆斯林來說，這種地方也是神聖不可侵犯的。歐瑪爾親手和士兵們一起清理遺址。在被羅馬人禁止了五百年之後，猶太人第一回又可以過猶太教徒的生活。

一〇九九年，十字軍第一次佔領耶路撒冷就是完全不一樣的局面了。猶太人畏懼基督教統治者，也和穆斯林站在同一邊，保衛城市，可惜無濟於事。經歷了耗時耗力包圍，十字軍部隊於六月十五日破城而入，之後的二十四小時內，城中的男人、女人和孩子；穆斯林、猶太教徒，甚至東正教基督徒，大約六萬人，無一倖免。其中包括躲在猶太教堂避難的數千名猶太人，以及在阿克薩清真寺中的穆斯林。天主教百科全書上簡要地寫道：「基督徒從四面八方湧入城內，不問年紀和性別，格殺勿論。」

曾經參加了此次東征的十字軍人福爾榭紀錄道：「說真的，如果你也在現場，就會發現那裡被殺無數，血沒腳踝。我還能說些什麼呢？沒一個活口，包括女人和孩子。」

十字軍在往耶路撒冷的路上，對穆斯林村落以及人口施行的極度暴行，還有不少的紀錄。如果認定這些暴行和殺戮只是單向的，著實過於愚昧。任何年代的戰爭都是殘酷的。在這裡提到這些紀錄，並不是說十字軍比較邪惡，穆斯林是無辜受害者的意思。但事實是，歐洲的軍隊侵入了中東的腹地。這個第一次為未來幾世紀西方武力干預中東的歷史開了一個頭。但是在西方流行的十字軍騎士故事中，他們自己蓄意的殘暴卻少有提及。其次是，穆斯林六三七年佔領耶路撒冷和基督教一〇九九年收復耶路撒冷之間，宗教以及法律上都形成了鮮明的對比。伊斯蘭的宗教教義就要求穆斯林要尊重基督教和猶太教在他們社會中的地位，他們也大抵做到了（當然也有例外的不守規矩的時候）；但是基督教教義沒有要求基督徒保護猶太教和穆斯林在基督教社會的地位，而且他們也大抵沒有做到。最後，西方社會需要了解穆斯林怎麼看十字軍的故事，穆斯林社會如何陳述這件事其影響力一直綿延至今。

第二次十字軍東征

如果第一次十字軍東征可以稱為「民眾的十字軍」，那麼第二次東征隊伍有數位歐洲國王參加，旨在擴大第一次東征的範圍。但是成果卻非常叫人失望：在進入聖地之前，塞爾柱人在小亞細亞便擊敗了皇室領軍的大半隊伍。和第一次東征一樣的是，混雜的十字軍要再次經過拜占庭境內的時候，當地人更為其意圖感到憂心。君士坦丁堡的皇帝立即盡量拖延十字軍進入拜占庭的時間，然後讓他們迅速穿過博斯普魯斯海峽，往南進入達土耳其管轄範圍內。十字軍隊伍從西西里出發，一路就摧毀了幾個希臘城市，更坐實了拜占庭對他們的憂心。

最後，第二次東征的十字軍並沒有佔領大馬士革，這是他們的主要目標，他們輸得灰頭土臉。知名修道院院長聖伯納德（Bernard of Clairvaux）宣稱，是十字軍犯下的罪惡招致了他們的失敗。對十字軍來說，最糟的是，一一八〇年的時候穆斯林將領薩拉丁召集了附近地區的軍隊，把耶路撒冷從十字軍手中奪了回去。

第三次十字軍東征

穆斯林奪回了耶路撒冷，激發了歐洲的第三次十字軍東征。薩拉丁收復耶路撒冷事件和六三七年穆斯林從歐瑪爾哈里發手中奪下耶路撒冷非常相似：穆斯林進城之後，極少的基督徒市民受傷，大多數的教堂也保持完好，但是十字軍還是要求贖金。

第三次十字軍東征也因為有重要皇室成員加入而特別受人矚目，其中包括英格蘭的獅心王理查一世以及法國國王菲利普二世。在前往聖地的途中，獅心王攻下了塞浦路斯，讓向來對十字軍目的持懷疑態度的拜占庭更加不信任。十字軍包圍阿卡城的時候，獅心王承諾如果對方和平投降，他可以保證全數穆斯林市民的安全，但是當阿卡城真的投降之後，穆斯林卻被獅心王全數殺害，這讓歐洲軍隊的誠實守信、人道主義大打折扣。最後，獅心王並未攻下耶路撒冷，但他和薩拉丁達成了一項協議，讓基督徒可以去耶路撒冷朝聖。

第四次十字軍東征

前三次東征讓「拉丁人」和「希臘人」之間的嫌隙，到了第四次東征的時候，達到最高點。第四次東征中發生的許多事件，至今依然讓希臘人耿耿於懷。在公元一二〇四年的時候，十字軍完全放棄了為基督教而收復耶路撒冷聖地的使命，轉而直接攻佔、侵略、佔領並統治了君士坦丁堡，而且打著羅馬教會的旗號。這是心理上東西兩大教會的決裂點，造成的後果至今沒有止息，確實是一個「文明」的大災難。

教宗英諾森三世並沒有認可攻擊君士坦丁堡的行動。但是貼身的其他神職人員，卻因為貪求利益或權力，企圖左右教宗。知名現代希臘史學家斯匹羅斯（Spiros Vryonis）是這樣描述十字軍攻佔君士坦丁堡的：

> 拉丁人的大兵對待當時歐洲最偉大的城市彷彿對待囊中之物。在整整三天的時間裡，他們燒殺搶掠，其殘忍程度讓古代的汪達爾人和哥德人都不敢相信。此時的君士坦丁堡已

經是古代拜占庭藝術的博物館，富麗堂皇的程度，讓歐洲大兵都驚呆了。其中的有從威尼斯來的（他們可算是半個拜占庭人了）對發現的藝術品也珍惜一點，大多收藏了起來，而法國和其他國家的軍人則是無情摧毀，在這些空檔還時不常的喝酒、侵犯修女、謀殺東正教修士。十字軍特別忌恨希臘人，用力褻瀆了當時基督教世界最大的教堂。他們砸碎了聖索菲亞大教堂的聖幛、聖像和聖經，坐上宗主教的位置，用聖杯喝酒，哼著下流低俗的小調。

東西方的不和經過了數世紀的累積，在佔領君士坦丁堡之後的大屠殺到達高峰。希臘人認為，即便是土耳其人佔領了城市，也不會比這些拉丁基督徒更恐怖。而國勢已經衰弱的拜占庭，經此一役，政治更加衰弱終至成為土耳其人的俎上肉。十字軍運動最後成就了伊斯蘭的勝利，與原本的初衷完全相反。

拉丁世界對君士坦丁堡的攻擊帶來了災難性後果，這點教宗英諾森三世預見到了，而這與他原本的期望相反，他希望東西方教會在他任內可以結束分裂。而對君士坦丁堡的浩劫卻去除了復合的可能性，教宗沒想到的是，再次的復合要在一千年之後。誠如教宗自己寫道：

希臘人教會在遭受此類考驗和迫害時，如何恢復教會的團結和對宗座的忠誠？它在拉丁人身上只看到了沉淪和黑暗，認為他們連狗都不如。因為這些基督徒原本該為基督而戰，而不是為自己的私利，他們的刀劍原本該斬除異教徒的，現在卻滴著同樣基督徒的血，雖然東西有別。他們不問對方的宗教、年紀或性別，在公眾面前通姦淫亂，連老嫗和修女也難免他們的蹂躪。對這些入侵者來說，掠奪帝國的財富、搜刮大小民戶還不夠，他們還要把魔掌伸到教會……把聖壇上的銀器打碎了，彼此分贓；破壞了聖所，奪取十字架和聖人遺物。

之後十字軍在該城市設立的羅馬教會管理機構。當地市民拒絕十字軍人成為皇帝候選人，大家對操著拉丁語人的憤怒已經到了沸點。但是最後還是一個拉丁世界的人佔據了皇位，統治了五十七年，直到一二六一年拜占庭再次收復了君士坦丁堡。這五十七年中間發生的事，沒有一樣東正教會會遺忘，也沒有一樣獲得了他們的原諒。此後，任何羅馬教會的和解或者建立統一教會的舉措，都遭到了東正教會的拒絕。公眾反對的聲音最為強烈，他們甚至廢除了試圖與羅馬教會協調可能統一條件的東正教士。

大約八百年後，教宗若望保祿二世在出訪羅馬尼亞，也是他首度出訪東正教國家，正式表達了他的歉意。三年後，教宗的道歉才被東正教普世牧首巴爾多祿茂一世所接受。兩千多年來千瘡百孔的東西方基督教關係，走出了修復的第一步。對拜占庭而言，羅馬和君士坦丁堡在十字軍東征的對立，並不下於與穆斯林的對立，雖然大家表面上同為基督教徒。從某種意義上來說，十字軍造成的東西方教會的對立，超過了穆斯林與西方世界的糾結。這兩種對立依舊影響著當今世界。

進一步檢視

我們前面集中從宗教的名義，討論西方、東方以及穆斯林世界之間的衝突。現在，我們就抽除宗教因素，從其他方面重新審視十字軍東征。歷史顯示，仍有其他因素作用，包括歐洲的政治、社會、經濟發展，以及西方強權擴張的動力。我們要思考的是這個問題，如果伊斯蘭教不存在，也就是說十字軍東征的表面理由消失了，那麼西方的十字軍還是會東犯嗎？

為什麼西方十字軍出征的宗教原因會受到質疑？首先是，十字軍成行的時間點非常奇怪。因為，耶路撒冷落入穆斯林手中發生在公元六三八年，而十字軍卻是在五百年後出征的。甚至這也不是耶路撒冷的第一次失守。此前，公元六一四年的時候，信奉祆教的波斯薩珊王朝也攻佔過耶路撒冷，燒毀了聖墓教堂，偷走了「真正的十字架」。幾年之後，拜占庭於六二九年收回了耶路撒冷，九年後，又落入了阿拉伯人之手。也就是說，基督教失去了聖地兩次，又隔了五百年，十字軍才成行。

在穆斯林統治的五百年間，耶路撒冷的基督徒和猶太教徒曾經享受著最平靜的敬拜生活，且基督徒也都可以來聖地朝聖。這個共存的局面在十一世紀的時候，埃及什葉派法蒂瑪王朝短暫打破，野心勃勃的新統治者下令毀滅了耶路撒冷的基督教堂和猶太教堂，包括聖墓教堂。但意識到重建教堂，去聖地朝聖人流帶來的經濟利益，這項政策都得以逆轉。但是這個短暫的插曲，還是在沉靜數世紀之後，在西方發激起了火花。

而在西方這邊，本身社會也有強有力的誘因，需要組建十字軍。數世紀以來，歐洲飽受各式的蠻族部落侵擾人民的生活，小衝突小戰爭不斷；外有兇猛的馬扎爾人和維京人不時干犯。讓歐洲產生了一個建立強大隊伍，保護歐洲邊境的需求。雖然隨著時間過去，外來的威脅大大減小，建立武裝隊伍保護邊境的需求減少了。這批武力轉而彼此爭奪，洗劫村落，擾亂公共秩序。為了停止當地的彼此攻擊和內部戰爭，教宗努力多年，這種侵犯他人和擴張自己的能量，需要一個出口。而當時，抵禦穆斯林的「十字軍」傳統，已經因為西班牙基督徒騎士與穆斯林王國的鬥爭而漸漸為人所知。（儘管，一直要到十字軍東征結束後，一四九二年，才發生以死刑驅逐摩爾人與猶太人的事情。）

教宗烏爾班二世在克勒芒的演講中，提到需要「那些長期做匪盜的，現在成為騎士」，我們也大致了解到為了激起遠征他鄉的豪情，激烈的宗教說詞。而所謂的「異教徒」的宗教象徵，與他們冒犯神的罪名，不過是為對外戰爭提供主要的情感和意識形態基礎；教宗還呼籲基督徒與他們在中東的基督徒兄弟團結一致——他們確實經常與穆斯林一起被十字軍組織屠殺。

那麼發起十字軍運動的主要動機究竟是什麼？說來這是原因非常廣泛複雜。七世紀的時候，拜占庭拱手把聖地讓給了阿拉伯的穆斯林之後，日後隨著中亞的塞爾柱人進逼安納托利亞，拜占庭帝國的範圍日漸縮小。君士坦丁堡急需軍事協助，以對抗土耳其和阿拉伯的武裝挑釁，他們最常尋求來自西方的保護，以保全基督教的領地。但是我們同時也看到，拜占庭對西方的意圖一直保持著十分合理的懷疑。許多西方統治者，以及教宗，眼見希臘拜占庭日漸衰弱，又重新燃起讓東方帝國重回拉丁世界，或者說羅馬懷抱的希望。如果羅馬可以從穆斯林手下奪回了聖地，不但可以恢復基督徒統治，更是擴大了羅馬相對於君士坦丁堡的權力。搞不好這回可以在羅馬的保護之下，重新統一起分裂的帝國。因此，在尋求西方力量來協助反抗穆斯林的時候，君士坦丁堡不是找來了狐狸看雞舍嗎？

此外，還有許多經濟方面的原因。而東地中海地區頻繁的軍事行動，威尼斯和熱那亞那樣的貿易大城是受益者。對他們來說，哪方獲勝都是贏面，船隻和後勤用品都是必不可少的，兩大城市都樂意提供，並且也大有有經驗的中間商。

隨著第一次十字軍東征成行之後，出現了新的地緣政治力量。歐洲產生了一批戰爭貴族，構成了「貴族十字軍」的中堅。在抵達黎凡特之後，其中的一些貴族在穆斯林的土地上，沿著地中海海岸，從小亞細亞到埃及之間，建立起四個獨立的王國。這四個所謂的「十字軍國家」分別是：耶路撒冷、安提阿、埃德薩以及的黎波里，象徵著歐洲在中東核心地帶最早的殖民機構。雖然這些國家的領地在戰爭中漸漸縮小，其中有三個國家延續了一百五十年之久，最後都被穆斯林軍隊收服。在這四個國家建立的拉丁十字軍權力同時也顯示了，東正教的宗主教從耶路撒冷和安提阿退出，這原本是東正教的重要宗教中心。

這些被征服的土地都落在穆斯林手中，不過是個方便的藉口。如果在這個時間點上，這些近東地區不屬於穆斯林，而是屬於東方基督教，難道蠢蠢欲動的歐洲冒險隊伍就不會展開類似的擴張之旅嗎，這有什麼疑問呢？同一時期，歐洲貴族奪得拜占庭的部分屬地，就已經找到了其他的藉口。再說，如果沒有穆斯林這個明顯目標，一一八二年的拉丁大屠殺也足以堪稱完美藉口了。簡單來說，歐洲的軍隊已經整裝待發。以羅馬教會的名義，去征服已經日漸勢弱的希臘教會，其實並不難想像。實際上，第四次十字軍東征便是攻打東方的教會，雖然表面上的目標是伊斯蘭。

由於大多數人都依附於原本的社群，因此穆斯林和西方十字軍之間的文化交流非常有限。十字軍士兵對穆斯林的高度文明非常驚艷，後者的藝術品和紡織品都對後來的歐洲藝術產生的影響。雖然穆斯林只是普遍被認為是異教徒，但是西方社會卻流傳著薩拉丁的傳奇故事，這位取得耶路撒冷的指揮官被看作榮譽和騎士精神的象徵。但是反過來，穆斯林對十字軍並沒有太大的印象，即使有也是粗魯無禮、不修編幅、臭氣熏天，不像穆斯林會在公共浴場清潔身體。

值得一提的趣事是，第一次十字軍東征也標誌著穆斯林第一次使用「聖戰」（jihad）一詞，號招大眾對抗西方侵略者。這一說起源於蘇拉米（Ali bin Tahir al—Sulami），一位大馬士革的律法研究者和語言學家。對蘇拉米來說，十字軍不是一個孤立的事件，而是穆斯林文明面臨的一個廣泛威脅，因為同一時期在西班牙，也發生了基督教十字軍和穆斯林國家之間的衝突。十字軍東征意味著穆斯林首度在自家領土頻繁面對西方人。儘管穆斯林已經習於面對作為拜占庭傭兵的東方民族，但穆斯林尚未將歐洲的侵略視作整體看待。就像教宗認為第二次十字軍東征的失敗原因是十字軍的罪行，而蘇拉米也認為穆斯林的失敗是因為背離了信仰的真義，他敦促穆斯林首先要進行「內在的聖戰」，修養內在，控制本能直覺，才能打贏對抗十字軍的外在聖戰。雙方都用神聖戰爭的精神層面來描述衝突，而模糊了地緣政治衝突的焦點。蘇拉米內在聖戰的呼籲沒有受到穆斯林統治者的看重，直到十字軍開始多年以後，薩拉丁才將聖戰與軍事行動連結在一起。

北方十字軍

如果對十字軍的精神以及不斷擴張的本質有任何懷疑，不妨對照同時代的其他的十字軍運動。其他的十字軍與穆斯林無關，反而接漏了十字軍的高度政治色彩。第一次十字軍後約五十年，也就是第二次十字軍出征差不多同樣的時間，在歐洲內部產生了十字軍精神的新論述。有些日耳曼部落不願意響應教宗收復聖地，但是他們被告知，說可以去收復波羅的海附近剩餘的異教徒斯拉夫部落來完成他們的宗教職責。

教宗十字軍計畫的發言人聖伯納德宣告了與斯拉夫異教徒作戰的必要，直到他們改信基督教，或者被殺戮。不過顯然，十字軍的任務也不僅局限於改變異教徒的信仰。天主教的條頓騎士團渴望跟天主教的波蘭好好清算在種族與領土的舊帳。而基督教王國丹麥和瑞典也極力想把權力推及波羅的海區，甚至東正教的俄羅斯也在他們的覬覦之下。因此，展開了各式的十字軍戰役：

軍事征服改變了東波羅的海地區：一群日耳曼人、丹麥人與瑞典人，開始了征服、施洗與軍事占領的過程，首先是立窩尼亞人、拉脫維亞人和愛沙尼亞人，接著是普魯士人（斯拉夫）和芬蘭人，有些人甚至遭到滅絕。

第二次十字軍東征的新陳述也為日耳曼軍隊提供了宗教理由，把他們的政治權力和經濟勢力擴張到波羅的海的東部。事實上，教宗尤金三世在一一四七年發表的詔書上就說，不管十字軍是去收服聖地，還是去對付斯拉夫異教徒，精神上的價值和天國的回報都是相當的。

一二四二年，天主教條頓騎士攻擊東正教的諾夫哥羅德公國，位於今天的聖彼得堡附近，但是條頓騎士被擊敗了，重裝日耳曼騎士在結冰的拉多加湖面上落荒而逃。這個歷史事件在俄羅斯的大眾文化中被解讀為，是神佑東正教，取得了擊敗外來的天主教邪惡勢力的勝仗。因此即便是在歐洲，我們也可以看到伊斯蘭、西方基督教和東方東正教的三方地緣政治角逐。

值得注意的是，在近兩百年的時間裡，是教宗頒布詔書吸引十字軍起來爭戰。也就是說，教宗實際上激勵、督導和指揮了歐洲貴族們的政治軍事行動。而我們很難找到一個類似的純宗教權威，直接指點穆斯林的軍隊。在穆斯林體系中，發號命令的人是哈里發，在伊斯蘭教前幾個世紀，幾位哈里發是由世俗力量選舉出來的。穆斯林的宗教領袖可以會祝福出征前的軍隊，但是不激勵他們，也不指揮他們。我們再次看到了，在基督教歷史上，國家權力和教會之間的聯繫要比伊斯蘭國家緊密得多。

歷史上的十字軍

一件有趣的觀察是，在所有的歷史資料中，不管所用語言為何，十字軍的歷史都是西方版本的。十字軍完全是出於一個西歐政治、社會和經濟方面的原因而發起的戰爭。當時的歐洲需要一個向東的運動，以便吸納歐洲內部動盪不安的各種勢力。天主教的歐洲已經具備了條件，可以向東擴張，而不管當時中東土地上原本的主導宗教為何，異教徒的斯拉夫、猶太人、東正教，以及穆斯林，都是天主教歐洲的敵人。

對大多數沒有住在十字軍前行道路上，或者沒有直接參與到衝突中的穆斯林來說，他們大多不知道十字軍這件事。就算遇上的，穆斯林對十字軍的理解也不是像歐洲人認為的是一種「文明（衝突）事件」，或者說現在的我們所理解的那樣。就算在戰區，比方說黎凡特海岸，在穆斯林看來，這些十字軍，或者他們所稱的「法蘭克人」，不過是另一支拜占庭的雇傭軍，或者受拜占庭驅遣的少數族群的軍隊罷了。

也就是在這一時間，法蘭克（Frank）一詞被吸收到穆斯林文化中，泛指所有的歐洲人。直到現在，所有亞洲地區的穆斯林國家中，阿拉伯語中的 firengi 或 faranji 依然是一個通用的俚語，泛指所有的西方外國人。

總之，十字軍東征帶來方方面面的改變，特別對西方世界。正如十字軍歷史的學者凱羅・海勒布蘭（Carole Hillenbrand）所說：

與穆斯林的接觸，大量奢侈品進入歐洲，豐富了歐洲人的品味，其中包括阿拉伯象牙、精美金屬工藝品，最重要的則是紡織品：像是錦緞（damask）、粗斜紋棉布（fustian）、平紋薄布（muslin）、蟬翼紗（organdie）、緞紋布料（atlas, sadin）以及塔夫塔綢（taffeta）……

從聖地返回家園的十字軍將士會吹噓曾經去過的異國，以及那裡的風情。十八世紀開始湧現的東方主義現象，及其在西方藝術、文學中頻現，正如薩依德（Edward Said）的經典論述，這所有的源頭其實來自東征的十字軍。總之，穆斯林的世界裡有沙漠、城牆聳立的城市、蒙著面紗的女人、有後宮和太監、公共浴池、權謀陰險、離奇的動物、布料、語言與奢侈品，還有奇異的宗教，簡而言之，就是一個浪漫、神秘又危險的地方。

一九五〇年代，中國大陸的總理周恩來曾經被問及對法國大革命的看法，他當時說了這句名言：「現在去評論還為時過早。」歷史總在用不同的方式重複過去，因此過去的事件也總可以給現代更多的啟示。就拿十字軍東征這件事來說，正反評述也層出不窮。在現代的西方，許多非宗教人士趨於把這個事件看成是西方的擴張行為，不同於歷史上認定的西方特別輝煌的時刻；而保守的基督教論點，就更傾向於認為是西方想要收回聖地，是對擴張中穆斯林的回應。因此，西方世界對伊斯蘭的看法，也因此而所有不同。

對穆斯林來說，十字軍事件觀點的歷史轉變更加戲劇化。當今的穆斯林回望十字軍事件，會認為是西方帝國主義最早的表現；其中一位代表人物就是賓・拉登，他把西方全球反恐戰爭稱為是對穆斯林地區的「猶太復國主義十字軍」。前美國總統小布希在九一一事發後一週內的講話中，提到了「這場十字軍，對恐怖主義的戰爭」，很不幸的更強調了這一說法。對十字軍歷史略有了解的歐洲人，對這一說法都會感到失望。

對現在的中東戰爭的看法，無疑也是非常主觀的；這取決於我們如何定義是誰先做出了挑釁，誰後做出了回應，放到歷史長河中，這是一個永遠的歷史政治雞與蛋的問題。伊斯蘭教變成一個簡便的縮寫，用以概括此一區域複雜地緣政治關係導致的十字軍運動。而十字軍運動是造成中西方緊張局面諸多的原因之一。儘管我們也看到，在伊斯蘭教出現之前，拜占庭帝國內部就出現了反君士坦丁堡的抗爭，這些抗爭運動打著不同的宗教旗幟（可說是各式異端），卻主要是領土和權力爭鬥的載體。這些緊繃的關係在伊斯蘭教出現之前就存在了，在今天的中東也依然存在著。如果沒有伊斯蘭教，還會有十字軍東征嗎？或許形式不一樣，但是野心勃勃且躁動不安的歐洲，一定還是會用其他方式進入東方的。事實上十字軍也進犯了歐洲邊境的其他地區。當然，如果沒有伊斯蘭教這個因素，羅馬和君士坦丁堡之間的可能會有更直接更嚴重的衝突。

第六章　新教改革與伊斯蘭的共相

在國內動盪和外國干涉日益加劇的時代，一群基本教義派分子在一個小城市奪取了政權，並建立了自己的宗教團體，並按照聖典經文重新命名了這座城市。一位狂熱的專制宗教領袖，在眾多追隨者的支持下，進行了為期十八個月的嚴酷神權統治，並要求被統治者服從信仰要求的新願景。他們與信徒共享財產，也隨時準備對非信徒使用武力。他們實行一夫多妻制，有的有四個以上的妻子。他們的叛亂受到當地統治者的圍剿，因為他們威脅到統治的合法性。即便如此，叛亂分子仍然宣揚千禧末世論，宣揚神為新世界所設計的政治、社會跟宗教安排，希望從他們開始一場新的宗教運動。叛亂最終被外部當局的軍隊鎮壓，領導人受到酷刑和處決，他們的屍體被吊在籠子裡。當地再度回復了宗教的正統。

這段描述所說的並不是伊斯蘭基本教義派運動。這段故事發生在一五四三年，德國的明斯特市，當時正是新教改革的高峰期。運動的領導者屬於再洗禮派，這是在路德派與喀爾文派之外，新教改革中最激進的教派。再洗禮派將他們的城市重新命名為「新耶路撒冷」，但是由於他們的主張跟手段過於激進，促使天主教和新教（路德派）合作，圍攻這座城市並清除他們危險的教義。

這一暴力的革命事件標誌著再洗禮派政治行動的結束。與九一一事件之後的許多伊斯蘭運動一樣，一五三四年之後的再洗禮派領導人都在努力公開與使用暴力脫鉤。路德派和喀爾文派完全拒絕了再洗禮派的革命計畫，歐洲對明斯特事件背後的狂熱感到震驚。因此，曾經被天主教徒斥為激進分子的改革派新教徒相比之下開始顯得更加主流。我們在現代也能看到類似的反應。許多穆斯林基本教義派對九一一事件及其反擊感到震驚；隨著激進神學最終的政治和軍事意涵變得越來越清晰，儘管他們理解導致這些事件的不滿，但仍有大量民眾急忙譴責同黨的暴力行為。

那麼，在一本尋找宗教之外，中東事件歷史更深層原因的書中，為什麼要討論歐洲的新教改革及其後續？事實上，新教改革以令人玩味的方式，佐證前面提過的概念：許多政治性的事件，都被視為宗教事務看待。但同樣的，宗教是政治對抗和動亂的載體，而不是原因。政治領導人試圖保持對宗教的嚴格控制，以此作為達到自己目的的手段。然而，宗教改革的事件也戲劇性地向我們揭示了相反的情況：當國家或教會失去對宗教內容的控制，或允許其他人，甚至群眾，決定和解釋神學，採取行動時會發生什麼。與伊斯蘭教相比，基督教長期以來一直以集中化、政治化手段成功控制教義，直到在新教改革踢到鐵板，而羅馬天主教會仍然試圖保持這種控制。

如果沒有伊斯蘭教，東正教在中東保持其勢力，那麼羅馬的拉丁教會依舊會受到德意志諸侯及其他爭奪權力、財富與教義控制者的挑戰。君士坦丁堡可能仍然是嚴厲的東正教的堡壘，比以往任何時候都更加相信西方基督教的誤導、危險甚至災難性的進程。

伊斯蘭教當然並沒有經過宗教改革，世界上大部份的區域也沒有這樣的經歷。對西方來說，宗教改革運動讓整個歐洲處在動盪中，它還和其他因素一起，引發了所謂的三十年戰爭，歐洲歷史上最血腥的戰爭之一。儘管表面說來是宗教原因，其實卻是幾個主要國家之間的權力鬥爭。這也改變了國家內部的權力關係，讓許多不穩定，甚至像明斯特市那樣暴力傾向的力量釋放出來。造成社會不穩定的另一個作用是，把人們從集中控制的宗教思想中釋放出來，獲得了獨立思考政治和宗教問題的能力，並且放出了真正激進的觀念。

同樣地，穆斯林在過去一百年，也產生有關宗教和政治的新思想，以及許多破壞性的非穩定力量，其中包括對自己統治政權的尖銳批判、為達到社會目的的新政治團體，以及使用恐怖手段來對付外來的敵人以及入侵者。蓋達組織只是其中的一支。

新教改革在很多方面都是一個宗教民主化的時代：並不是說當時已經存在有效的民主政治秩序，而是鼓勵個人檢視經文並自己思考宗教的含義。這確實是大眾開始關心政治和社會事務的先聲。但本章也指出了當民主化趨勢——每個人都是自己的神學家——滲透宗教傳統時可能出現的激進後果。新教改革的激進派與伊斯蘭基本教義派驚人的相似，甚至在部分當代激進的新教神學也看得到類似的詮釋。這些更自由、更強調行動的新思想威脅到了國家，尤其是威權國家。的確，宗教思想自由與政治思想自由有著密切的聯繫，這兩種思想解放可以彼此相輔相成。

值得注意的是，東正教沒有任何地方進行過宗教改革。這意味著，一個沒有伊斯蘭教的中東——即仍然是東正教基督徒——可能不會像伊斯蘭教的中東那樣加世俗化和理性化。事實上，現代伊斯蘭教顯然在某種意義上已經變得比東正教更加民主化，參與大眾政治的程度更高。（這是好是壞可以討論。）

最後，本章著眼於現代基督教中的一些極端神學解釋，這些解釋即使不是主流，仍然對當代基督教思想產生重大影響。這裡經常與伊斯蘭思想中的激進主義元素有著驚人的相似之處。在這種背景下，伊斯蘭教看起來越來越不像是一種特殊的、獨特的中東現象，而更像是具有政治意味的全球宗教變革的一部分；或反過來說，具有宗教意味的政治變革的一部分。

＊＊＊

發生在十六世紀的新教改革讓整個西方教會分崩離析。可說是基督教歷史上最大的分裂，比數世紀之前東正教和拉丁教會的分裂更嚴重。這讓歐洲內部陷入嚴重且持久的分裂。西方宗教的統一教義被碎片化了，讓不同教派、國家和個人之間產生了新的關係。基督教世界和西方世界都無法再回到從前了。

宗教改革也並不十分讓人覺得意外。其實改革發生的時間點就有很深的政治意味。一五一七年，基督教神學家和修士馬丁．路德在威登堡教堂大門上貼出的關於贖罪卷的意義及果效的見解（共九十五條），人們數世紀以來對教會的不滿情緒被濃縮到了這一時刻。新興的德國和北歐國家對天主教會過分的政治經濟權力早就不滿了。他們目睹著不同國家為了讓教宗站在他們一邊，彼此傾軋，屈辱爭奪。如果路德只是一個孤單的僧侶討論神學理論，那麼新教改革不會發生；他的神學理論之所以成為一個宗教運動，是因為得到了德意志諸侯的直接支持，因為後者原本就希望消滅教會權力。神學上的論爭只是表象，對教會權力與腐敗的政治經濟衝突才是深層的原因。路德的論點，實際上掀開了過去歐洲教會與國家不願面對的沉痾，而在一五一七年，正逢其時。

新教改革以比較溫和的方式，呼籲教會在教義、組織和結構上做出重大改變，結束羅馬集中的權力。但是在改變的過程中，集中權力的移除和獨立思想的衍伸，出現了更激進的思潮，有些甚至質疑當今教會的正當性，因為神學教義、組織結構、過去和現在的運作方式，都背叛了早期的教會。

其實伊斯蘭教和國家的關係不像西方那樣密切，宗教組織並沒有擁有強大的政治和經濟力量。伊斯蘭教主義者，也就是政治伊斯蘭，總強調在伊斯蘭國家，政教難分（din wa dawla），但是其實這是一個非常現代的概念，過去伊斯蘭的國家權力和宗教領袖是不同的人物。伊斯蘭的宗教領袖從來沒有擁有統治國家的權力（伊朗神職人員治國是例外，其代表著什葉派的現代改革）。即便是在沙烏地阿拉伯，在大部份的時候，其專制君主也要比宗教組織擁有更大權力。

當然伊斯蘭統治者歷來的合法性是基於其對伊斯蘭宗教律法的執行，但是很多時候，執政者並沒有落實律法精神，但卻很少因為宗教上的失誤而被推翻的。中世紀的穆斯林甚至主張受到壓迫（dhulm）也好過無政府狀態（fitna），形同讓君主享有任意統治的權限。事實上，在伊斯蘭歷史上沒有任何蘇丹或穆斯林統治者曾跪在大穆夫提面前請求寬恕，就像亨利四世在一〇七七年在卡諾莎教堂面前，因為挑戰教宗權威而悔罪。而英格蘭的亨利八世不得不與羅馬教宗決裂，只不過為了和第六任妻子離婚。國家權力和宗教這樣密切的關係幾乎貫穿了基督教的歷史，這在伊斯蘭歷史中幾乎是沒有的。

＊　＊　＊

前面的章節已經檢視宗教擴張的過程中，經常吸收當地宗教傳統、聖地、聖像、實踐方式等等，減輕過渡到新宗教的壓力。基督教和伊斯蘭教的發展過程中都有吸收異教成分的經驗。改革者則試圖消除這些附加產物，並恢復純正、原始的信仰。新教改革的部分訴求便是回歸純正的啟示訊息。穆斯林「基本教義派」也試圖回歸基本面，淨化信仰。十八世紀沙烏地阿拉伯的瓦哈比派就是一例。這類運動通常也被稱為「更新」運動（tajdid）。更新可以分為兩種方式：一種是回到更純粹的過去，或者向前看，以當代的新視角解釋傳統經文。

那麼，如果中東地區仍然是東正教，今天的中東地區會有什麼不同？在伊斯蘭教、西方（天主教）基督教和東正教這三種宗教中，東正教改變的最少。其中最大的改變就是十七世紀的時候，俄羅斯東正教引入了一些宗教儀式，以求和希臘東正教一致，這項非常政治取向的事件引起民眾激烈的反對。其他的「改革」則是讓俄羅斯的國家對教會具有更大的控制權。自從君士坦丁堡淪陷之後，東正教就不再涉入政治事務，可能是三個宗教中最「出世」的，政治和社會事務都介入不深。如果今日的中東依然以東正教為主要宗教，那麼會比拉丁天主教或者伊斯蘭為主導宗教時，更加保守。

當聖典成爲法律的來源

新教改革的案例對一個關鍵議題頗有意義：當國家或像教會這樣的強大機構失去對宗教的控制時，宗教很快就會成為攻擊國家權力的工具。在一些激進的新教運動中——尤其是喀爾文派和再洗禮派——追求民主化和個人化的力量，為更激進、更個人化的聖經詮釋打開了大門。這對社會和政治秩序產生了立即的影響。

伊斯蘭教也經歷了一個解放的過程，擺脫了過去國家控制的神職人員思想，走向了多樣化的現代伊斯蘭運動。當國家控制的神職人員失去可信度和合法性時，其他人就會接手詮釋伊斯蘭教，並用以對抗國家。其中部分運動，無論多麼嚴格、嚴酷、激進和暴力，都是重新思考伊斯蘭教的過程的直接產物。新的伊斯蘭運動，不再只是官方神職人員的職責，也不再限於討論「安全」的儀式和純正性問題。他們呼籲宗教應該出面對抗已經腐敗、無能、壓迫又失去民心的政府，設法解救在反恐戰爭壓力下，惡劣的社會和經濟狀況。

現代各種伊斯蘭宗教思想就試圖大膽發聲，開始政治秩序的新可能，甚至積極朝理想的方向改變現狀。不意外的，在開創政治新秩序的時候，也有相當激進主義甚至使用暴力手段的團體也浮上檯面。有些團體會更開放的方式詮釋經文，以順應現代社會的潮流；但是也有很多選擇更拘泥於經文文字，想不加改變就套用到當今環境中。這些詮釋更受到獨裁想法的人青睞。就像新教改革時一樣，伊斯蘭世界潘朵拉的盒子也打開了。當代伊斯蘭思想的主要目標是（改變）腐敗和專制的國家，後者在過去幾個世紀是不曾受到挑戰的。不幸的是，美國政策愈發加劇了伊斯蘭社會的極端化，特別是派兵入駐伊斯蘭地區。如果考慮到宗教的價值和兩極化社會環境的改變，各式的思潮必須安頓下來。這個過程正在進行當中，九一一和全球反恐戰爭促成了更大的極端化，但是同時，也是一味抑制劑。

新教改革讓羅馬集中權力崩潰了，為新思想打開了大門。宗教文本如何用來創造良善的（虔誠）社會？事實是，沒有一個宗教文本可以提供即時可用的規範，以適用於當今社會，虔誠的信徒們卻總是可以文本之外尋找到價值，並且創造極大可能打造其合法性。基督教和伊斯蘭教都需要努力把宗教文本運用的社會和政府管理上，過去如此，以後也會繼續如此。清教徒特別需要找出神學理論和道德規範用在他們的社會中，而不是過去的宗教大會釋出的版本，那些內容雖然在早期的羅馬天主教和東正教中佔著重要地位，卻不再適用了。

伊斯蘭教也掙扎於同樣的問題：在協助個人對伊斯蘭教的理解，以及樹立宗教律法方面，古蘭經可以扮演怎樣的角色？在這裡，我們可以發現二十世紀的穆斯林社會和神學思想與基督教新教運動時非常相似。伊斯蘭教的改革者和清教徒感興趣的都是，如何把宗教的價值觀運用到社會教化上，而不僅僅是抽象的神學理論。

* * *

以下來討論新教改革三大派之一的喀爾文派。約翰・喀爾文經歷的一個神秘而強烈的宗教體驗，讓他強烈擁抱清教徒似的信仰：神突然轉變了我，讓我的靈謙卑順服。他也深信，自己是肩負著一項神聖的使命，作為上帝的工具，為世界帶來精神的更新。在天主教的法國，喀爾文被視為異端。因此他前往日內瓦，尋求庇護。當時這座城市正在對抗外在力量，以期獨立。一五三六年，這個城市邁出了驚人的三步：取締修道院、取消彌撒儀式、否認教宗權威。喀爾文非常喜歡這個城市的「威權統治」，也就是說由新教神職人員來治理。就神權政治方面，可說是何梅尼治理伊朗的先驅。喀爾文努力了十四年，贏得日內瓦頭領們的信任，採納他詮釋的教義、宗教組織形式以及推崇的道德行為。從這裡，我們也看到後來瓦哈比主義思想在沙烏地阿拉伯的發展。喀爾文在日內瓦建立了一個「上帝之城」，宣稱聖經是所有宗教社群律法的源頭，這和伊斯蘭教內的趨勢也很接近，比方說他們認為古蘭經是所有律法的源頭，沙烏地阿拉伯人將古蘭經比之為「憲法」。

喀爾文的宗教實踐全部來自聖經。與瓦哈比主義類似的一點是，在喀爾文教裡，在禮拜過程中禁止使用所有樂器、鐘聲、顏色鮮豔的祭衣以及所有的藝術品。所有的宗教節日和聖徒紀念日都被取消了。衣著方面也有嚴格規定。戲劇和舞蹈也是被禁止的，普通民眾更是被教會線人監督著。這一派宗教思想的基礎是，相信人性是罪惡腐敗的。因此設立了嚴格的道德規範，觸犯者就要嚴懲：違反教規會被逐出教會，褻瀆則受死。必須著非常簡樸的衣裝。酒館關了門，道德警察（沙烏地阿拉伯也有這樣的宗教警察或宗教執法者，稱為Mutawa）會巡視鄰里，以保證道德規範的落實。所有的感官享受都受到極大質疑。

喀爾文的理想是，日內瓦應當成為上帝在地上的王國，沒有罪惡和污漬。儘管喀爾文和他帶領的運動也是新教改革重要的一部分，但是他的觀點和路德的觀點剛好背道而馳，路德強調在理解和詮釋聖經以及上帝訊息時，每個個體的責任。喀爾文用專制威權的方式把他的道德觀強加給他人，他自己也過著嚴謹苛刻、了無生趣的生活，長期伴有健康問題。

不管部分日內瓦市民可能有多不滿，但是蘇格蘭清教徒牧師約翰·諾克斯就形容此城是「最完美的基督學校」。日內瓦也確實成為培訓中心，培養出喀爾文派傳教士，然後「出口（這項宗教）改革」到歐洲各地。這項宗教改革藉由地下管道傳遞訊息，很快就揚名世界，也擴散到了北歐，以及後來的美國。

喀爾文派反對教會階層

再一次的，伊斯蘭基本教義派和喀爾文相似之處在於，以對宗教經文的嚴格詮釋作為律法和社會組織的基礎。瓦哈比派與路德教派以及喀爾文派很相似的地方在於，堅持要回到信仰最原本的經文上。在改革後期，所有的信徒都被認為具有神職人員的身份。瓦哈比也摒棄了早期神職人員對經文的解釋以及宗教實踐上，甚至還摒棄了家族和傳統的宗教實踐，取而代之的是，認為每一個穆斯林都有責任自己去理解經文。

強調個人理解和反省信仰和道德觀，而不是不加思索的接受傳統，對開明的現代人來說是非常自然的。但是改革派或者說基本教義派的經歷卻顯示，當個體相信他們自己可以詮釋神聖經文的時候，非權威的甚至古怪的觀點也會湧現出來，甚至變成一發不可收拾。而資深的宗教學家，不管是天主教還是伊斯蘭教，就是失去對正確經文的詮釋權。事實也是，路德教的神職人員照說應當把理解權釋放給個人的。這裡我們就回到了亞伯拉罕諸教中關於經文的一個兩難處境：誰擁有解釋權？誰可以決定真正的正宗解釋？沒有一個正宗文本，人人都可以自由發揮可能遭致不負責任的後果，甚至是危險的後果。這類情形在新教改革，也在某些伊斯蘭基本教義派運動中發生了。可是原本基本教義派的趨勢並不是要讓某些特別激進的人物躍上檯面，但這也是在改革過程中可以預見的一個後果。

如今這個問題依然像新教改革，以及瓦哈比思潮剛出現時一樣嚴峻。由於獨立基本教義派想法威脅到對宗教思想以及宗教實踐的控制權，國家認可的神職人員（通常是主流）感受到了威脅。現在許多阿拉伯以外地區的人都把獨自思考的趨勢貶低為「瓦哈比」，意思是一個與當地傳統當地觀念相對的「外國進口觀念」。就像在基督教體系中一樣，也有集中化的權威理解，和地方的、傳統的、非權威的個人觀點。個人的獨自思考是有可能引發對經文更深刻的理解，但是也可以為無知的極端想法大開綠燈。

在宗教改革中出現奇異想法的擔憂很快就落實了：早期的清教徒看到突然之間，對聖經各式分歧的理解都湧現出來。有思想就會有行動。這些新的詮釋也打造出了全新的政治和社會群組，並且轉化成了暴力，被當地勢力用來對抗外來勢力。

（新教）基督教辭典上說，至今依然存在的新教教派大約有二〇八〇〇種；而在世界基督教百科全書上，這個數字更高達三三八二〇。具體數字尚有爭議，但是不可否認的是，這些都是新教改革時播下的種籽。這個數字完全證實了天主教的擔心，他們擔心失去對教義的集中解釋權之後會出現大量異端及其後果。

遜尼派最大的特點就是缺少集中的神學控制，甚至沒有一個像教宗這樣的權威聲音。所以從某一個方面來說，遜尼派也有和新教一樣的兩難問題。在遜尼派當中，沒有一個可以在伊斯蘭教的問題上是絕對或者有約束力的權威。開羅艾資哈爾大學宗教系的主任或許享有尊重，但是他的聲音讓傳統的埃及官方聽得進去一點，但也不是真正的權威。居住在卡達的穆斯林兄弟會領頭人尤素夫．卡拉達威（Yusif al—Qaradawi）可能人氣更高一點，原因是他在半島電視台主持一個每週一次的節目，從伊斯蘭的宗教觀點來解釋當今的一些現象。

宗教改革催生了許多激進的宗教團體。但是在伊斯蘭國家卻直到二十世紀，宗教詮釋和政治及社會思想結合，這些偏激的宗教團體才受人矚目。這些觀念有些後來變得更加極端，蓋達組織就是其中的一例。埃及的一個激進團體名為：「離教和出走」（*Takfir wa'l Hijra*，把其他人貶低為不信神的人，並且從一個不純淨的世界遷徙出走，以尋求各人的避難所），和喀爾文派想法接近，儘管喀爾文教徒並不實行恐怖活動。這一教派宣稱：世上真正的伊斯蘭信徒很少，如果想要表明對現代「無知」或者說「不敬虔」的穆斯林社會的棄嫌，可以有兩種辦法，一個到是進入非常公義的社團中（類似喀爾文教派的上帝之城），或者在各人內心尋找純正的信仰，以對抗腐敗社會的影響。後者是更普遍的做法。

誰是教派演說的受眾？讓人意外的是，不管是在基督教還是穆斯林中，改革派的受眾不是其他從宗教轉過來的新信徒，而是原本宗教團體中的人。拿大多數的穆斯林來說，「達瓦」也就是伊斯蘭傳教的宗旨是，讓對伊斯蘭教義理解錯誤，或者有瑕疵的信徒有所改變，讓他們回歸到真正的信仰上來。對許多的基本教義分子來說，現代的穆斯林社會腐朽敗壞，在道德之路上迷失了，甚至是「蒙昧」和「無知」的，這原本是用來形容在受到伊斯蘭啟蒙之前的阿拉伯社會。埃及的伊斯蘭宗教學家賽義德·庫特布（Sayyid Qutb）在二十世紀中葉的時候，重新定義的這個詞，他說「蒙昧」「無知」就是他所看到的當今穆斯林社會之概括，對真正的信仰全無知曉。

在新教改革三派中，最激進的就是再洗禮派了，在宗教使命上有許多地方和伊斯蘭教非常相似。再洗禮派的字面意思是「重新洗禮」，是說一個成年人在有意識的再次洗禮中，建立了人和神的關係，這才是真正的受洗。再洗禮派呼籲對成年人施再洗禮，因為在這個時候被洗的人才完全意識到擁抱自己的神的本質。這裡的重點是賦權給個人，而拒絕儀式般，從家族中空泛繼承的信仰傳統。對許多伊斯蘭基本教義派來說，也是一樣的觀點，他們認為從社會大環境中接受信仰是不足夠的，只有個人透過研讀經文，了解作為穆斯林和神之間的約定新意義，才可以變成真正的穆斯林。而跟伊斯蘭基本教義派一樣，再洗禮派也以熟讀聖經知識而聞名。而再洗禮派激進行動的高峰，便是本章開頭所說的明斯特市叛亂事件。

不同的社會，如果條件相似，就會催生類似的宗教改變。雖然宗教改革看似全副精力都集中在理論上，但是後面同樣都有政治和經濟趨力。當時的社會正發生著劇烈的變化：舊有的封建秩序因為社會經濟的不公而搖搖欲墜，城市的出現以及新都市生活萌生的資產階級價值觀，以及維護個人權力的意識。這些改變都是原本的封建貴族不願意看到的，有些皇室成員也不願意，不過要看他們利益落在哪一邊。新興的國家也試圖在財務上擺脫從教會的控制，自己來把握財經大權。所有歐洲的統治者們都看到了這背後的政治意涵。在宗教改革中站在哪裡，完全看經濟和政治利益在哪裡。

我們在麥加也可以看到這一點，當時價值觀正從部落社會轉向商業社會，傳統的部落安全網的失去伴隨著穆罕默德的出現；加利利對耶路撒冷的經濟和宗教力量充滿敵意，耶穌正是在這樣的一個新社會新環境中產生的。

所有這些後面的共同之處依然是：國家以及國家權力，如果國家失去了對經文的詮釋權，民主社會的必然形式，通常會有極端的行動出現，特別是社會政治環境不好的時候。

大叛教：背離原初的教導

最動搖基督教根基的就是「大叛教」（The Great Apostasy）的觀念，儘管相信這一點的是極少數人，他們的聲量卻非常大。這一說法強烈譴責教會體制，在他們看來基督教從一開始就走錯了路，此外更有系列大膽的指控：

- 教會最初的教義解釋和宗教實踐就被竄改、扭曲，甚至敗壞了，時間甚至早到使徒健在的時候；後來教會又迫害和驅逐倡導基本教義的人，而犯下了更多錯誤。
- 羅馬皇帝決定採基督教為國教的時候，更是教會步上了無法回頭的腐敗之路：因為國與教的結合讓國家操控教會以及教義，為自己所用。教會不僅因此犯下了許多錯誤，更不可能從根本上做改變或變革。

- 當教會提出「教會無謬誤」的理論時，就犯下了更大的錯誤，還將這種錯誤延伸到教宗身上。事實是，不論舊教還是新教，到世界終結之前都不能宣稱教會正確無誤。
- 人性的弱點會叫人容易受到偽宗教的吸引，因為它是屬世、華麗、儀式感強、擬人特質、信奉多神，外加巫術思想，這些都把人的成就看得比神的工（神聖恩典）更高，更具有實際效果。人性也更傾向於接受傳統，把傳統看得比聖經經文同等的重要。

這些論點大致涵蓋了新教教派對教會頗為革命、顛覆性的批評，這些教派包括再洗禮派、耶穌基督後期聖徒教會（摩門教）、安息日會、耶和華見證人會。而這些對教會權力腐敗的批評，也刺激教會自由開明派的思想。無獨有偶，傳統的什葉派也認為神職人員和國家權力的連結，必然導致真正信仰的腐化。激進的遜尼派也主張穆斯林獨立思考的必要性，如果國家不符合伊斯蘭的標準，也應該予以抵制。對遜尼派穆斯林而言，這是比較新的觀念，甚至接近于傑佛遜的理念——人民有義務推翻不公正、不合法的政府。

基督教重建主義

激進的基督教思想的另一個分支，重建主義派（Reconstructionism）便直指問題的核心：在社會秩序中建立道德時，應該使用多少強制力？國家的存在本身，就承認強制力的必要性，以維持社會和秩序，防止無政府狀態。唯一的未知數是所需的強制程度、要使用的方法以及由誰來執行。這是一個社會政治的問題，也一樣是宗教問題，所有國家都依照社會中的道德原則進行立法，例如謀殺、犯罪、故意破壞、盜竊和與未成年人發生性關係。

不論出於宗教或俗世目的，對社會改革者來說，國家都是個吸引人的目標。因為國家提供了說服或者強制的手段，在這個社會裡推行宗教價值。當然，價值也可以是非宗教的：列寧主義就認為控制國家機器是執行政治、經濟和社會共產主義的前提條件。有些伊斯蘭主義者，特別是比較早期的，也熱衷於用伊斯蘭國家實現真正的伊斯蘭理想的社會。不過，後來的伊斯蘭主義者則不同，依照經驗，他們更傾向讓神來懲罰違背戒律的罪行，而非國家。「國家沒有責任把所有通往地獄的門關上，他們應該對一切都採開放的態度。」一位土耳其伊斯蘭主義者如是說。

部分基督徒，雖然在西方，也出現明顯類似的傾向。過去的一百年，也出現了將國家建立在基督教價值之上的「重建」運動。就像古蘭經被許多穆斯林認為是律法的基礎，而基督教重建主義的聖經也將是指點美國未來的文本，而不是美國憲法。擷取自聖經的道德原則可用作家庭、社區和公民社會的律法基礎——頗有喀爾文日內瓦的色彩。有些重建主義者認為，神職人員應該出任政府官職，類似伊朗神權政府的制度。而政府管理層本身也該受到舊約和新約的道德約束。一些重建主義者支持將墮胎和同性戀重新定罪，雖然他們如今不一定支持死刑，但注意到舊約中有大約二十種罪行可判處死刑，包括亂倫、賣淫、通姦、褻瀆、違反安息日、敬拜其他的神。他們認為，與否認基督教信仰的人之間的妥協是不會有任何進展的，因為彼此之間沒有共通的基礎。他們也不接受多元政治團體，因為這意味著要與不以聖經為倫理道德基礎的人合作。

正如許多穆斯林相信，由於其教義之完美，伊斯蘭教終有一天會成為全人類的唯一宗教一樣，重建主義也相信，基督教有一天會被全體人類也認同，因而成為世界宗教，他們不希望強迫他人接受，也沒有必要如此，因為長期的目標總會達成的。

對重建主義主來說，容忍不是一個中立的觀念，承認所有宗教在法律之前都有同等效力，他們的容忍是「基督教的容忍」，也就是說同樣對待其他宗教的人，但不同等接受所有教義。重建主義的目標不是規範個人的信仰，而是要規範公共的行為和規範。這個看法與伊斯蘭主義者認定的伊斯蘭的律法相近。他們認為伊斯蘭教國家的容忍僅僅意味著，國家可以容忍其他的信仰，但是不表示承認其他信仰體系下宗教信條的有效性。

從承認自己是重建主義者的數字來說，這只是基督徒中的一小部分人，但是他們的觀點卻影響了基督教右派的政治觀，開創了一個影響更廣泛的潮流：基督教國教主義（Dominionism）。

根據社會學家莎拉・戴蒙德（Sara Diamond），基督教國教主義的定義是：「只有基督徒受到聖經授權，可以統領所有世俗機構，直到基督再臨。」這個版本的基督教觀已經超越了宗教的範圍，延伸到政體和國家的世俗領域。學者弗雷德里克・克拉克森更認為，基督教國教主義提倡「基督教民族主義」的建立，督促美國應該回到「基督教國家」，把十誡當作法律體系和統治秩序的基礎。論「基督教愛國主義」的書則汗牛充棟

美國此類基督教運動引來許多爭議，批評者認為這是試圖實行基督教的極權，基督教國教主義則堅決否認。這類辯論讓人想起伊斯蘭主義者內部也會辯論，改革，或者將國家「伊斯蘭化」的過程中，強制力的角色。注意，他們想要「伊斯蘭化」的是穆斯林國家，而非基督教國家。

古蘭經中自然清楚不容含混地申明過「對於宗教，絕無強迫」（La ikrah fi'l-din，古蘭經

二：二五六）。但是同時，對伊斯蘭教持批評態度的指出，古蘭經怎麼說是一回事，社會實踐和國家機構是怎麼做又是另一件事。因為在古蘭經的內容上總是有衝突的版本出現，每一個版本內容都是某個歷史時期，在特定的情境下，針對某些事件的啟示。如果想要找偏狹不寬容的詮釋，也大可以找到支持其意見的經文。正如宗教學家路德所說：「魔鬼也可以引用經文達成自己的目的」。

即便是基督教的新教改革本身，也在宗教正統問題上與伊斯蘭有了交集，十六世紀知名的醫師、科學家與神學家，米卡埃爾．塞維圖斯（Michael Servetus）戲劇性的人生就是一個例子。他因為三位一體的本質問題而和喀爾文產生了衝突。塞維圖斯認為耶穌（聖子）和聖靈只是聖父的顯現，沒有獨立存在—這想法並不新鮮。但是，他繼而推論說，基督教理論中的三位一體理論成為基督教和穆斯林以及猶太人連結的阻礙。一位天主教人士指控他喜歡「猶太人和土耳其人」，他也被指控閱讀古蘭經。一五五三年，喀爾文讓塞維圖斯處死在日內瓦的火刑柱上。後世認為塞維圖斯是現代一位論派的第一位殉道者。

現代政治伊斯蘭的基督教色彩

新教改革中的政治和意識形態衝突，凸顯了早期基督教發展中出現過的問題。那時的異端問題到了十六世紀時，都幾乎全數浮現出來，這背後誘因是隨著歐洲都市發展的社會經濟動力、蓬勃的商業活動、新的民族主義，以及新國家新統治者的政治野心。伊斯蘭教也面臨著非常類似的問題，這表明了這些問題是各個宗教都迴避不了的。而且這些思想衝突也發生在穆斯林世界面臨外部壓力日益加劇的時刻。當宗教在體制上和國家秩序連接到一起的時候，就會遇見類似的困境：宗教和政治權力之間的關係、誰該負責道德標準的執行與仲裁，以及如何透過政治行為把道德觀實現在社會和統治之中。但是當宗教從國家或者官方控制中獨立出來的時候，又可能被用做政治工具，來挑戰國家，以宗教名義要求改革。

我們在前面的章節中已經看到，控制宗教教義的鬥爭是權力鬥爭的基本要素。新教改革代表了西方權力鬥爭的高峰。過去，伊斯蘭教的宗教人物永遠無法像過去一千五百年的西方基督教一樣，決定國家權力的領導權和政策。今日，隨著伊斯蘭教的「改革」，情況正在發生變化。隨著現代基本教義派的出現，伊斯蘭教不再是國家的專屬權限；不論是正面或負面，「世俗」神職人員的話語權和影響力正在增強。這些自學的神學家向國家挑戰伊斯蘭教的所有權。

正如一張街頭標語牌所說，「這不是你的伊斯蘭，這是我的伊斯蘭。」這些企圖將伊斯蘭教應用在現實的基本教義派，無論是專業或非專業，都是將其用作政治和社會改革的工具，改變或推翻他們認為既不為伊斯蘭教也不為人民服務的國家。

因此，面對今日的伊斯蘭基本教義派，我們並不是在處理中東地區奇怪的宗教產物。伊斯蘭教和基督教的發展驚人的相似，因為背後的動力是類似的——這是大多數宗教試圖與權力共存的典型特徵。在民主時代，「人民」試圖從菁英或國家的長期掌控中，奪回他們的宗教，也就不足為奇了。即使在沒有伊斯蘭教的東正教中東地區，同樣的事情也曾發生。不論是好是壞，這是「伊斯蘭宗教改革」的特色。

第二部

在文明邊界遇見伊斯蘭

杭亭頓在知名論著《文明衝突與世界秩序的重建》中，使用了「伊斯蘭的血腥邊界」一說，說來不甚周延。說起來是血腥沒錯，但是既然是邊界，就至少要兩個國家以上，才成為邊界。我們在這裡討論的伊斯蘭要比原生地中東地區的伊斯蘭範圍廣泛一些，看看他們與四大主要文明：俄羅斯、歐洲、印度和中國，如何互動，變成現在多樣的共存模式。

首先，我要說的伊斯蘭和通常意思不一樣，因為隨著伊斯蘭教的傳播，我們說到伊斯蘭的時候，其實是在說穆斯林，他們的所言所行，以及他們和非穆斯林文化之間的關係。重點是穆斯林如何看待他們自己的文化、宗教，以及認為哪些是適當的行為，而不是外人如何看待伊斯蘭。也就是說，伊斯蘭的定義，是由穆斯林的想法與行動決定的。這一點不一樣，後面就有許多差別。

透過檢視穆斯林和其他主要非穆斯林文化的互動，我們可以更加了解到伊斯蘭的彈性，在不同的環境下所做出的改變。另一方面，我們也可以了解到，宗教教條不是最重要的，重要的種族和社群。面對非穆斯林文化的時候，穆斯林始終是高度敵意的嗎？還是也有冷靜的時候，或者說雙方共存的狀態？還是可以與非穆斯林文化維持一種利益分享的關係？

而大部份所謂的「伊斯蘭的血腥邊界」是在非穆斯林的文化體制之內，也就是說穆斯林是少數族裔的狀態。在我們看到的每一個實例中，穆斯林與非穆斯林官方發展出一種富有創造性的關係。在這些文化中生存，但是他們並沒有背離保護和保存伊斯蘭文化的原則。也就是說，他們沒有放棄的穆斯林的認同，被全然吸收到異文化當中。他們做為一個積極的市民，參與到當地的社會之中，卻有保留著穆斯林的文化特質。猶太人有著類似的經歷，他們在歷史長河中，總是努力保持著獨特的文化，拒絕被同化、被吸收，以致讓本身的文化消失殆盡。我們可以看到，穆斯林想方設法在其他文化中存活，即便是在原本並不多元的社會之中。我們在後面會逐一討論在四大文化底下穆斯林，我們會看到穆斯林在不同文化底下發展出來的生存策略：有時調適，有時融合，受到威脅時抵抗，或現實地承認身在非穆斯林國家中的少數地位。

但是杭亭頓對邊界的說法倒也不是完全不對。他提醒我們（雖然不是第一個），歷史上的「文明」之間確實有重要的斷層線。斷層線可能出現任何可能起衝突的雙方之間——氏族、村落、區域、國家，也可能出現在大陸之間，或者文明之間。「文明」只不過是一個巨大的社群罷了。

一個文明，或者一個社群的凝聚力有多大？這就要看周圍環境了，只要周圍環境的壓力足夠大，任何一個社群都可以分裂成更小的派別。但是，兩個團體之間的界線又有多堅固？也同樣要看環境。正如一個諺語所說：「我對付我兄弟，我和兄弟對付我表親，我、兄弟和表親，對付其他氏族。」

這些外在因素都很重要，對穆斯林而言，伊斯蘭並不是每次都是邊界。實際上，不同的群體面對的戰線常常並不一致。有時候，是基督教對上穆斯林，或穆斯林對上印度教徒，但有時候是遜尼派對上什葉派。或者土耳其的穆斯林對上庫德族穆斯林。或是伊拉克不同什葉派軍隊之間的不睦。而盟友關係也是不斷變化的，就像在基督教或者天主教團體中我們常見到的。我們也不難想像，可能哪天為了反抗火星人的入侵，地球上原本敵對的團體突然結盟合作了。

不意外的，在所有地方，都是**在地**的衝突比大範圍的衝突更普遍。比鄰而居的人容易起摩擦。穆斯林內部的衝突，基督教內部的衝突，其實要比「文明的衝突」更普遍。而像杭廷頓提到的「文明衝突」其實一個高度抽象，甚至是想像的概念。實際上，樣讓整個文明相互對抗並不容易，但是現代通訊技術，容易形成更大範圍的族群意識。我們可能在電視螢幕上看到地處遠方的敵人，便產生一些情緒。比方說：「那些穆斯林」、「那些基督徒」，或者說「那些西方人」。到目前為止，十字軍可說是最接近「文明衝突」的事件了，在教宗發表了「異教徒」威脅的演講之後。但當時大多數穆斯林都不知道發生了什麼事。

但是這所有的因素，在討論到生活在其他文化中的穆斯林少數族裔的時候，都變得非常重要。他們是如何與外界文化互動的？穆斯林是一個關係緊密的團體嗎？或許並不是，除非他們處在強大的壓力之下，或者因為穆斯林身份而遭受歧視。同樣的情形也發生在南方人與北方人之間，或者說穆斯林－基督教社群與穆斯林－印度教社群，或是同樣語言的一方與另一方，比方說庫德語的什葉派、遜尼派和土耳其語的什葉派、遜尼派之間。這些是和平還是對抗，都無法預測。端賴人與社群之間的利益互動。因此認為穆斯林對非穆斯林隨時都帶著敵意，那也太不明智了，除非雙方之間總有不好的事，週期且持續的發生。伊斯蘭與其他宗教的衝突，從來就不是對抗的基礎。認為穆斯林一直不斷的對抗其他非信徒是荒唐的。所以即便有一個「沒有伊斯蘭的世界」，但一樣會有其他衝突的斷層線，不論過去、現在還是未來。在漫長的人類歷史中，種族衝突位於所有衝突首要位置，而我們認為的種族是一種有意識建構起來的身份認同。

反西方的唯一力量？

了解在其他社會文化中的穆斯林，也是一件重要的事，因為這牽扯到對穆斯林的另一個成見：那就是穆斯林在本質上是反西方的。事實卻向我們顯示，世界上大部份的國家和地區，都有他們的理由，或者崇尚西方，或者憎惡西方。站在反西方這一陣線的，不單單只有穆斯林，雖然二十一世紀的第一個十年發生的全球反恐戰爭，把穆斯林的反美情節推到首要位置。但是這個時期會過去。而反美，或者說反西方情緒卻會春風吹又生，就像過去中國曾經歷經反美熱潮，拉丁美洲也曾經反對美國。

關於反西方情緒由來的論著坊間非常多，大多遵循著下頭的一個邏輯，那就是「為什麼他們要恨我們（西方）？」，然後對問題給予簡化的答案。問題的癥結是，他們是憎惡我們所做的事，還是只是出於他們自己的嫉妒，自己的困惑，對西方的理解有限？不喜歡我們，到底是誰的錯，是我們，還是他們？

這樣的問題是無解的。或者說，答案有很多個。這也是本書問題的核心。一方面，他們包括穆斯林和其他國家，確實討厭我們西方因為我們對他們做過的事：侵略、殖民、戰爭、造成他們內部的戰爭政變、在政治、經濟和文化上的統治以及對資源的掠奪，且驕傲自大，對非西方文化不尊重不同理。這一說詞我們不是今天第一次聽說，說詞背後不無真實。

對某些聽不得任何詆毀意見的美國人來說，他們可能回答：「沒錯。反正就是要怪美國就是了。」然後，我們就會聽見他們自我安慰的解釋：他們「討厭我們的自由」，嫉妒我們的財富和生活方式，他們寧可指責西方，而不願檢討自己。這些說詞也不全錯。但這些說法都過於片面。

不管造成反西方情緒的根源到底出在哪裡，對美國以及西方社會來說，問題是確確實實存在著的。而這種情緒又如何與伊斯蘭的世界觀相契合？

對現代的歐洲，特別是美國，大部分發展中的國家帶著一種夾雜著崇拜、羨慕，同時又帶著恐懼和畏懼的情緒。崇拜和羨慕來自於從十六世紀開始，西方在經濟和政治上開始飛速發展。但也正是在技術和軍事上的進步，讓西方得以入侵其他文明。

那麼，反西方的情緒蔓延到底有多廣泛呢？反西方等同於反美國嗎？是不是我們現在的世界可以說是「西方國家以及其他國家」嗎？其實這些說法都太抽象。因為，「西方」也包含許多國家，彼此之間在歷史上爭戰也不少。同理，也有許多的「東方」國家，許多的「穆斯林」國家，還有許多的「其他世界」國家。這些詞彙，對於我們的討論用處不大，除非他們集合成有特定意義，足以改變當下現實的政治力量。

近來，這些所謂的反「西方」或者說反美國的「其他」人，倒是漸漸成了形。自從布希政府發起全球反恐戰爭之後，穆斯林世界開始變得激進、動盪不安，並且比史上任何時候都要團結一致、同仇敵愾。這種情感上的團結無法為單一國家所用，卻可以製造混亂、定期的恐怖活動，並對美國的國際目標扯後腿。布希政府受到新保守戰略加持的帝國目標，盡管在柯林頓時期略有緩解，但依然在全世界挑起了反美情緒，包括俄羅斯、中國，以及拉丁美洲諸國。盡管反美情緒尚不至發起一場戰爭，但足以阻饒美國的對外戰略，事實也確實做到了。光是他們消極抵抗的態度，便大大限制了布希政府的全球影響力與政策執行力。

因為，我們說到「伊斯蘭的血腥邊界」的時候，我們討論的是一系列複雜的現象和事件：對內保存文化阻止外來入侵、對西方侵略行為的共同憤恨、以及諸國同化民眾價值觀的企圖。把伊斯蘭當作一個在社群衝突中可操控的因素，獨立出來，就好像拿一個高度片面的顯微鏡在特定歷史時期去觀察世界衝突的一個局部。然後，相信只要抽掉這個因素，反西方的情緒就會消失，這樣的想法也太幼稚了。以下將分析的俄羅斯、中國和印度，都因為各自的原因，有很深的反西方情結。穆斯林不過是這個群體中的一員罷了。

下面我們就先來看一看俄羅斯，這個國家對我們的討論相當關鍵，可能更甚於另外兩國。一方面，俄羅斯不只直接繼承、活化了拜占庭對西方觀點，另一方面，不論是帝國、共產黨或後共產的俄羅斯政府，都必須面對境內大量的穆斯林人口。最後，俄羅斯和中東關係密切，他們對西方有著同樣的不信任。

第七章 「第三羅馬」：繼承東正教會衣缽的俄羅斯

近十五世紀的時候，拜占庭已經奄奄一息了，鄂圖曼帝國在一四五三年不費什麼力氣就攻佔了。但是作為信徒「教會母親」的東正教會，則不會衰亡。本章將要討論，拜占庭的天命如何交棒給俄羅斯，對西方的懷疑和怨恨將在新的土壤得到滋養，延續五百年至今。而在東正教內部，即使伊斯蘭接管了君士坦丁堡，反西方的情結也一直延續著。

現在伊斯蘭就扮演起前拜占庭帝國的角色，可以這麼說，鄂圖曼帝國幾乎成了拜占庭帝國的複製品，只是在穆斯林掌控之下。鄂圖曼帝國繼承拜占庭的許多管理機構，並且沿用他們來管理多信仰多種族的帝國。儘管對東方基督教來說，失敗的心理打擊非常大，但是值得關注的是，在這片中東土地上，伊斯蘭教並沒有變成基督教的死敵。因為他們長期共存，已經形成了緊密的關係，不管基督教信徒們對新統治者有什麼感覺，對兩方來說，緊密共存是唯一的選擇。當然，這裡那裡的也有許多的不滿，過一陣子當地就有暴亂和反叛，特別是在鄂圖曼帝國勢力漸弱，小國獨立又受到歐洲愈來愈多鼓動的時候。雖然有些叛亂被嚴厲鎮壓了。但是早期東正教信徒就週期性的反抗拜占庭統治者，他們現在也一樣過一陣就要起來反抗鄂圖曼穆斯林的統治，並且延續了很長時間。

龐大帝國總是在此處或彼處時有暴力反抗事件。不過，即使東正教千年來對西方與羅馬並不信任，又面臨與伊斯蘭共存的壓力，伊斯蘭最終取得本地的統治權，也並未造成太多混亂。事實是，在君士坦丁堡衰亡之前，阿拉伯的基督教社群就已經在伊斯蘭治下存活了六百年之久。一四五三年是一個意義重大的分水嶺，君士坦丁堡淪陷，東羅馬帝國消亡，江河易主。不管誰坐擁安納托利亞和巴爾幹地區，都沿襲此一區域和西方的緊繃關係。我們可以在俄羅斯看到，這一緊張也蔓延到東斯拉夫世界，在穆斯林和基督教徒之間造成新的複雜情結。

* * *

根據俄羅斯古歷史的記載，早在一千年前，天主教和東正教都遣派傳教士進入基輔地區，早期異教俄羅斯人的首府。在稍早的世代，保加利亞以及另外幾個斯拉夫國家的人民已經選擇了東正教而不是拉丁羅馬天主教。基輔王國的弗拉基米爾大公派出特使前往各大宗教的中心，評估哪個宗教適合日後俄羅斯採納。特使的回報非常有趣，相關的記載非常多。

對於伏爾加河流域的保加爾穆斯林，特使說道：這裡的人不快樂，情緒低落，全身惡臭，他們的宗教不可採納，因為禁止飲酒，禁吃豬肉。我們可以想像，如果弗拉基米爾大公被觀察的話，可能會得出「喝酒是羅斯人的最愛」的結論吧。

弗拉基米爾也派了特使去猶太人社區，「詢問他們的宗教，但最終拒絕接受，理由是失去耶路撒冷是他們被自己的神拋棄的證據」。最後只剩下天主教和東正教兩個選項了。「在日耳曼人陰鬱的教堂裡，看不見任何美好的東西；但是在聖索菲亞大教堂，拜占庭的整套禮拜儀式卻打動了特使，他們到看到了理想中的宗教，『我們不知道自己置身塵世還是天堂，』他們報告說。「那種美麗我們簡直難以言喻。」他們的選擇意義重大，對整個文明的未來產生了巨大的影響，雖然我們可以猜想，弗拉基米爾和君士坦丁堡聯盟的政治利益不少於神學意義。

俄羅斯選擇了東正教，對東正教來說在地緣政治上得了一個大獎。直到今天，俄羅斯依然是東正教最大宗的信眾來源，也是東正教會唯一有聯繫的世界強權。與此同時，不斷擴張的俄羅斯帝國也把愈來愈多的穆斯林納入其統治之下，讓自己也成為一個重要的穆斯林大國。

鄂圖曼帝國毫不懷疑從拜占庭繼承來歷史文化遺產的價值；而且在逐漸併吞這個帝國的過程中，他們也熟悉了其統治管理的行政制度。穆罕默德二世很快著手想把君士坦丁堡重建為一個多文化的國際都市。他把逃離的基督徒找了回來，讓城市回到原來的樣子。他也給予君士坦丁堡宗主教管轄境內所有東正教徒的權限。事實上，鄂圖曼人給予宗主教的新權力招來了其他東正教團體的怨恨，因為這侵犯了他們原本的自主權。但是後來，東正教和鄂圖曼帝國共存了四百年，對雙方都產生不小的影響。

從另一方面來說，東正教會也付出了很高的文化代價。儘管東正教會能夠在鄂圖曼帝國境內享有相當的宗教權威，但是政治勢力已然大大消滅。東正教在帝國內愈來愈受到孤立，也不再接觸西方的神學與思想趨勢。至此，東正教變得更加轉向內在，由追求思想和「理性」，轉而強調東正教的正字標記——信仰與神祕體驗在個人精神生活上的重要性。至此東西方基督教分歧更大：在東正教眼中，拉丁天主教和西方世界已經被拜物主義、理性主義（人的理性放在信仰和精神之上）、個人主義所染，加上教宗及教會與國家權力關係緊密造成的腐敗，導致了精神上的空虛。東正教認為他們的精神世界是直接承襲自耶穌的親身教誨，沒有受到拉丁教會及教宗俗世政治所染。東正教的靈性和超脫俗世的方面正是西方宗教世界所缺乏的。這樣的主題深入東正教的心靈深處，一直延續至今。

俄羅斯和第三羅馬

東羅馬帝國走到了盡頭，但是東正教的帝國傳統卻不能隨著君士坦丁堡的消亡而一同消失。俄羅斯的沙皇伊凡三世立即加以繼承，並對外宣稱莫斯科為「第三羅馬」，是羅馬和拜占庭之後的權力繼承者。伊凡三世更是迎娶了最後一位拜占庭皇帝的姪女索菲亞，以增加其第三羅馬的正統性。他還沿用了拜占庭的雙頭鷹紋章，至今仍是俄羅斯的國徽。

「第三羅馬」的稱號帶給莫斯科人的遠遠不是一個帝國的虛名，而是象徵了一個新文明精神角色的救世願景，同時也意味著俄羅斯人的新責任：捍衛真正的基督教的信仰，對抗羅馬天主教以及伊斯蘭等的異端。位於普斯科夫的修道院長菲洛修斯寫給沙皇的一封信，充分反映了這種新的救世使命感：

> 古老羅馬教會毀於異端邪說；第二羅馬毀於土耳其異教徒的刀斧；但是莫斯科的教會，也就是新羅馬卻光明閃耀勝過普照宇宙的太陽。而陛下您，是普天之下基督徒的統領，你

應當對把世界交付給你的神心存敬畏。兩個羅馬都倒下了，第三羅馬卻屹立不搖，沒有第四羅馬的機會。您的王國將永垂不朽。

不管有沒有伊斯蘭教，帝國的傳承都不會停止。「第三羅馬」的概念在鄂圖曼帝國也有其影子。穆罕默德二世集穆斯林和基督教史觀為一體，征服土地大舉成功之後，他稱自己為 *Kayser-i-Rum*（即羅馬皇帝的意思）。他也沿用了部分拜占庭的宮廷和行政慣例，維持多民族多宗教的特徵。關於同一主題，土耳其歷史學家伊伯．歐泰利（Iber Ortaylı）認為，穆罕默德認為鄂圖曼的君士坦丁堡是「第三羅馬」，繼義大利異教羅馬和君士坦丁堡東正教羅馬之後，伊斯坦堡的「伊斯蘭羅馬」。從這個方面來說，伊斯蘭沒有表現出對東正教的抗拒，反而是撿拾了東正教中的許多傳統，並且整合到這個最大、延續時間最長的穆斯林帝國之中，留存長久。在這個轉型中，**帝國**顯然比信仰更重要。

最近一則書評，如此評論一本關於鄂圖曼與西方的著作：

在哈布斯堡和鄂圖曼以及兩邊附庸小國之間發生的小衝突或大激戰，其實都算不得是兩大帝國之間的「文明衝突」。而雙方的戰鬥口號可以看出，不過是伊斯蘭和基督教之間的偶發衝突事件。土地自然是雙方爭奪的目標，還有一樣無形卻意義重大的，那就是誰是羅馬帝國的嫡傳後人？穆罕默德不是在兩世紀之前就打敗了拜占庭，奪取了君士坦丁堡？鄂圖曼帝國要的不是抹煞拜占庭的過去，而是要把這個過去說成是屬於自己的……

俄羅斯東正教與西方的嫌隙

自從早期俄羅斯決定站在東正教一邊，而不是羅馬天主教那邊起，東正教就在俄羅斯留下了極深的文化印記，其中包括傳播真正的信仰，拯救全人類的使命。這樣的主題滲透到俄羅斯文化的各個方面：深藏的神秘主義、信仰中得道的狂喜、流浪的聖徒、如基督般簡樸的農夫、俄羅斯靈魂的純潔，還有聖愚者（holy fool）在俄羅斯社會的地位（歌劇《鮑里斯．戈東諾夫》的故事可見一斑）以及俄羅斯人具備的文化使命。所有這些都更讓東正教信徒相信，不管在信仰的真理還是信仰體系上，他們都要比侵略、擴張、拜金、崇尚個人至上、注重冷血分析、渴望權力和虛榮的腐敗西方優勝許多。這些在俄羅斯普通民眾中的信條到十九世紀的時候，就提升到了一個哲學體系的高度，頌讚東正教以及泛斯拉夫主義的世界觀。

俄羅斯至今對西方依然抱持著分、合兩極的態度。親西方還是親本土的爭執，後來演變成

「西化派」以及「斯拉夫派」之間的紛爭。從某個角度來說，斯拉夫化象徵著浪漫的俄羅斯文化，與冷酷理性以及侵略性的西方文化相比，如此迥異。俄羅斯對西方的恐懼不能說沒來由，從十四世紀擊退了蒙古—韃靼人之後，莫斯科的外部威脅主要來自西方：天主教的波蘭、條頓騎士、拿破崙的法國，同屬新教的德國、瑞典，還有希特勒。

西方的科技成就、強大的經濟和軍事力量，同時也叫俄羅斯產生了自卑感。伊恩．布魯馬（Ian Buruma）和阿維賽．馬格利特（Avishai Margalit）合撰的著作《西方主義》一書中指出，斯拉夫的反西方哲學其實借用了德國浪漫主義的哲學觀，本身就是十八、十九世紀德國對法國經濟與軍事優勢的反應。經過法國大革命之後，法國儼然成了啟蒙思潮的象徵，把理性和科學提升到宗教和直覺之上。正是拿破崙治下的理性法國，看似西方的象徵，發動了對俄羅斯的進攻，幾乎兵臨莫斯科城下，直到破敗的俄軍在「冬將軍」幫助下，把遠征的侵略軍全面擊退。

俄羅斯的思想家把主張擴張和十字軍東征的西方國家視為俄羅斯價值的一大威脅，是不足為怪的。德國的浪漫主義注重感性、直覺、民間藝術和大自然，不屑野蠻的工業化，和斯拉夫主義的俄羅斯哲學頗搭調。俄羅斯本土價值觀充分表現在托爾斯泰以及杜斯妥也夫斯基等文學巨匠的小說人物身上。十九世紀的俄羅斯也產生了大量的哲學思想，批判西方哲學中唯物主義、甚至虛無主義的成分（不過，這也引發不少親西方的俄羅斯哲學家回應、批駁）。

十九世紀俄羅斯產生了許多有趣的哲學思想，保守哲學家康斯坦丁．列昂季耶夫（Konstantin Leontiev）是其中之一，他在著作中提出了「拜占庭主義」的概念，認為俄羅斯的思想根源於拜占庭：君主制度和東正教會。俄羅斯必須反對「西方平等主義、實用主義以及革命性的巨大影響」，並把俄羅斯的「文化和地區影響力向東擴及印度、西藏和中國」。列昂季耶夫也在著作中列舉了對未來的洞見，那時還沒到二十世紀，他就預見到西方的未來，包括德國可能會在近期內引發「一、兩次歐洲的戰爭」，俄羅斯會有「血腥的革命」，由反教會的力量所引領，是社會主義的和暴虐的，其統治比前任的沙皇還要更專暴」。他還提出了一個非常奧妙的預言，那就是「社會主義將是未來的封建制度」。

許多西方人容易把反西方主義貶低為一種病態心理，而不是一個基於證據的理性論點，因為他們覺得「一個人怎麼可能基於理性基礎，而不認同西方？」如果反西方主義中含有病態成分，那麼西方強權的性格和行為——企圖征服和統治世界、歧視其他種族——大概也不怎麼健康吧。也許這些負面特質也不只是西方獨有，但在現代史大多數時候，西方強權在全球的作為可是比任何國家都要淋漓盡致。因此作為這些負面價值的超級實踐者，西方成為眾矢之的。雖然有人把這個衝突稱為「文明的衝突」，但其實很明顯的，這些衝突並不是不同文明價值觀的不同，而是五百年來東西方強權激烈的衝突與對抗。

或許下列觀點美國人聽了會覺得不舒服，愛爾福特大學的拜占庭學者瓦西里奧斯．馬克瑞德指出：「在二〇〇一年九月十一日的暴力事件中，反西方情緒達到了一個最高點。這是繼帝國主義和殖民主義之後，西方政治、經濟和文化擴張到全球所造成的直接後果。」

此外，馬克瑞德更注意到：

> 觀察當時反西方聯盟所在地區，是一件非常有趣的事，因為這一地區就落在東正教和穆斯林之間的東地中海區……東正教和鄂圖曼帝國的反西方情結迥然不同，但是他們最後攜手合作也不是偶然……這種對待穆斯林與西方基督徒的態度也出現在十三世紀的俄羅斯，沙皇亞歷山大．涅夫斯基（Tsar Aleksandr Nevsky）寧願和韃靼人和蒙古人建立聯盟，卻拒絕了一二四八年教宗英諾森四世的提議，與羅馬結盟共抗穆斯林。

* * *

包括俄羅斯、東歐、巴爾幹半島和大部份的中東地區的東正教世界，在產業和經濟發展方面都落後於西歐，讓他們在面對西方的時候產生了一種自卑感。而西歐把帝國權力擴及世界各地（包括中國）的時代，這種自卑感更被加強了。在穆斯林以外的世界，包括中國，出現了反西方的思潮，當然穆斯林的世界裡也不乏這樣的想法，希望在反西方的想法上結成同盟。

反過來說，西方自己則與東正教的世界保持著距離，居高臨下甚至帶著點敵意的察看異己的世界。一〇五四年東西教大分裂之後，東方東正教儼然成為了羅馬天主教的競爭者，而不是完全的敵人。位於羅馬天主教和東歐東正教之間的廣大地區，以及巴爾幹地區，依然可以看到兩教之間的競爭：烏克蘭境內兩教分歧且緊張，而東正教的俄羅斯和天主教的波蘭之間文化衝突和敵意相爭從來不曾停止。

過去幾個世紀以來，歐洲的定義其實是指西歐。他們認為東歐是不同的世界，一個死氣沉沉的地方；與歐洲其他地方並不相容。只有信奉天主教（或者新教）的捷克、波蘭和匈牙利尚在文化上可以算得是歐洲的一部分。而東歐的天主教和東正教，在蘇維埃共和國的治下，與西方的差異更大了。歐盟在企圖統合東正教的東歐國家時，比天主教和基督教的國家遭遇到更大的困難。因此，對歐洲來說，波蘭、捷克、斯洛伐克和匈牙利更容易應付，而東正教的羅馬尼亞、塞爾維亞以及保加利亞，當然還有烏克蘭和俄羅斯有許多不確定的問題。

文化差異也表現在宗教儀式和表現藝術方面。西方教會在禮拜中採用了樂器，而東方教會禮拜中只用嚴格的葛利果式清唱。而在建築風格上，西方放棄了東正教的圓頂教堂設計，後者甚至被穆斯林清真寺所採納，而採用了「更尖銳更鋒利」的哥德式建築線條。東方的宗教藝術維持了高度的拜占庭風格，有別於西方宗教繪畫中的寫實與忠實傳統，西方甚至經常大膽（或褻瀆？）直接描繪上帝本身的形象。

新俄羅斯

自從一九九一年前蘇聯解體之後，從灰燼中崛起的新俄羅斯開始重拾其傳統文化的認同，並且恢復東正教的地位。儘管在蘇聯時期，教會受盡了苦楚，而且在極權統治下被政治化了，但是在某個方面卻和共產黨秉持了一樣的觀念，那就是對西方的恐懼和反感，俄國的教會恐懼天主教就像以馬克思—列寧為思想基礎的共產黨視西方為資本主義堡壘一樣。他們都深切感覺到，歷史上來自西方的攻擊，總是對俄國不懷好意。

這種文化上的態度是會維持下來的。我們在新的俄羅斯聯邦、煥然一新的東正教會，再次關觀察到對西方同樣的擔心、懷疑和敵視，是不奇怪的。而新的俄羅斯聯邦也快速把東正教當作一個精神象徵符號，緊抱不放，變成俄羅斯國家概念的一部分。而教會儀式也依然擁有神奇力量，可以調度民族情緒：一種混合了宗教、救贖、國家和種族的古早情感。

俄羅斯的當代東正教對西方的恐懼態度不是沒來由的。在俄羅斯政體轉型的時候，西方羅馬天主教和基督教傳教士乘虛而入，希望把東正教信徒轉變成天主教徒或基督教徒，這些舉止自然增加了原本的恐懼感。在前蘇聯經濟最困難的時候，西方更是注入了相當的資金，促成教徒的改教。俄羅斯東正教的牧首指責羅馬教廷試圖用金錢購買信徒，百年來他們始終想要滲透到東正教內部，建立天主教的王國。一位身在俄羅斯的西方觀察家指出：

在這裡的首都，就像在聖彼得堡以及俄羅斯的其他大城市一樣，很難不碰到來自美國、西歐、韓國以及印度的各類傳教人士。他們把宗教訊息貼在捷運站的牆上、放入郵箱、滲透到電台，讓好奇的人聚在一起上課……許多俄羅斯人覺得還沒準備好，就暴露在外國神祇的傳播內容之下。」有些人認為，即便不能完全阻止，但至少可以稍加抑制。最近，俄羅斯議會公布了兩項宗教自由法的修正案，這一行為反應了民眾的情緒。

在二〇〇一年的俄羅斯民族世界大會上，數位發言人就外來宗教信仰在俄羅斯的傳播問題發表了演講。後來議會就通過了數項法案，限制外國傳教士傳教的自由，但這裡說的是西方基督教，不是穆斯林。大多數的俄羅斯人都強烈認同保護本土信仰以免受到外來影響的決策，因為這些外來力量的用意和目的叫人生疑。由此，東正教會就使得天主教、新教徒，特別是福音派教會難以在俄羅斯傳教，或者建立教會組織。傳統國教再次成為文化自豪感和民族主義的主要工具，這一情形非常雷同於穆斯林世界面對富裕且強權的西方世界的時候。其實這不關於宗教，而是關於國族認同的問題。

（東正教會）非常驕傲擁有一千零五年歷史的信仰傳統、儀式、音樂、聖徒和象徵圖像。雖然這未必意味著他們是國教會，但信徒都自認為是國教。他們認為俄羅斯只能採納東正教，這已經是俄羅斯歷史上的國教會。

至此，俄羅斯已經藉由俄羅斯東正教來重振了其民族意識、國家傳統以及昔日榮光。東正教的教會議題現在已經是俄羅斯政治場景之中的一個部分，要知道這個國家過去曾經是持無神論的，在後蘇聯時代，已經有不少政治家意識到沒有宗教的嚴重性。亞博盧（Yabloko）運動的領頭人格里高里．葉夫林斯基（Grigory Yavlinski）就說過：「沒有信仰會導致腐敗和官僚，這兩者更會帶來嚴重後果……在一個沒有信仰的國家，實施經濟改革是完全不可能的事。」

俄羅斯作家聯盟主席，瓦列里·加尼切夫（Valery Ganichev）說他非常擔心「俄羅斯正把從西方文化中擷取來的不道德細胞，進行複製，」並且呼籲大眾要求政府「把國家從墮落中拯救出來。」而所謂的聯合教會（Uniate）爭議，比方說在烏克蘭和白俄羅斯的聶斯托留派和基督一性論派，到底是該歸天主教還是東正教管轄，更加劇了俄羅斯和西方政治地緣的緊綳關係。

東正教的回擊

轉教也是一條雙行道，各地的東正教會也注意到許多人對東正教的興趣，也有不少基督教徒轉向東正教「更純粹」的宗教訊息。東正教宣稱，宗教是靈性的，神的神秘性就在於讓信徒的生活充滿了靈性，甚至期望達到一個神人合一的境界（東正教的聖化理論）。如果聖靈可以讓個體從罪惡中脫離出來，靈魂充滿神性，那麼救贖就在此生，不必拖到來世。因此禮拜儀式目的就在於透過薰香、音樂、華麗的宗教畫、儀式著裝之華麗來對心靈展示上帝的神秘，感受聖靈充滿時的狂喜，在個人的生活中模仿神，在地上就了解和實踐神性，而不是等到死後才領受神恩，總體來說，所有這些宗教體驗都是為了感動靈魂的。東正教的信徒相信，天主教以及新教教會的靈性品質已經消失殆盡，西方環境已經高度世俗化，且他們的教會太過關心「社會」潮流與政治行動。美國學者尼古拉・佩特羅（Nikolai Petro）指出：「如果二十一世紀的歐洲形成了什麼宗教特質的話，東正教必將佔據主導地位。」他這麼說，是基於東正教對精神層面的關注。

就實際情形來說，東正教和拉丁基督教之間的鴻溝要比伊斯蘭教和基督教之間更深廣。雙方都因為地緣政治的權力考量，把神學理論當作競爭的載體。當然神學理論上的差異原本就存在的，但是國力之間的競爭更增加了理論上的差異。

黎巴嫩是當今宗教光譜最為多元的地方，遜尼派、什葉派、馬龍尼禮天主教、羅馬天主教、新教、東正教、德魯茲派等，而在心理和政治上，東正教的直覺感受都與穆斯林更接近。這就不奇怪黎巴嫩的外交官總是由東正教信徒出任。黎巴嫩的東正教直覺了解到基督教和伊斯蘭教之間的平衡，以及對國際事務的微妙影響。他們也比其他任何基督教派的人，對穆斯林有更大信心。東正教對穆斯林的直覺了然部分源自對西方的警惕，部分源自於了解到雖然和穆斯林未必十分和睦，但是確實有著密不可分的歷史連接，以及共同的世界觀。共享的是東方視角，而不只是伊斯蘭角度。

那麼，在俄羅斯內部又是如何處理大量本土的穆斯林，以及族群和意識形態的緊張關係？我們下一章就要來做進一步的探討。

第八章　俄羅斯與伊斯蘭：拜占庭精神長存

俄羅斯和伊斯蘭

俄羅斯與伊斯蘭已經密切共存長達一千年之久。俄羅斯有兩千萬穆斯林，比其他任何西方國家都多，更佔到總人口的一二至一五%。而且，這些人口不像歐洲的穆斯林，是移民來的，是原來土地上的居民，後來俄羅斯來了之後，他們繼續生活於此。穆斯林是新俄羅斯聯邦體制下最大宗的少數宗教族群，是東正教以外，最大的宗教團體。莫斯科的穆斯林人口比任何西方國家的城市都要多。

而且更重要的事實上，俄羅斯的穆斯林在種族上來說，不是俄羅斯人，而是其他族群——主要是突厥系民族。突厥—蒙古人在十三世紀入侵俄羅斯，控制了莫斯科幾百年，以統治嚴厲而聞名。在此，宗教的差異往往形同**種族**的差異——後者更加強了區別的意識。他們是突厥人的身分比他們是穆斯林的身分更為重要。

因為是穆斯林的土耳其人和阿拉伯人擊毀了拜占庭帝國，所以如果俄羅斯人對伊斯蘭教和穆斯林心懷不滿是合理的。但是很難把君士坦丁堡的衰敗歸咎於伊斯蘭教。難道我們會相信，如果鄂圖曼的土耳其人不是穆斯林，他們就不會入侵富裕卻衰微的拜占庭了？且不論拜占庭信仰為何。

蘇聯時代嚴格的無神論政策，旨在摧毀其土地上上的所有宗教，儘管伊斯蘭教的儀式被禁止了，卻無法完全毀滅它。蘇聯解體之後，伊斯蘭教立即重新成為莫斯科的一大問題，這是預料之中的。有六個穆斯林國家在蘇聯解體後，宣布獨立，成為今日的中亞五國跟亞塞拜然。對俄羅斯而言，他們起初將國內的穆斯林人口當作敵人，後來隨著時代演變，將他們視作沙皇政權的基礎、俄羅斯帝國的忠實臣民、東方潛在的反帝共產領袖、反對西方帝國主義的意識形態夥伴、不可靠的民族主義者、危險的分裂者或恐怖分子，或者，再度成為對抗美帝的潛在盟友。俄羅斯的個案顯示出，穆斯林如何在一個基督教（東正教）的體制下，以及劇烈變化的政體下，適應新生活。他們現在可能依然在尋找新的地緣政治共同體。

隨著共產制度的垮台，官方的無神教退出舞台，民眾獲得更大的自由和文化上的自治，伊斯蘭教在俄羅斯聯邦的形象陡然上升。穆斯林宣教活動從前蘇聯國外，進入到俄羅斯國內，具有非常明確的政治意圖，當然大部分是非暴力的，也有少數是極端暴力的。而俄羅斯境內的穆斯林人口急需非暴力的傳教人士，因為經過蘇聯無神論近三代的洗腦，對宗教的儀式和意義的了解都非常有限，有些甚至最基本的如何禱告都不知道。現在的俄羅斯出現了一個巨大的精神真空，大多人口都渴望新的精神內容，需要找到他們人生的意義。

與國外的伊斯蘭信徒的接觸，增強了俄羅斯國內穆斯林的宗教意識，也讓他們與整個穆斯林世界的歷史聯繫。信徒們又開始去麥加朝聖了，而更重要的是，他們把自己鑲嵌整合到穆斯林的世界裡，經歷了比過去任何時期俄羅斯穆斯林都更政治化。儘管有些新伊斯蘭教是激進的，但大多數是非暴力的。但是北高加索地區依然是比較特殊的地區，這裡生活著各種少數民族，特別是車臣，他們大多是思想獨立的人民，現在又重啟了他們爭取獨立的抗爭，為此他們斷斷續續抗爭了一個半世紀了，說來這也是因為伊斯蘭教這個導火線。一九九〇年代，他們慘遭俄羅斯軍隊鎮壓，首都和其他大城市都遭到破壞，數萬人傷亡，俄羅斯這樣對待車臣人，是想警告其他地區的人民。現在的車臣幾乎是重建的，而且現在的俄羅斯也明智允諾了車臣人相當大的自治權。但是過去的慘痛教訓讓車臣人難免挫敗憤怒，其中有人擁抱激進派的伊斯蘭教，甚至接受蓋達組織的思想。

雖然車臣對獨立的追求永遠也不會結束，也並不代表著其他身在俄羅斯的穆斯林想法。但是值得關注的是，現在的武裝爭鬥和過去是不一樣的：在過去，蘇菲兄弟會領頭爭取獨立的，這個神秘組織在自身的文化受到外在威脅的時候，就會採用武力反抗；而現在是，許多國際穆斯林聖戰分子，通常是波士尼亞、喀什米爾或是阿富汗的身經數戰的老兵，他們來到車臣，提供武力協助，並且傳播更激進的聖戰章程。

有時候，傳統的蘇菲戰士和新的伊斯蘭激進分子之間也爆發衝突，後者經常一律被認定為「瓦哈比派」。有些恐怖活動刺入了俄羅斯的心臟地區，以報復俄羅斯在車臣的暴行。對抗俄羅斯的車臣恐怖分子或許是俄羅斯伊斯蘭恐懼症的最大源頭。

九一一事件之後，華盛頓政府向全球恐怖分子宣戰，莫斯科和北京政府也立即跟進，把對他們各自的分裂力量的抗爭算作美國反恐行為一部分，並因此而頒布了更嚴苛的政策，同樣政策換作其他時期可以被認作是侵犯人權的。在二〇〇五年五月，烏茲別克政府向不受規勸的伊斯蘭抗議分子開槍，數百人死亡，這些人都被認定為「瓦哈比」。即便證據顯示他們大多是土生土長的伊斯蘭異議分子，但是烏國媒體依然把他們和國際恐怖組織聯繫到一起，以維護烏茲別克嚴苛的執政者。

到了現在，前蘇聯的穆斯林以及當今俄羅斯體制下的穆斯林，已經跟上了全球穆斯林的思維潮流。伊斯蘭的身份在提升，雖然依然在俄羅斯聯邦的多元文化範圍之內。

伊斯蘭教作為一個重要因素，確實有可能讓受壓制的俄羅斯穆斯林團結在一起，但是假如認為穆斯林的宗教日常可以跨越種族和語言，把全部穆斯林都融為一塊，那是就錯了。即使突厥民族之間也有敵對派系，未必在政治上團結一致，更不用說伊斯蘭社群的團結了。因此，伊斯蘭教作為聯合的力量，只是一時的，比方說在俄羅斯治下的穆斯林們。但是很明顯的，即便俄羅斯境內的突厥人不是穆斯林，他們也會有強有力的識別度，在民族主義高漲的時代或俄羅斯的政治壓迫下，促成可能的獨立。

* * *

俄羅斯如何將伊斯蘭納入統治？事實上，伊斯蘭信仰比基督教更早抵達現今俄羅斯的某些區域。說來俄羅斯和伊斯蘭之間最初關係是在戰場上建立的，當時沙皇俄國正在往南往東擴張，逐步掠奪穆斯林的突厥汗國。最戲劇性的事件就是沙皇伊凡四世在一五五二年，征服了喀山汗國的首都。這場戰事在歌劇《鮑里斯．戈東諾夫》，由酒醉的僧侶瓦拉姆（Varlaam）所演唱的激昂的詠嘆調中，有生動的描繪。

在沙俄時代，是東正教的激進分子主導軍隊東征的，主張把東正教傳播到穆斯林的喀山汗國。收復之後，東正教立即在韃靼地區建立強大的教會機構，旨在把穆斯林民眾轉變成東正教徒。沙俄征服喀山是一個標誌性的「文明事件」：把沙俄的沙皇變成了新地區新人口的皇帝。沙皇的權力與合法性源自於他是東正教的傳播者。而當時東正教的主教馬卡里（Makarii）親自領導這項行動：

> 在馬卡里的影響下，這種攻佔喀山的戰事變成了一個宗教聖戰。軍事調動一開始，馬卡里就警告駐紮在喀山附近的莫斯科將士，要言行良善。他也承諾軍隊，上帝會祝福他們戰事的，因為喀山的韃靼人「污辱了神的話語」，「褻瀆」了信仰。對穆斯林的不敬虔，馬克里預言了「神的憤怒」，這將把勝利帶給俄羅斯的軍隊，讓他們成為東正教的守護者。

值得提醒的是，俄羅斯人就像過去的十字軍一樣，他們不認為穆斯林是信仰伊斯蘭教的，而是認為他們是（東正基督教的）異端。

雖然在征服之後的地區建立了教堂、修道院和其他宗教機構，但在傳揚基督教這個目標上，東正教是覺得非常挫折的。而且雖然宗教界認為征服穆斯林韃靼是一項神聖使命，但莫斯科政府方面卻不這樣認為。戰爭就是國家權力的擴張。如果韃靼區的民眾不是穆斯林的話，莫斯科早就輕易征服他們了。也就是說，對莫斯科來說，宗教皈依不過是帝國擴張的一個藉口。

但是莫斯科沙皇立即了解到，要讓這些大量已經建立起自己生活方式的人口，改變宗教是一件複雜的事，特別是伊斯蘭教抗拒改宗的能力。這時地緣政治加入進來：鄂圖曼的蘇丹表達了對喀山穆斯林的關心，那在宗教上是他的職責。於是，沙皇承諾，喀山人可以繼續實踐伊斯蘭教。實際的利益取代了東正教的宗教熱情。

於是，在征服者的東正教基督徒和被征服者的穆斯林之間，產生了一種新的共生關係。到十八世紀末的時候，凱薩琳大帝拒絕了教會把伊斯蘭逐出國門，讓所有穆斯林改教的要求，因為這顯然會招致永無止境的反抗和敵意。相反的，在俄羅斯帝國多文化的新實驗中，莫斯科選擇把穆斯林的宗教也列為帝國的結構之一，以凝聚國家核心加強社會穩定。凱薩琳採用開明和寬容的政策，把現存的伊斯蘭信仰以及世俗架構納入到廣大的帝國政體之中。因為分享著一個神的觀念，分享著宗教的寬容開明，宗教成為帝國政治和社會組織的基礎。莫斯科試圖把「每一個宗教群體中的社團領袖都變成帝國的統治工具」。

由此，俄羅斯帝國促成了宗教社團的建立，而不是族群社團，作為帝國社會及政治的基礎。其實鄂圖曼帝國早先的時候，也是用這個原則來建構社群的。俄羅斯的社會和政治秩序得以維持，就在由國家任命的宗教領袖，維持著宗教社群的堅固穩定。任何宗教形式，或者意義的分歧，都等同於政治上的異義，這個概念我們在拜占庭的歷史中就已經熟知了。每個社群的凝聚力，取決於維持眾人對宗教信條的共識，這些信條對社群身分至關重要。反過來，宗教社團的領頭人也可以利用國家的警察力量，來維護他們自己的決策，維持宗教的正統性，也就是維持了社會秩序。

但是這個體系也會引發另一個問題。就伊斯蘭方面來說，由莫斯科方面來指定穆斯林社群的宗教領袖，這樣的合法性有多高？在一個基督教國家，如果穆斯林學者合法性來自於政府的任命與支持，那麼他們就失去了獨立性，很快就會被指責為「傀儡」。在俄國革命期間，穆斯林政治訴求之一就是有權任命他們的大穆夫提（muftis）。

在羅曼諾夫王朝的三百年間，俄羅斯堅稱他們的統治是「基於宗教基礎」上的。該王朝的國家大計是建立在「共享的道德世界」上。這些政策大多是成功的。就像在伊斯蘭國家的統治者必須支持伊斯蘭社會的原則和律法才被認為是合法的，對非伊斯蘭教的羅曼諾夫王朝來說，只要允許治下的穆斯林社區可以維持他們的生活規則和律法，他們的統治也是可以被接受的。沙皇甚至還鼓勵穆斯林把他們的不滿和疑慮呈遞上去，以供調整政策時參考，這既增加了沙皇統治的合法性，也提升了穆斯林人口（對政府）的滿意度。這麼做的期待是，穆斯林信徒會把俄羅斯沙皇視為合法的，即便他本人不是穆斯林，並進而效忠於他。因此，俄羅斯國家就開始扮演起「信仰的守護者」，不單單是東正教，也是伊斯蘭教、猶太教、甚至佛教，以及後來的新教和天主教。

沙皇選擇承認宗教的差異，而避開種族的差異，這一作法加強了俄羅斯穆斯林之間的連接紐帶，而不是境內突厥人之間的族群紐帶。但是在軍事方面的擴張讓莫斯科直接面對穆斯林國家的時候，穆斯林對國家的忠誠度就受到了考驗。這一考驗維持了五十五場戰爭，俄羅斯和鄂圖曼打了三個世紀，其中有四場主要戰役是討伐波斯穆斯林，而英國和法國也因為他們的反莫斯科政策，站到了波斯一邊。又因為大多數的俄羅斯穆斯林主要是土耳其人，且很大比例是遜尼教派，因此他們大多更同情鄂圖曼的土耳其人，較少同情波斯穆斯林。因此長期下來，他們對沙皇還是忠心的，直到第一次世界大戰以及俄羅斯革命爆發。

在俄羅斯帝國內伊斯蘭教和東正教和睦共存是伊斯蘭歷史上非常重要的事。帝國內的穆斯林之所以維持著他們對帝國的忠誠，是因為國家沒有強迫他們改變宗教，或許必須放棄他們原本的宗教社群身份認同。當然，就算同為穆斯林的社群，也因為歷史和文化原因各有差異，新教、羅馬天主教、猶太教和佛教也是一樣，沒有被強行逼迫融入彼此。

俄羅斯的宗教組織和種族組織

不管當時是怎樣運作的，以宗教社群做為行政管理基本結構的方式，對現在的研究者來說是過時的舊模式，那是一個不同的時代，更宗教年代才會出現的現象。從某個方面來說，是這樣沒錯。但是我們現在討論這個，是為了討論在俄羅斯這個國家，基本的認同問題。到底應該是民族（語言），還是宗教？一千多年來，複雜多元的社會中，這兩個其中的一項通常是社會結構的組成原則。在現代社會，特別是西方國家，一個區域的身份認同通常趨近於一個「公民身份」，那是一種「你不用多問，我也不會多說」，某國公民是會對國家效忠的，但不需要透露任何個人的特質。

儘管常常對鄰近的穆斯林國家發動戰爭，俄羅斯帝國依然積極推展和鄂圖曼以及伊朗的外交關係，同時還肩負鄂圖曼帝國治下的巴勒斯坦東正教聖地的官方保護者。莫斯科非常在意國外的穆斯林如何看待他們，與此同時，他們也盡量讓國內的穆斯林協助中東相關國際政策的擬定，以期莫斯科可以「穆斯林政權」發言，正如他們以東正教政權發言一樣。因此，伊斯蘭沒有阻攔俄羅斯的擴張願景，相反的，他們起到了協助的作用。

但是俄羅斯的東正教卻對政府不甚滿意，他們不喜歡政府廣納各派宗教的主張，認為這一政策阻止了在帝國內實現東正教的理想。像杜斯妥也夫斯基那樣的民族作家認為東正教代表著俄羅斯的「靈魂」，反對政府和穆斯林協調。他批評政府總是「因為其一神論的主張而稱讚穆斯林」，那些「突厥愛好者們老掉牙的說詞」。他相信，俄羅斯註定是要成為東方的統領者。

穆斯林是否接受俄羅斯統治，這取決於俄羅斯當時施行什麼樣的政策。到一九一七年，布爾什維克革命席捲莫斯科，並開始了長期且痛苦的蘇聯時期，原本的和諧打破了。數世紀以來，即便在和鄰近穆斯林國家戰爭的時候，國內也沒有出現嚴重的穆斯林抵抗行為。在大多數的時候，穆斯林好戰分子或者說「聖戰分子」戰的是他們傳統的當地統治者——一如今日的中東。但是有些俄羅斯的穆斯林在宗教立場上，無法認同莫斯科攻打穆斯林鄰國，因此決定從莫斯科移民去土耳其，甚至反過來協助攻打莫斯科。

可以說，幾乎所有的帝國都在某種程度上試圖收服當地的穆斯林菁英，以平復當地的叛亂。比方說，一戰之前哈布斯堡王朝就在巴爾幹半島上尋找可靠的穆斯林統治者；一戰時的德皇威廉二世想促成全世界穆斯林的聯盟，以反抗英國和法國，所幸沒有成功；法國也尋求穆斯林的合作，以助其征服阿爾及利亞，當然也未成功；二戰德國想要征服歐洲的時候，再次嘗試；而日本也在二戰前以及二戰的時候，試圖聯合南亞以及東南亞的穆斯林人口，以制肘西方的軍隊；二戰的時候，德軍輔佐了耶路撒冷的穆夫提，旨在希望得到阿拉伯軍隊的支持，反抗中東的盟軍；美國現在依然支持某些阿拉伯國家非民選不受當地人歡迎的執政者，希望他們可以支持美國不受歡迎的政策。

以上的例子不勝枚舉。但是比起歐洲來，俄羅斯與伊斯蘭的聯合歷史更悠久、關係更密切、情形更複雜。此後的一個關鍵原因在於，俄羅斯是在帝國往東邊和南邊擴張的時候，開始接觸穆斯林的；而歐洲的其他帝國則是在海外征服的路上與穆斯林相遇。俄羅斯和穆斯林形成了共生的關係，從過去到現在，他們已經習慣了彼此的存在。直到現在，俄羅斯依然是西方唯一國家，在國境內擁有相當大的穆斯林社群。

扎吉德運動

俄羅斯的穆斯林始終以文化上的自治為追求目標，但是他們所在的國家，俄羅斯本身在政治和文化上都經歷了劇烈的騷動。穆斯林也不可能在重要的事情上避免激烈的爭論。但是直到十九世紀中期，俄羅斯的穆斯林才出現了最重大的一次改革運動，也稱為扎吉德（Jadidist）運動，試圖改變穆斯林社會。其實這個所謂的扎吉德運動是非常重要的改革，或許是在俄羅斯多元文化的刺激下產生的。

新穆斯林強調教育的重要，在教育科目中包含實用的學科，比方說數學、科學等。辦學校、辦報紙、把外國書籍翻譯成當地語言。俄羅斯官方對此持模稜兩可的態度，一方面是歡迎的，另一方面又擔心新運動中出現顛覆、分裂國家，或者泛穆斯林的觀念，雖然扎吉德運動是和俄羅斯社會的自由分子連接在一起的。持反對態度的還是穆斯林的老派精英們，他們是封建貴族，擔心任何運動可能教育、培植、賦權了一批新菁英，改變了舊的社會秩序。而這正是新穆斯林的目標，但是他們希望達成目標而不採用政變或暴力的形式。他們甚至也沒有要分裂出去的主張，他們只是希望在俄羅斯現有的政治框架內提升他們的地位。

一位新穆斯林運動的領頭人，克里米亞的韃靼人愛斯梅爾．蓋斯普拉里（Ismail Gaspirali）清楚構想出，如何在變革俄羅斯政治秩序的時候，促成俄羅斯和穆斯林世界的合作。

> 如果俄羅斯和土耳其和波斯建立了良好的關係，那麼就會成為整個東方穆斯林的盟友，成為整個穆斯林國家以及文明的領頭人，這是英國一直想要企及的目標。

簡單來說，就是蓋斯普認為俄羅斯是一個了不起的穆斯林國家，就像她是一個了不起的基督教國家一樣。同時，這也是第一個成功融合穆斯林和基督教於一體的國家。可以說，宗教成就了俄羅斯的國際地位。但是反過來說，如果沒有宗教，沒有伊斯蘭，俄羅斯也一定要面對接納大量突厥人口的問題，其中的憂慮一樣也不會少。

到十九世紀尾聲的時候，穆斯林要求受教育、要求改革、參與政治的運動變得非常激烈。菁英們就新歷史時期的身份認同問題進行辯論。即便是俄羅斯人，他們也不確定自己到底該屬於「西方」，還是獨特的東正教世界，還是說某種程度上屬於亞洲。穆斯林自問著同樣的問題：他們首先是穆斯林嗎？還是「俄羅斯公民」？土耳其人？韃靼人？哪個優先？他們「屬於」俄羅斯嗎？

一九〇五年俄羅斯革命之後，沙皇尼古拉二世被迫在政治上做出讓步，往更自由方向邁出一步，其中包括成立國家杜馬，即俄羅斯國會。俄羅斯的穆斯林也以宗教，而非意識形態動員，組織他們的政治運動，於同年招開俄羅斯穆斯林聯合大會，討論未來策略。他們的兩個主要訴求是，在宗教上和文化上能夠更加自主，和其他俄羅斯人擁有相等的地位。我們不會忘了，俄羅斯穆斯林主要是突厥人為主，他們選擇伊斯蘭教成為聯盟的基礎，而不是以民族別做為基礎，那是因為在帝國架構的原則是宗教，而不是種族。

這次運動的策略是溫和中立的。其尋求的是俄羅斯的全體穆斯林的共同福祉：包括可以公平的土地分配、政府不再徵收穆斯林的田地、新聞出版以及集中在一起從事信仰活動的自由、希望君王立憲。這個運動的領頭人謀求在俄羅斯政治版圖上可佔一席之地，他像當政者保證此運動絕對忠於沙皇，沒有反政府的心，也沒有想要獨立的意圖。這個組織經過了幾次選舉之後，成功獲得了在國會30~40個席次。而在宗教領域，這項改革呼籲改變穆斯林的等級制度，由民眾直選大穆夫提，在穆斯林國家是第一次的續劇性變革。這些措施都有助於打破舊的傳統和保守的等級階層。但是幾年之類，穆斯林聯盟內部出現了嚴重的分歧跡象，部分原因在民族和地區差別，部分原因也在意識形態上，因為有些代表人站到蘇俄社會主義者的一邊。簡而言之，伊斯蘭教不再是社會的黏合劑，俄羅斯的穆斯林也「正常」顯出了民族、地區、社會階層以及意識形態的差異。穆斯林可以活躍在更寬廣的政治光譜內，而不因為伊斯蘭的身份而有預先設定。在第一次世界大戰的時候，有超過一百萬的穆斯林參加了蘇聯軍隊，其中許多人都在國境的南方和鄂圖曼抗戰，儘管鄂圖曼帝國呼籲所有的穆斯林在需要的時候，都要為了國家反抗基督教國家的入侵。

在沙皇帝國時期的穆斯林特質是，相對成功的融入了基督教（東正教）帝國，雖然穆斯林在民族或者說宗教背景，和政治組織之間覺得兩難，但是相對來說，還是忠實於政治秩序的。而他們的政治也是相對主流的，也就是後來所謂的「布爾喬亞的民族主義」，而少有極左派或者極端的宗教黨團。那時沒有所謂的「血腥邊界」。這個政治實例顯示出，如果穆斯林有機會以少數群體參與到政黨合作中，將會是怎樣的情形。他們甚至還會支持更大的政黨以及持不同政見者，而不是只支持穆斯林團體。但是他們普遍還不願意犧牲宗教認同來換取一個社會身份認同。但是蘇維埃時期將會是一大考驗，成為改變的臨界點。

蘇聯共產主義、伊斯蘭和種族

蘇維埃時期是俄羅斯穆斯林社會複雜轉變的重要篇章。俄國革命之後，執政的共產黨（布爾什維克）和過去的俄羅斯帝國統治者一樣，為如何處理穆斯林問題而困擾。他們不知道，該把穆斯林招募到自己的這一邊，還是徹底摧毀他們，抑或是創造一個以種族為基礎的社會，改變過去基於宗教的政治結構。他們最後選了第三項，也算獲得一些成效。一九一六年，在中亞地區爆發了土耳其穆斯林叛亂，程度激烈，而且維持很長時間，而蘇聯革命將在一年後爆發。他們叛亂的主因是反抗沙皇強制中亞的穆斯林加入他們的軍隊，以及支持前方戰爭的其他工作。這次判斷被稱為巴斯馬其叛亂，在之後的十到十五年間，烏茲別克和塔吉克地區，只要有新的民族主義，或者宗教了獨立的情緒出現，巴斯馬其叛亂就又死灰復燃，顯示出這裡的人民對蘇聯的獨裁政體以及極端無神論觀點的敵意。雖然後來最終還是被蘇聯紅軍壓制了，但是卻暴露出穆斯林對俄羅斯當政者之間的不滿。同時這些叛軍還受到了土耳其前軍方官員以及英國情報部門的支持，這些受到國外力量支持的穆斯林，在對國家的忠誠度上有問題。這個運動提醒了莫斯科，處理穆斯林問題時要非常謹慎小心，因為其種族和宗教都是獨特的。

事實是在蘇共執政初期，他們也試過利用伊斯蘭信徒，讓他們擁有穆斯林身份，以此來推廣共產革命，推翻西方帝國在亞洲、非洲和拉丁美洲的殖民統治。蘇聯的目標之一就是印度，這個國家位於蘇聯的家門口，當時被英國殖民，之前已經見證到這裡發生穆斯林叛亂事件了。

因此，一九一二在亞塞拜然的「巴庫東方人民代表大會」上，多種族代表匯聚一堂，蘇聯從殖民國家和半殖民地國家，動員了兩千人來參加，共同策劃革命行動來反抗殖民者。莫斯科的蘇維埃領導人仔細撰寫了大會提綱，在反殖民議題上也得到了大家的熱切回應。莫斯科方面認為穆斯林國家是反抗西方強國的潛在力量，他們願意提供資金，讓這些國家將來成為莫斯克的外交政策上的聯盟。

伊斯蘭並不是巴庫會議的主角，莫斯科刻意要把穆斯林的民族主義與共產主義結合，成為反殖民武器。但正如我們說過的，伊斯蘭在與非穆斯林勢力抗爭的時候，總是與民族主義結盟，同進退。因此，蘇聯的政治家，如列寧和季諾維耶夫，也盡量避開伊斯蘭社會的保守力量，去挑動反抗力量。他們的發言中挪用了「聖戰」一詞，指稱「反抗帝國主義的聖戰」，並且說到來到世界的革命中心莫斯科「朝聖」（對信神的人來說這非常褻瀆），就可以讓東方受壓迫的人民得到自由和解放。儘管如此，莫斯科也清楚明白，伊斯蘭教和民族主義是一把雙面刃，隨時可能轉變成反抗蘇維埃的力量。在巴斯馬奇叛亂中，就已經露出了端倪。

蘇丹—加利耶夫：一個共產黨員、穆斯林與民族主義者

伏爾加地區的穆斯林蘇丹．加利耶夫在一九一七年的時候，參加了蘇聯共產黨，再沒有人比他更生動的把馬克思列寧的意識形態和穆斯林社會組織結合於一體了。他後來成為布爾什維克反帝運動中的要角。蘇丹加利耶夫促成建立一個「全穆斯林的共產黨」，看似衝突的說法，主要是強調生活在蘇聯體制下的穆斯林們，可以用共同的伊斯蘭文化克服種族的差異。他相信，如果以穆斯林的方式來解釋馬克思主義，這套理論是可以說服廣大穆斯林的。他因此構想出建立一個強大的穆斯林共產黨，可以促成受歐洲帝國宰制的穆斯林世界進行共產革命。至此，宗教已經和種族緊緊聯繫在一起。

蘇丹加利耶夫本人是無神論者，但是他研讀過古蘭經和伊斯蘭的律法，他提醒蘇聯執政

者，伊斯蘭文化對穆斯林的影響之大，影響之深。他迅速在蘇聯體制內竄起，成為人民委員會主席，直接隸屬於史達林，在民族政策上擁有極強的話語權。

蘇丹加利耶夫早期對共產主義的信仰主要基於他的反帝熱情，而在這件事情上，布爾什維克是唯一的救主：

我現在轉而和布爾什維克合作……我之所以會這樣是因為我全心相信布爾什維克理念是正義的。我了解它們，是因為那就是我相信的。因此，（和布合作）沒有任何東西會從我的心靈中移去。我意識到，有些布爾什維克新植的觀念就承諾要開始一場變革。（但是）他們也是唯一可以終結（第一次世界）大戰的人。只有他們把各國族的命運交到各個國家自己手中。只有他們揭露出世界大戰的原因。他們還向英帝國宣戰，後者殖民著印度、埃及、阿富汗、波斯以及阿拉伯。他們也拿起了武器，對準了另一個帝國：法蘭西，後者殖民著摩洛哥、阿爾及亞以及其他非洲的阿拉伯國家。我怎麼可能不跟隨他們呢？你們也知道的，他們立下的豪語，是俄羅斯有史以來從來不曾有過的聲音。為了吸引俄羅斯以及東方的穆斯林，他們提出伊斯坦堡必須歸穆斯林所有。他們如此行動的時候，英國的軍隊正佔領了耶路撒冷，英方對猶太人說著類似的宣傳語：「快快聚集到巴勒斯坦來吧。我們會為你們打造一個歐洲的（猶太）國家。」

但是後來史達林和蘇聯的領導人拒絕了全體穆斯林共產黨的觀念，認為那是中產階級民族主義者強加給穆斯林社會的危險承諾。莫斯科官方認為，唯有基於「無產階級」聯盟上的政黨才可以發起這樣的運動，儘管在農業和商業化的韃靼人當中，少有真正的無產者。至此，加利耶夫清楚意識到蘇維埃共產黨絕無可能與他有著共同的願景。他相信，穆斯林不過是從沙皇的統治換成了俄羅斯「無產階級」的統治，而韃靼人的利益和俄羅斯帝國的利益是不相容的，共產主義沒有提供所謂的自由，不是換了一種帝國的形式。後來，史達林逮補了蘇丹加利耶夫，於一九四〇年和其他數千名穆斯林—土耳其民族主義者一起被處決。

蘇丹加利耶夫是共產主義的行動典範和理論家，也是穆斯林左派的重要代言人。這些身份導致他後來受譴責、被監禁、遭流放，成為邊緣人，最後被處決。這是伊斯蘭文化中的民族分子在對抗歐洲勢力時的典型遭遇，儘管這裡是東歐的蘇聯。而蘇丹加利耶夫和史達林決裂以及後來抱持穆斯林民族主義的事件讓他在蘇共內部得到了「蘇丹加利耶夫主義」的名號，這個名字永遠提醒著蘇共，對俄羅斯境內潛在的穆斯林潛在民族主義保持畏懼。「當民族主義來取代馬克思—列寧思想的時候，會發生什麼後果你們都看到了。」這話後來被時不常的提起。而蘇維埃更是不落痕跡的極力想把伊斯蘭變成一個「民族」。美國在全球反恐戰爭中也再做同樣的事。

至此，原本可能帶來變革的俄羅斯穆斯林，對東方受壓迫人民挾持著反帝訊息，在實證中卻失敗了，後來的蘇聯政策、以及對穆斯林突厥文化的壓迫，叫穆斯林對他們始終極深的敵意。到一九二六年的時候，莫斯科已經把伊斯蘭看作一個反蘇維埃的勢力，並且組織了一個無神論激進團體，對穆斯林宣導無神論，並且把穆斯林從重要權力組織中拔除。而蘇維埃官方宣導無神論的思想，並且壓制所有的宗教，對穆斯林來說，這是蘇維埃政權最大的原罪。而穆斯林原本宗教的儀式和習俗則轉入地下；蘇菲派的組織網路系統，在蘇維埃最黑暗的年代，延續了伊斯蘭知識的命脈。

過去沙皇曾經用宗教作為帝國政治和社會組織的基礎，現在的蘇共做出了戲劇性的改變，試圖用狹隘定義的民族族群做為蘇維埃國家的構成基礎，這是一個把國人加以分別，並征服的過程。與其和一個廣義的突厥族合作，蘇維埃發展出一個政治聯邦，下面的邦國說著各自的語言，比方說：烏茲別克、韃靼語、哈薩克、吉爾吉斯、土庫曼、塔吉克、亞塞拜然等。民族成為毀壞伊斯蘭認同的工具，也打破了泛突厥國家觀念的可能。

蘇聯在一九七九年攻打阿富汗，想扶植那裡的共產政權，這為蘇聯和伊斯蘭的對抗增加打開的一個新維度。很快的，武裝反叛力量蔓延至整個阿富汗，他們以保護伊斯蘭免於蘇聯的侵略之名，進行一場聖戰。西方政府，特別是美國，挹注了反蘇聯的聖戰，最終在八年後獲勝。當蘇聯的軍隊中不乏穆斯林，當蘇聯官方的策略是要粉碎伊斯蘭反抗運動的時候，他們覺得非常兩難。後來，蘇聯從阿富汗敗下陣來，阿富汗和國外聖戰分子宣稱「伊斯蘭打敗了強權」。這些困惑的蘇聯穆斯林也留意到了這條訊息。

一九九一年蘇聯解體是穆斯林和蘇俄關係的重要轉淚點。很快的五個穆斯林共和國就獨立出來成為新國家，這回是以民族為國家主體，但是其實他們依然是屬於突厥系民族。留下來的穆斯林生活在新俄羅斯體制內，獲得了相當大的自主權，主要可以保留某些民族的生活風俗。有些地區不平靜，特別是車臣，這裡的人民想要獨立，已經爭取了一個半世紀，依然沒有放棄。儘管大多數俄羅斯的穆斯林體認到從俄羅斯獨立出來是不可行的，他們是俄羅斯海洋中的穆斯林島嶼，他們把伊斯蘭信仰當做他們民族認同中重要的一個部分，他們也因為與其他俄羅斯人的不同而感到榮幸。但是事實是，他們的連結不是建立在伊斯蘭基礎上的，儘管他們希望如此。

身份認同的秩序先後問題依然存在：這些人倒底首先是穆斯林，還是首先韃靼族、烏茲別克族、塔吉克族或者其他民族？抑或是泛突厥中的一員？還是俄羅斯公民？真實的情形是，他們在不同的環境底下，分別是屬於以上團體的。多重的身份之間並不排斥。他們在某些時刻的身分係由當時的環境所決定。

世界各地的穆斯林都普遍了解到，蘇維埃曾經嚴重迫害了伊斯蘭教徒。但是他們也意識到，蘇俄在地緣政治策略上起到了一個平衡的作用，幫助他們反對了西方的殖民和帝國勢力，這是非常重要的。唯一與西方世界對立的蘇聯之存在，讓世界成為二元的，為小國提供了更多可操作的空間，讓西方不得像過去一樣完全控制他們。後來蘇聯解體之後，穆斯林世界和很多中立的國家都很失望，不是因為他們喜歡共產制度，而是原本的二元世界終結了，唯一的強權之下，小國更顯脆弱。

歐亞主義

我們來談一談歐亞主義概念，作為本章的結束。說到歐亞主義，這三個同床異夢的盟友是：俄羅斯、中國和穆斯林，在後布希時代的全球版圖中，這三方共享著反西方、反美國的觀點。很明顯的，反美思潮和地緣政治的關係更大，而與宗教的關係甚少。有跡象顯示，俄羅斯境內激進的穆斯林分子和少數俄國民族主義分子因為對西方的新帝國力量持有懷疑態度，有可能結成同盟。儘管在未來，不會成為一個主流的運動，但卻是一個有趣的新趨勢。

歐亞主義表達了本書的幾個重要議題：根深蒂固的反帝國反西方傾向不僅僅侷限於中東，這一塊有著地緣政治糾葛歷史的地區，更是分布在整個亞洲。俄羅斯、中國和穆斯林三方的文化差異即便在結盟後依然存在，但是反美國反霸權的論調卻足夠把他們連接在一起。

歐亞主義理念可以追溯到早期的俄羅斯思想觀點，此觀點把俄羅斯的東方屬性看得很重要，融合了對西方威脅的不信任和把自己從西方體系中區分出來的兩種思考。強調俄羅斯的抱負和文化，這是一種神秘的感覺，認為俄羅斯表達了一個比西方更深刻更精神的世界。最重要的是，這一思想體系也宣揚俄羅斯亞洲傳統的一方面，因此認為其在世界歷史中扮演著一個特殊的角色，肩負著特殊的使命。這一想法認為俄羅斯應該真實面對自己在反西方同盟中的身份和傳統，對世界起到平衡的作用，為人生打造另一種願景。這是他們引以為榮的。

俄國對西方圍堵的恐懼再度於小布希時代發酵。小布希政府不僅在烏茲別克、吉爾吉斯、喬治亞、亞塞拜然和塔吉克建立美軍基地，作為全球反恐戰爭的一部分，也企圖將前蘇聯底下的共和國都納入北大西洋公約組織。因為就從俄羅斯方面來看，所有這些舉動都極具挑釁，形同美軍勢力直接部署到俄羅斯的家門口，這些事件提示俄羅斯需要尋找新的地緣政治盟友，來抵制美軍的全球擴張計畫。而新的支持力量的可能來源是穆斯林世界以及東方。

歐亞主義的觀點結合了原本傳統的斯拉夫主義以及俄羅斯的東正教信仰，廣義來說，也可以觸及更寬泛的利益團體，例如穆斯林國家與中國，甚至印度與日本。這四個國度過去和俄羅斯的關係是敵意、競爭的，有些甚至是俄羅斯帝國的敵人。這也看出來，對西方（目前主要是美國）的不信任有多嚴重，是這個情緒讓歐亞主義有了共同的新利益，取代了過去的反感。

歐亞主義起源於一九二〇年代，更早的源頭可以追溯到斯拉夫派。歷史學教授什拉潘托克（Dmitry Shlapentokh）如是詮釋歐亞主義，他說此派觀念認為「俄羅斯是一個斯拉夫－東正教與穆斯林（其中大多數是突厥人）的獨特混合。俄羅斯的穆斯林，不是因為非斯拉夫就處在俄羅斯之外，而是俄羅斯自然的盟友。」歐亞主義認為俄羅斯不是歐洲的一個部分，而是屬於歐亞大陸，其中主要的民族組成部分是俄羅斯人和突厥人。在這個新的觀念底下，我們又看到了俄羅斯帝國的政治結構中東正教和穆斯林共存模式。無疑，這兩者之間也依然繼承了之前的嫌隙，沒有一方會退讓，把統治地位交給另一方。儘管如此，過去十年土耳其和俄羅斯之間的外交關係，也讓這一有趣的意識形態學派有了更多的實質內容。古代中東地區對西方世界的地緣政治不信任重複出現在三種文化當中：拜占庭的東正教、俄羅斯的東正教以及伊斯蘭教，其實都有同樣的源頭。這也很有說服力的說明了：一個沒有伊斯蘭教的世界對西方會有怎樣的態度。

俄羅斯希望永遠保有其根植於東正教的獨特歷史特質。從來不曾被西方世界接納為其中一個部分的俄羅斯，本身也說來沒有把國策定位為西方國家，也會在將來繼續尋找東方文化的合作夥伴，來強調其歐亞大陸和東正教文化的特質。俄羅斯積極參與上海合作組織更擺明了地緣政治的意圖，這個組織包括許多中亞國家，包括阿富汗、伊朗、巴基斯坦和土耳其。地緣政治是超越宗教的，對西方長久以來的疑懼構成了這塊地緣政治的大蛋糕，而伊斯蘭不過是上面的一層糖霜而已。

不管有沒有精確清楚的歐亞主義教條，俄羅斯都與中東維持著密切的關係，一方面把自己權做穆斯林世界的朋友，以取得反對美國在亞洲擴張者的支持，同時也以此為目的來安撫境內的穆斯林。俄羅斯和伊朗的緊密關係，正是這種做法的指標，和其與土耳其近年來蓬勃發展的關係是同樣目的。這樣的策略和處境，和當初波斯人和閃族人保護中東地區，免於希臘亞歷山大和羅馬帝國的入侵是一樣的。不過，這回多了伊斯蘭這個角色。而不管俄羅斯與伊斯蘭有如和錯綜複雜的關係，都很難簡化成一句「伊斯蘭的血腥邊界」。

第九章　西方穆斯林：忠誠的公民還是隱藏的內奸？

九一一事件讓西方的穆斯林團體受到大家的關注，這是之前從來沒有過的。此事件的策劃者在德國擬定了許多攻擊計畫，他們在西方國家廝混了很長一段時間，讓穆斯林在歐洲的形象大大受損。那麼，在西方社會的穆斯林就是潛入敵對陣營的間諜，隨時待命行動嗎？美國和歐洲的反穆斯林情緒在安全威脅之下，變得更容易被接受。

後來在歐洲也爆發了暴力事件。二〇〇四年三月，馬德里的近郊鐵路發生爆炸，造成一百九十一人死亡，超過一千八百人受傷。事件的策劃者是屬於北非的穆斯林，但並沒有明顯證據顯示和蓋達組織有關。二〇〇四年十一月，荷蘭一位作家及製片人西奧．梵谷在光天化日之下被殺，謀殺者是摩洛哥出生的荷蘭公民，在伊拉克戰爭之後變得非常激進。梵谷認為眾人都該機會均等，他曾經嘲諷過猶太人，也直言不諱的反對伊斯蘭教，他製作過一個短片，其中有個鏡頭是把古蘭經的一段文字投影到女性裸露不安的身體上，以抗議「伊斯蘭對女性的歧視」。這宗謀殺事件使得歐洲的自由派人士也心驚膽寒，因為就在身邊國外人士居住的社區，竟有宗教挑動的謀殺事件。

二〇〇五年七月，英國穆斯林在倫敦地鐵主導了自殺性的爆炸事件，造成五十二人死亡，七百人受傷。據稱此事件是因為英國捲入伊拉克戰爭而引起的報復。二〇〇七年六月，一個英國出生的伊拉克裔醫師夥同另一個穆斯林，開著裝有丙烷罐的卡車闖入蘇格蘭格拉斯哥機場入口。雖沒有死亡，但是造成多人傷勢嚴重。這起事件的動機依然和伊拉克事件有關。

二〇〇七年十一月，非洲和阿拉伯移民因為在融入法國的經濟文化發生了問題而發生暴動，雖然並沒有使用恐怖主義手段，但是依然造成許多財務損失。

所有這些事件都讓歐洲的穆斯林備受矚目，讓人家質疑他們的忠誠，還有他們融入新文化的意願和能力。最後一個問題也可以這樣問，那就是伊斯蘭到底有何「特異之處」，讓他們和其他移民要分屬不同類別？或者說，如果他們不是穆斯林，他們面臨的問題會完全不同嗎？答案顯然是否定的。

歐洲穆斯林的領袖塔里克．拉馬丹（Tariq Ramadan）提醒說，不要用「伊斯蘭化」的方式簡化所有問題，也就是把所有伊斯蘭社會的問題都歸結到其宗教上。「我們有社會問題，我們有經濟問題，我們也有都市問題。這些都與宗教無關。它們和社會政策有關……但是當我們的政治家無法在社會政策上給出答案的時候，他們會把問題都歸結於這些人他們事信仰穆斯林，或者說是阿拉伯人。」簡單來說，歐洲將要面對，也必須面對，全球化之後從發展中國家過來的移民引發的無數問題，即便沒有伊斯蘭這樣的問題依然存在。

和俄羅斯、印度和中國相比，歐洲是一處非常不同的「國境」。那裡的穆斯林不是土生土長的，他們是現代新移民，出於個人自願，離開故國，移民到一個非穆斯林國家，工作養家。雖然有些穆斯林移民只是因為經濟因素尋求臨時的工作機會，但是愈來愈來多人是希望長久移居歐洲的：希望得到當國國籍，並以少數族裔的身份留在新國度。

現代多元文化的歐洲生活當然與其他地區的生活截然不同，也引發出全新和複雜的認同議題。在大多情形下，穆斯林對歐洲的第一印象是那是一個後民族和後宗教的社會，也就是說，民族和宗教在歐洲生活中已經不是那麼重要的因素了。直到後來大規模移民潮出現。而歐洲的生活經驗對穆斯林來說是全新的，就像對許多發展中國家一樣。

和北美不一樣的，歐洲原本並不是一個移民社會，這個社會是由古老、世代相沿的國民組成，維持著保守的生活方式。而且歐洲長久以來，一直習以為把穆斯林「異族」當作敵人，但通常是遠方的敵人。公元七三二年，歐洲（法蘭克）軍隊在普瓦捷大敗穆斯林的西班牙軍隊，這一戰役被認為結束了穆斯林在歐洲的擴張，以及伊斯蘭的傳播。之後，歐洲人在十字軍東征時再次遇見穆斯林。一四九二年，費迪南德國王和伊莎貝拉王后第一次清除穆斯林和猶太人，這是歐洲近代史上的第一次，強行結束了西班牙近七個世紀穆斯林、猶太教和基督教的多元文化社會。一六八三年，波蘭軍隊擊敗了包圍維也納的鄂圖曼，鄂圖曼進入東歐的盛勢由此開始走下坡。歐洲開始入侵穆斯林國家，並且成為其殖民主。後來，歐洲戮力鎮壓穆斯林人口的反殖民抵抗運動，即便在當地民族主義終於奪得國家主權之前，歐洲依然主控著穆斯林地區的石油開採以及加工。法國持續想要控制阿爾及利亞最後變成流血衝突，以後兩國彼此仇恨。因此，歐洲對伊斯蘭的歷史記憶不是正面的。然後，到了二十世紀後半葉，大批穆斯林以移民的身份湧入歐洲，開啟了一個全新的前所未有的關係。

歐洲的穆斯林到底是哪些人？

穆斯林人口佔到歐洲總人口的五%。法國擁有穆斯林人數最多，大約有四百五十萬，其次是德國三百萬，和英國的一百六十萬，義大利和荷蘭都超過五十萬。奧地利、瑞典和比利分別不到五十萬。在這些穆斯林人口當中，大約過半是在國外出生的。

穆斯林第一回大批移民進入歐洲發生在一九六〇年代，那是因為歐洲需要許多做粗活的工人，那是歐洲人自己不願意做的。由此開啟了一個「外籍勞工」的新紀元。這個勞資雙方都認為是臨時的合作，後來變成半長久的。當歐洲政府批准勞工的家人一起過來時候，移民人數激增。這批移民潮的關鍵問題在於社會經濟方面的，大多數的移工少過較少教育，沒有專業特長，因為很難適應和融入歐洲社會秩序中，他們慢慢到的社會邊緣，成為少數族裔。這些移民歐洲主要為藍領的穆斯林和後來移民北美、專業背景的穆斯林形成了對比。

這些穆斯林又分別來自不同的地區：法國的穆斯林來自北非；英國的主要來自南亞洲；德國的主要來自土耳其，晚期的來自波士尼亞和科索沃。若依種族來分，阿拉伯穆斯林占到了歐洲穆斯林移民的四五%，其次的是土耳其和南亞。其他種族的穆斯林人數要少得多。顯然，穆斯林也來自不同地區，各有不同語言，而不是鐵板一塊。

誠如索邦大學政治學家喬希林．西莎瑞（Jocelyne Cesari）所述：「歐洲穆斯林的社會經濟狀況非常脆弱，」從這群人的失業率可看出端倪，也就是說，穆斯林人口中的失業率要遠高於非穆斯林人口。就拿荷蘭來說，三一%的摩洛哥人和二四%的土耳其人是沒有工作的。更叫人擔心的是，一九九五年受過教育的年輕人，失業的穆斯林是非移民失業率的兩倍之高。在英國，孟加拉和巴基斯坦移民失業率是非移民的三倍，在內地城市，近半移民處在失業狀態。更糟的是，「連在英國出生、接受當地教育的穆斯林後代，處境依舊邊緣。」

而問題不單單是失業這樣簡單。因為接受較少教育的勞工層穆斯林很難融入歐洲文化，他們因此覺得被邊緣化，被認為是外來者，感到疏離，然後退縮到自己的文化外殼中，讓穆斯林圈子裡的人更難進入歐洲社會。在這個過程中，會生出怨恨，而不同的衣裝、飲食和語言，都成為挑起雙方情緒的原因。荷蘭可說是最嚴重的國家。二〇〇四年的一份議會報告指出：「多元文化顯然失敗了。大型的他族社群以及強大的次文化都在撕裂這個國家，唯有把穆斯林轉變成荷蘭人才可能消除兩極化的取向。」這個結論才是一個大失敗，因為解決方案竟然是「把穆斯林轉變成荷蘭人」。那麼，「轉變成荷蘭人」到底是什麼意思呢？是說在外在的身體特徵上和傳統的荷蘭人沒有差別嗎？還是完全去除穆斯林母國的語言和文化特質？還是有些最基本的「荷蘭」特質是必須謹守的，其他則為不必要？從任何一個國家來說，這種完全的融入都需要數代人的努力。

雖然伊斯蘭教與這些問題沒有直接關係，因為任何一個發展中國家的勞工移民都會遇見同樣的問題。儘管如此，我們也不能把伊斯蘭因素不做考量，因為確實出現了這樣引人注目的社會因素：一群叫做**歐洲穆斯林**的族群。阿爾及利亞、土耳其和巴基斯坦移民原本是直接和他們的母國相連接的，但是現在他們統稱為歐洲新「穆斯林」第一代，與原本的國族完全區隔開了。這個新身份直接反應了他們與母國關係的疏遠，那已經變成遙遠的、上一代的文化了。同時也表達了一種族群上的連接，包括在這個名下的人分享著共同的社會經歷，包括受歧視，包括身為歐洲新少數族裔。年輕一代出生在歐洲，接受歐洲教育，以當地語言為母語。然而，他們在社會經濟地位受到排斥、邊緣化，只能尋求「伊斯蘭」做為跨族群的身分標籤，因為他們無所歸屬。但是他們轉向伊斯蘭身份之後，依然在後宗教時代的歐洲引發新懷疑。

這個危機是條雙向道。移民的困境讓歐洲對本身的認同也出現了危機，重新梳理面對全球化以及實質上多元文化的過程。雖然廣泛的中東暴力事件大多時候並與歐洲的穆斯林無關，在大多數情況下，更廣泛的中東的暴力可能不會涉及歐洲的穆斯林人口，但是僅有的幾件意外都足以激起歐洲人口對伊斯蘭的恐懼，這反過來加強了穆斯林的身份印象。這是一個潛在的惡性迴圈。採用非國族的「穆斯林」認同是朝向更廣泛認同邁進了一步，還是強調了某類社會族群的連接，反而讓他們融入當地文化更加困難了？

歐洲對穆斯林的能否融入的擔心不是沒有緣由的。事實是，穆斯林現在成為最難吸收的文化。因為他們的文化韌性、驕傲、長久的自覺，以及維護自身文化和社團的決心。此外，伊斯蘭也提供這些穆斯林社會支持，協助他們度過融入的困難。

現在的問題主要在於如何保留「穆斯林」的認同，而不單單是一種語言或者一個族群。一個穆斯林，可能很開心的學習荷蘭語，在荷蘭社會工作，但是不想放棄其穆斯林的身份。完全的融入對大多數非西方少數族裔來說是一個不可能的概念，因為這意味著在文化上與荷蘭沒有二致，那也就完全失去的原本文化了。如何同時是荷蘭人，又是一個穆斯林，卻也不是不可能的。如果這意味著接受荷蘭的公民價值觀，變成一個正直好公民，願意參與到荷蘭社會中，對荷蘭所有貢獻，這就很可能「變成荷蘭人」了。經過幾代之後，這個問題就變得沒有那麼尖銳了。

這個困難處境與早期猶太人融入到美國社會時，有著驚人的相似之處。正如美國學者艾瑞克．葛斯坦（Eric Goldstein）所述：

> 十九世紀末葉，來自中歐猶太人突然有了融入社會的絕佳契機。這些機會讓猶太人非常喜悅，但同時他們也感到焦慮，擔心自己和社會失去了界線。這些焦慮來源於猶太人一方面想要融入社會和另一方面想要維持自我之間的緊張對立。猶太人受迫害、被社會孤立的歷史，讓他們強烈意識到自己是社會上的少數，高度重視團體的生存。因此彼此之間的社會紐帶過去是保存猶太社群生存的保護力量，許多猶太人都不願意失去這種紐帶關係。

這個擔心是合理的，一個富有歷史和文化的少數族裔，通常是不願過於融入其他文化而讓自己的歷史文化消失不見的。很長時間以來，猶太人極少融入美國或者歐洲的文化，也因此受到不少歧視，即便是近代也是如此。此外，幾十年以來，猶太人和極端恐怖運動以及無政府運動有關，這是二十世紀初西方對猶太人的想像，這正和今天的穆斯林恐怖活動相呼應。

當然今天穆斯林的處境和猶太人在很多方面是不同的。如今穆斯林受到公開或者非公開的懷疑，有時候在實際上受到歧視，特別是在任何有關安全的事項上。政治正確還沒有讓西方的穆斯林受惠，他們的特質和文化依然被惡搞、取笑和仇視，無法被西方社會接受，這些方面他們遠遠不如非裔美國人、猶太人和美國原住民。

這中間關鍵在於，在穆斯林世界地緣政治特別緊繃的時期，非白人大規模的移民這件事。此外，無庸置疑的是，伊斯蘭族群也確實比其他移民團體具有更強的社會紐帶和更廣泛的跨國聯繫。而西方世界之前也見識過「無法消化」或者說「無法同化」的少數族裔，比方說匈牙利人、義大利人和中國人。而猶太人也時常被他們稱為「小團體的」。小團體在相當程度上意味著，缺少其他替代的社會選項。

左派和伊斯蘭的邪惡聯盟

新保守派和傾向猶太復國主義的團體近來有了新的擔憂：就是左派和伊斯蘭結成了危險且邪惡的同盟。這個同盟在歐洲的運作方式是：「左派政黨獲得新的客戶，也就是選票，以換取政府給穆斯林的特權和補貼，並且減少邊境管制，好讓更多穆斯林進入境內。」

兩者之間共同之處是「對美國的仇視」。伊斯蘭主義者會買單左翼分子對美國和西方的批判，而伊斯蘭分子又強化了左翼的反美傾向。美國新聞評論家威廉．林德（William S. Lind）寫到：「最近在倫敦發生的爆炸事件（二〇〇五年七月），以及未來在歐洲和美國極可能發生的更多暴力事件，是馬克思——穆罕默德合盟。再一次的這兩個死敵，一個是馬克思主義者，特別通常是文化馬克思與政治正確者，與伊斯蘭做起了魔鬼的交易，協助對付共同的敵人：西方基督教。

在這個議題中，新保守主義準確捕捉到了一小部分的真實：那就是世界各地分散的政治勢力，確實存在的潛在合作可能，阻饒美國一國獨大的現狀。不過，新保守主義喜歡把美國極力維持的單方霸權描述成「維持猶太—基督教傳統」。雖然猶太—基督教傳統確實是西方文化的一部分，但是美國全球霸權顯然很大程度上與猶太基督教無關。而其他強權的關注，也不僅止於「仇恨以色列和猶太—基督教傳統」。一個右翼反穆斯林的網站上注意到：

一位流亡海外的伊朗人阿米爾・塔赫里（Amir Taheri）也注意到了這個「紅黑」合作。他的觀點是：強硬歐洲左派「把穆斯林當作這塊土地上的新無產階級」，「但是歐洲的馬克思—伊斯蘭卻沒有提供一個堅實的政治平台。他們的意識形態圍繞在三個主題上：仇恨美國；夢想把以色列請出地圖之外；全球經濟體系崩解」。

一條戰線被圈畫了出來，穆斯林要融入歐洲社會變得更加複雜，也讓如何看待歐洲穆斯林成為意識形態角力的戰場。

穆斯林的政治參與

許多英國政論家都認定英國的穆斯林並不參與英國的政治。對早期移民來說，這是一個事實。因為就他們的個人經驗來說，在他們的母國參與政治是一件危險的事，甚至可能遭致他們為了安全，必須遠走他鄉，進入到一個異國文化中。

阿曼．奈沙（Amin Nasser）卻指出，在英國出生的第一代穆斯林相當具有政治意識，並組織團體支持與自身權益、公民自由相關的立法。特別是在首相布萊爾執政期間，反恐立法實際上限制了穆斯林社群的言論自由。

有一個適應當地文化的例子，頗讓人意外的，就是在法國有百分之十的穆斯林學生進入了私立的天主教學校就讀。一個原因是，穆斯林學校較少。但是更重要的是，穆斯林學生的家長們認為，天主教學校更了解宗教在人生當中的重要，比世俗學校更了解伊斯蘭。穆斯林家長們也喜歡學校強調道德行為的重要性。天主教學校的神學理論似乎並不讓家長們擔心，而且這些學校也不像其他法國公立學校那樣，禁止女學生帶面紗去學校。因此從宗教層面來說，這是一個健康共生的環境，為下一代學習多種宗教之間的理解尊重提供了一個很好的基礎。

雖然小布希政府對穆斯林世界採取的政策是破壞性的，加深雙方的緊張關係，但美國本身在將穆斯林融入社會方面比歐洲更為成功。首先，我們前頭提到過，移民到北美的穆斯林大多是專業人士，受過良好教育，比移民歐洲的穆斯林勞工更容易完成文化的轉換。此外，北美社會原本就是移民社會，從一開始，就比歐洲更接受多元文化。除了少數的美國文化沙文主義者相信美國是白人、北歐清教徒為主流的社會之外，大多數的美國民眾並不認為新來的移民會讓美國社會發生重大改變。但是少數歐洲國家，比方說北歐，或者荷蘭、比利時，人口較少，如果湧入大量移民可能改變本土小心維護的文化傳統。這類的國家從來就沒有指望過變成多元文化的，因為這個過程會非常衝擊。

歐洲的頂尖伊斯蘭學者拉馬丹強調，文化融合是一條雙向道。他認為穆斯林首先必須認清楚自己的責任，之後再了解到自己在新社會中的權利。在他看來，出於自由意志選擇移民歐洲的穆斯林，不單要被動接受，更應主動的了解過去的歷史經驗而形塑的歐洲文化、語言和心理。穆斯林不可能沒有歷史深度，而只了解最眼前的事，當然這也不意味著全部穆斯林都要全盤接受歐洲生活方式。拉馬丹說到，在歐洲穆斯林中存在著一些「依從教條和傳統生活的人，他們不食現代人間煙火。當然，我們也依然聽得見這樣的聲音『歐洲來的東西都不符合伊斯蘭的傳統』。但是大部分的穆斯林在歐洲活得相當自在，這才是大部分歐洲的實情」。這樣的現況，隨著新世代生於歐洲、長於歐洲的穆斯林加入，還將進一步整合、演化。

拉馬丹也解釋說，歐洲文化意味著個人極大的自由，可以做自己想做的事，沒人會強迫穆斯林去追逐別人的生活方式。如果他們覺得必須改變，自然會投票去實現改變。但是歐洲民眾也要明白，融入並不表示穆斯林必須過著和傳統的丹麥人或荷蘭人一樣的生活。歐洲人必須了解，所謂「融合」在本質也意味著改變：並沒有一個靜態或冷凍的歐洲文化，突然受到穆斯林移民的外力衝擊。兩千多年來，外來入侵者、野蠻部族、戰爭，以及外來影響都形塑了歐洲文化。而伊斯蘭對中世紀歐洲文化的影響以及希臘哲學的傳播都做出了舉足輕重的貢獻。因此，歐洲在遇見全球化力量的時候，也該期待改變，讓他們的傳統文化有演化的機會。

拉馬丹也探討了身份問題，認同在現實生活中我們都有多重身份的觀點。因此「首先是穆斯林還是德國人」這樣的問題是荒謬的。他對自己的描述就是「瑞士人，學者，男性，穆斯林，巴勒斯坦人的後裔，文化上的歐洲人」等等。情境不同，對應的身份也就不同。

這個問題在美國也很常見，當出現社會問題時就會簡單歸咎於「墨西哥人，或者黑人」，在早期的時候，可能會歸因於義大利人、匈牙利人、愛爾蘭人、羅馬天主教、猶太人，中國人在早些時候也被認為是「無法融入美國社會的」。當然，要讓穆斯林融入美國或者歐洲社會，確實會出現一些問題，具體為何因地點和團體而有所不同。但是通常這些問題會隨著時間而化解，一方更融入，一方更接納。拿美國選出歐巴馬當總統來說，就像當初選出第一位天主教徒約翰·甘迺迪一樣，是一個文化融合的分水嶺。

西方反伊斯蘭主義

看到伊斯蘭和基督教不可避免的捲入纏鬥之中，其他西方國家的參與並沒有讓情況好轉，他們是蓋達組織狂熱分子的鏡像。俄亥俄州哥倫布市世界豐收教會的牧師羅德・帕斯里（Rod Parsley），也是共和黨二〇〇八年總統參選人約翰・馬侃的精神導師，曾經寫道：

我無法告訴你們，了解伊斯蘭的本質，這有多重要……而且我相信，在我們了解與伊斯蘭歷史上的對立由來之前，我們的國家不可能達成其神聖使命。我知道，這聽起來很極端，但是我深知其意涵。事實是，美國的立國宗旨某個方面來說，就是看到偽宗教被催毀。而我相信，九一一事件是一個不容我們忽略的重要召喚。

哥倫布一四九二年來到新大陸，懷抱許多夢想，其中有一項就是打敗伊斯蘭。哥倫布想用發現新大陸得到的財富來加強歐洲的軍備，從而打敗伊斯蘭軍隊。從某個方面也可以說，這個夢想是美國的緣起之一。

九一一之後，知名傳教士葛福臨（Franklin Graham）對國家廣播公司（National Broadcasting Company, NBC）的新聞說：我們沒有攻擊伊斯蘭，但是伊斯蘭攻擊我們了。伊斯蘭的神不是我們的神，也不是基督教裡的神子，也不是猶太—基督信仰體系底下的神。那是不一樣的神，我認為那是非常邪惡怪異的宗教。

知名新保守主義的伊斯蘭學者伯納德．路易斯（Bernard Lewis）提出了一個幽靈人口理論，他說照歐洲人口變化的趨勢，即有可能在未來會出現一個穆斯林的歐洲。雖然真實數據並沒有增加。其他右翼政治評論員更常常用幽靈人口未來「歐拉伯」來說嘴。認為伊斯蘭教危險的人，更是用激進神職人員的煽動性言語來支持他們的論調。一位倫敦極端保守穆斯林團體的領導人，敘利亞裔的謝赫，奧馬爾．巴克里．穆罕默德（Omar Bakri Muhammad）就說過：

我為什麼要譴責賓拉登？我譴責布萊爾，我譴責小布希。我永遠也不會譴責賓拉登或任何穆斯林的。……平民或者非平民，無辜者或者非無辜者，對我們來說，都是一樣。不一樣的，只有穆斯林以及不信仰真主的人。不信的人，生命是沒有價值的。因為沒有神性。

還有居於比利時安特衛普的黎巴嫩籍政治活動家迪亞卜．阿布．賈賈（Dyab Abu Jahjah），他指責西方所謂的融入觀念是一種「文化強暴」，並企圖將歐洲的穆斯林建立成一個單一、獨立的社群。

有些激進分子在西方清真寺傳教，特別是在英國，言詞激烈挑釁，讓人憤慨。他們讓自己在媒體上形象突出，和其他民主國家的極端分子一樣。不幸的是，在全球反恐戰爭中，這些無疑是具有煽動力的，少數年輕的潛在恐怖分子極有可能受到蠱惑。儘管任何對言論自由的限制都要小心避開法律門檻。儘管他們這些話還是被大家聽見了，但是他們這一小部份的極端分子並不能代表歐洲伊斯蘭，或者其他地區的伊斯蘭。少數人的問題不該被當成整體的問題。

不幸的是，一方面生活在絕望和孤立中的穆斯林容易接受把過去西方殖民行為故意惡化的理論，雖然這些說法缺少事實依據，也做了誇大；而另一方面，西方的民眾又被教育成普遍認為西方殖民的過程是積極、友善，出於對當地人的善意，因此即便是西方暴行的準確表述也認為是不當的，或者被認為只是邊緣想法。穆斯林用他們的史觀來解釋過去在西方是不被接受的，即便是西方世界自己的批評聲音也常被主流媒體拒絕或者忽略。

現在最讓人不安的是，我們面對一個右翼意識形態的極端註解，他們質疑穆斯林最基本的**人性**，認為他們的文化與全球文明並不相容——好像伊斯蘭過去並非全球文化的一部分似的。過去對其他的文明做過類似的指控嗎？這樣的語言控訴會讓猶太人想起了恐怖十九世紀的東歐，後來導致了猶太人大屠殺。當然，反猶理論並不只是種族歧視的問題，所有種族理論家都把猶太編造成一種文化。這段歷史至今依然讓人記憶猶新。

穆斯林能夠現代化嗎，還是他們已經把自己排除在現代社會之外？在西方世界，有沒有地方可以容得下他們？這樣看似嚴肅的討論我們常常聽見。其中公然表達了對穆斯林人口將大量充斥於歐洲的擔憂，他們會強迫大家信仰伊斯蘭教，而穆斯林軍隊將會橫掃基督教軍隊，他們因為熱衷自由而無能抵抗。戰鼓在敲，戰旗在飄。叫人擔心的是，猶太人的苦難可能會重演，而在許多方面來說，穆斯林已然成為歐洲社會的新猶太人。值得一提的是，不少猶太人感受到目前的伊斯蘭恐懼症像極了德國前納粹時期，感謝他們發現了這一點，並且說出來讓大家知道。

歐洲穆斯林和世俗主義

穆斯林和世俗主義者最常有爭議的問題是什麼？拿法國來說，穆斯林身份的存在，挑戰著法國世俗主義，也就是*laïcité*（也譯作政教分離）的觀念。法國世俗主義的情況並不像美國，在法律上嚴格分開教會與國家，而是國家控制了宗教。[3]在法國的公立學校，學生是不宜表達其宗教信仰的，因此穆斯林女學生也不被容許戴面紗去校園，而對穆斯林社群來說，這是一件很重要的事，是他們的文化符號。大量少數族裔把宗教作為身份認同，已經逼迫法國，以及歐洲重新思考政教分離的意義。當今歐洲宗教人口的比例已經變得相當低了，現在他們被迫重新思考宗教對社會和人生的意義。這樣的思考是痛苦的，因為歐洲人覺得經過了過去血腥的「宗教戰爭」，這個問題他們已經可以擱在一邊了。

諷刺的是，這一現象也被天主教教會留意到了，而且並不是完全不認同。跨宗教部門的負責人尚路易斯．陶蘭（Jean—Louis Tauran）說到，近來在歐洲宗教問題被更常提起，不管是書面的還是口頭的，「說來這還得感謝穆斯林……這個在歐洲變得非常重要的少數族裔，是他們強烈需要神在社會生活中佔有一席之地……我們生活在多文化多宗教的社會，這是無庸置疑的。沒有哪個文明只有單一宗教……宗教必須進行對話。」

世俗主義的中堅分子，他們大多在私人生活中是非宗教信徒，在丹麥出版了系列卡通貶低先知穆罕默德，以顯示他們的政治正確、言論自由和反宗教的態度。而穆斯林世界認為此系列漫畫是刻意的不尊重和褻瀆，因而他們的反應是受傷、憤怒，這是可以預見的。

這一事件一方是言論自由，一方是宗教敏感，我們該如何處理？丹麥人無疑是行使他們的言論自由權，在任何話題上他們都有言說的自由。但是真正的問題，可能應該是該如何有智慧的調侃先知，可以被接納？而在這個時間點，穆斯林世界覺得處在全球反恐戰爭的砲口上。

丹麥的卡通事件不是信教的丹麥人調侃不信教的丹麥人，而是不信教的丹麥人對上了處在

3 編註：*laïcité*原則在法國係用來排除宗教對政治的影響，作者的解釋不盡符合實情。

驚嚇之中的劣勢少數族裔，他們在歐洲沒有地位、沒有聲音，在他們眼中，對先知的戲謔是對他們本身直接的戲謔與不敬。這類似於取笑猶太人是神的選民，取笑大屠殺。（在德國否認大屠殺是違法的。而在法國，二〇〇六年的國民議會上通過一項法案，禁止否認第一次世界大戰時鄂圖曼帝國對亞美尼亞人的種族滅絕性屠殺。）

就算屬於合法，丹麥的漫畫事件主事者至少是缺乏敏銳度、缺少判斷力和社會常識。合法卻不合理。事實上，在這件事上丹麥挑戰了兩個不同的價值觀和兩個不可調和的神聖性。一方是西方社會言論自由的神聖不可挑戰，另一方是穆斯林社會，先知和伊斯蘭是不可調笑取鬧的，即便是非宗教人士也如此認定。值得一提的是，在北美和歐洲，出現了一些穆斯林脫口秀演員，他們可以適度玩笑穆斯林社會，卻不會激起其他穆斯林受歧視，不會挑起對反穆斯林的恐懼。

國際危機組織對二〇〇六年巴黎暴動事件做出了評論，清楚表達了其中的困境：

> 年輕激進主義者以及他們參與的暴動，在法國（也許在英國也是）反映的不是政治伊斯蘭的出現，而是代表了政治伊斯蘭的空缺與失敗……政治伊斯蘭顯然無法解決他們在當代面臨的困境。因此，他們轉向薩拉菲主義，這個教派拘泥於經上的文字，狹隘地強迫年

輕人從非穆斯林的社會中退出，拒絕法國社會和文化。這樣就讓衝突更集中在文化上，而不是政治的。這轉而創造出去政治化的社會、經濟問題，這是一個危險的政治真空，因為沒有人有意願加入到社會體系中，透過政治管道表達不滿尋求補救之道。這群幻想破滅的年輕人，憤怒又無組織，他們的不滿愈發透過薩拉菲式的聖戰和暴動來表達，加上生活環境、失業率攀升、社會歧視，以及近來對伊斯蘭的詆毀，這一切都是火上澆油。

一位英國籍的穆斯林改宗者寫到：

我們（穆斯林）需要制定新的議程。最重要的是，我們不可被定義為伊斯蘭的自由主義者。因為宗教上的自由主義會讓信仰式微。相反的，我們需要再次轉向傳統，因為古老的傳統會幫助我們獲得（先知）的陪伴，得道的快樂。

如果我們放棄傳統，一味堅持狹隘解讀教法，那麼，達瓦（伊斯蘭教的宣教）顯然是不可能的。如果沒有些許共同基礎，我們的鄰人是不會接受我們邀請的，我們得向大家顯示，我們有值得擁有的（特質），或者更積極的，那就是我們是值得為伍的。那些激進的、原始教義派的伊斯蘭主張，往往出自不苟言笑的狂熱分子之口，在他們的臉上，焦慮、傲慢與悲慘都一目了然。

也有其他好消息。點開一個穆斯林的網站，比方說，位於卡達，頗受歡迎的Islam Online，看看有關Q&A的頁面。知名的神職人員謝赫尤素夫．卡拉達威（Yusuf Qaradawi）也參與了網站的營運。

以下是網站上的一段問答。

問：尊敬的學者，身為生活在美國的穆斯林，我想知道我對當地的人，我的意思是說，對我的國家的責任。面對周遭的危機，我能怎麼做？同時又能堅持我在宗教上的責任？伊斯蘭會怎麼說？

答〔回答者：北美教法學會理事穆扎米爾．西迪奇（Muzammil H. Siddiqi）〕：

我們必須理解，九一一事件之後，美國不再是從前的美國了。許多事情都改變了，或者正在改變，或者在未來可能改變。現在，我們穆斯林也必須重新檢視自己，改變我們的思維模式和行為模式。我們必須從自我封閉的世界裡走出來，必須把我們（和他們）的差異放在一邊，共同合作。我們必須向世界介紹自己，我們穆斯林的價值和原則，我們必須全心投入到這個社會中，才會建立和平、和諧以及美好的社群，不單單是為了我們自己，也是為了所有的美國人。

……建立一個好的家庭，維持好跟家人的聯繫，這是非常重要的，但我們必須超越自己的家庭，對待所有人如同一個大家庭……

宗教不僅僅是儀式，而是用來建立良好的行為和道德規範的。宗教讓我們照顧貧者和弱者，愛我們的鄰人並善待他們……

我們必須致力於所有人的公義和和諧。我們應該有普世的，而非狹隘的願景……公義，必須要用正確的手段來改正錯誤。不義無法消除另外一種不義。負負不能得正，不能為了目的不擇手段。

伊斯蘭與社會科學院院長兼北美教法學會理事塔哈．賈比爾．阿爾瓦尼（Taha Jabir al-Alwani）博士評論說：

關於這位讀者的問題，知名穆斯林學者已經解答得很清楚了。那就是每一個生活在西方

> 的穆斯林，這裡主要討論的是美國，在建立更好社會這件事上，都有責任。伊斯蘭責成每一個穆斯林在所居住的地方，都要積極參與當地生活。早期穆斯林在這方面不乏典範。積極參與到社會中，不是說當有些政府策略與穆斯林的宗教原則背道而馳時，他必須委屈宗教教條；而是說，在所在的社會位置上極力發揮正義和公義。

最後要說的是，就像其他的宗教一樣，很多穆斯林都希望知道宗教領袖的觀點和看法，但到最後卻是他們自己做出決定，如何在西方社會中維持穆斯林原則，甚麼時候妥協是必要的，又不會造成傷害。（正如天主教教宗禁止節育，但是義大利的天主教徒們卻是歐洲生育率最低的一群人）穆斯林也是一樣，在做決定的最後時刻，他們會權衡自己的常識和傳統宗教首領的意見。甚至還有更簡單的一群人，他們就過著簡單的生活，不去操心所謂的衝突。大多數生活在西方的穆斯林不會把宗教領袖說的話當作不能違背的教條，不同神職人員的判斷也不統一。因為在決定遷徙至西方的時候，他們就用腳表達了選擇，他們相信生活在非穆斯林國家比原本的穆斯林國家要好，他們只是盡可能的維持著原本的傳統，同時不斷學習，每一代都更融入當地文化。

其實這也無關伊斯蘭教，而是多元文化的融入與接納的複雜動態。歐洲人必須接受穆斯林文化成為新歐洲文化的一部分，就像過去接納了猶太文化、印度文化和中國文化一樣，他們以然豐富了多元的歐洲文化。我們要警覺，不要把多元文化和移民融合問題，簡化成伊斯蘭的問題。

最後，關於多元文化的進展，不妨看看英國作家兼記者威廉・達瑞普（William Dalrymple）怎麼說：「說來很不可思議，在一個九一一、賓拉登與文明衝突的世界，美國九〇年代最暢銷的詩集，卻是出自一位在伊斯蘭學校教授宗教律法，傳統的穆斯林神職人員。」這裡說的，是中世紀的波斯／突厥詩人魯米（Jalaladdin Rumi），他是一位備受喜愛的蘇菲詩人，他的詩歌帶給世界精神的慰藉。伊斯蘭的靈性主義確實是對人類文明的一大貢獻。如果穆斯林和西方人在政治和文化生活的紛紛擾擾，當他們在辯論宗教、身份認同、公民權、寬容和歸屬之時，能夠有多一點空間，留給這類靈性的主題，那就會更棒了。

第十章　伊斯蘭與印度

在過去的五十年裡，印度教的印度和穆斯林的巴基斯坦之間發生了三次戰爭，如果有下一次，可能會是核彈互轟。喀什米爾地區一直是一個導火線，因為那裡的穆斯林解放組織發起游擊戰，對抗印度的統治。此外，暴力的伊斯蘭組織通常和巴基斯坦有聯繫，已經主導了數次印度境內的流血恐怖事件。無論是印度人或巴基斯坦人都不會忘記，一九四七年印度從大英帝國治下獨立之後又分裂，許多穆斯林教徒從印度遷往巴基斯坦，而又有無數印度教徒和錫克教徒從巴基斯坦遷往印度，對立和遷徙造成數百萬傷亡。如果這不是「文明衝突」，什麼才是？

伊斯蘭與其他文化的「邊界」中，印度——本書第三個案例——非常重要。伊斯蘭不僅僅位處印度的邊界（與巴基斯坦和孟加拉接壤），更有大量穆斯林人口生活在印度境內超過一千年，而且他們依然生活在那裡，他們和印度教徒建立了複雜多元的關係。長久以來，穆斯林在印度舞台上扮演了多樣角色：在南方，他們是宣揚伊斯蘭的和平貿易商；在北方，他們是驍勇的中亞戰士；融合伊斯蘭和印度教，催生了了不起的蒙兀兒帝國；最終是一九四七年印巴分治，弱勢的穆斯林成立了新的巴基斯坦，留在印度的成為少數群體，飽受歧視，相當於二等公民。在本書討論伊斯蘭與其他文明邊界，印度也是第一個**非基督教**國家。

沒有伊斯蘭教世界將會怎樣，放到這裡，答案是印度教的界線可能更模糊。從某個意義來說，沒有伊斯蘭教也就沒有了融合印度教和穆斯林的蒙兀兒文明；但同時，印度教、穆斯林和錫克教之間的爭鬥就不會如此激烈，這一近代史上重要的一頁。因此在這裡，更有趣的提問方法可能是，印度教和穆斯林之間的衝突是不可避免的嗎？這處邊界上流血衝突必須發生嗎？我們是如何發展成今天的局面的？這有多少是真正因為宗教造成的？問題的根源有沒有可能源自英政府自利的殖民政策？

* * *

與印度教的最初相遇對穆斯林來說，是打開一個全新的智識體驗：印度教不僅僅是最古老、最複雜、最多面向的宗教，而且印度教也從未接觸過中東宗教，從未遇見過古蘭經的信眾。明確的多神論觀點、眾多的非傳統宗教圖象、將人物、動物以及神話傳說所做的出奇組合、裸露或接近裸露的宗教藝術，都讓印度教成為穆斯林眼中最「驚人」的宗教，即便是「伊斯蘭宗教研究學者」也從未見過。儘管如此，現實很快讓一個印度教和穆斯林共存的社會出現了。

伊斯蘭教在印度出現的歷史，有許多不同學派做出不同解釋，這也不奇怪。所有的民族主義都會用自己的方式重讀歷史，也就是說，試圖從過去的歷史中找到證據，為今天以及明天的國族、民族立場說話。對印度的民族主義來說，印度教是深植於印度土壤，其他外來宗教不然就被吸納了，不然就是不受歡迎的外來者；基於政治和文化而不是神學理論，伊斯蘭和基督教兩者是類似的。而伊斯蘭和基督教也用他們的視角去展開印度教的歷史。如今印度最廣為人知的國際形象是泰姬陵，這一非常代表性的穆斯林建築，這讓印度民族主義者非常扼腕。儘管如此，事實是如果抽掉了蒙兀兒「融合多文化」的綜合體，印度文化的豐富多元就會減少許多。

用比較自由主義的觀點看同樣歷史，就會以印度—伊斯蘭文明的豐富而感到驕傲。雙方文化方面都對另一方作出了深遠的影響，顯示出文化體創造性吸收的能力，以及包容延展性。雖然現居印度的穆斯林已經成為不佔優勢的少數族裔了，但是印度社會曾經在他們的管轄之下，他們幫助形塑了後來的印度社會。或許因此印度的穆斯林擁有多元文化下的穆斯林最複雜的心理？他們是從外面進來的，開始處在社會頂端，之後降到最低處，現在依然在思考在現代印度社會下，作為少數族裔的地位。

＊＊＊

印度與穆斯林的接觸方式非常特別。首先，伊斯蘭的武力起初並未進入南亞與東南亞。在伊斯蘭教出現之前，阿拉伯遠洋商人和印度洋西南岸之間已經建立了商貿關係。依照印度教的記載，印度次大陸第一個穆斯林聚落出現在七世紀初的一處阿拉伯商人聚落。據信，第一座清真寺於公元六一二年建立於科東格爾，今天的喀拉拉邦境內，彼時先知還在世。

歷史學家指出了印度南方和北方穆斯林的主要差異。南方的伊斯蘭來得早，只為貿易或傳教而來；而北方的穆斯林要晚數百年來，是從中亞地區過來的諸多入侵者之一。因此，南方的穆斯林漸漸融入當地文化中，而北方穆斯林和印度教的關係則要緊張許多，北方的穆斯林完全不接納印度文化，這些入侵者中有波斯人、阿拉伯人以及蒙古人。

阿拉伯的穆斯林首先從伍麥亞王朝下的大馬士革進入印度北方，並征服了辛德，印度次大陸最西邊的省份。十世紀的時候，更多來自阿富汗的穆斯林進入印度；德里衰敗後，一五二六年，突厥—蒙古中亞指揮統帥巴布爾大帝建立了蒙兀兒王朝。在全盛時期，蒙兀兒幾乎統治了整個印度。而這個王朝本身是一個突厥—蒙古和波斯文化的綜合體，其中包括兩種語言，蒙兀兒統治印度的時候，也帶來了語言和文化上的重大衝擊。

誠如布魯金斯學會學者史蒂芬．柯恩（Stephen P. Cohen）所述：

> 儘管每一次的征服者（希臘人、匈人、斯基泰和穆斯林）都把次大陸當作他們國外的權力基地，日後他們都會以印度為中心的視野來看待世界。印度社會強大的吸收能力果然叫人印象深刻……（伊斯蘭）夾帶著最新的軍事技術、神學和政治理念，也未能像摧毀前伊斯蘭的波斯文化一樣，摧毀印度文化。最終，在蒙兀兒王朝治下，印度又整合到一個帝國系統之下。在這個新秩序下，伊斯蘭受到了印度教文化強大的影響，而印度教也受到伊斯蘭帶來的衝擊與轉型。

蘇菲伊斯蘭教派因為其多面向的特徵，吸引了許多印度教徒，緩和了剛開始接觸伊斯蘭教時所感受到的衝擊。但是穆斯林的神職階層無法在處理印度教信徒和理論上達成共識。十一世紀中有位傑出的穆斯林科學家及博物學家比魯尼，他花許多時間在印度，觀察當地的社會，他得出的結論是，印度教多神教其實說到底依然是一神教：

印度教徒相信的神是單一且永遠的，沒有開始也沒有結束，照祂的自由意志行事，全能、全知，本身有生命而且可以賦予生命，有統治和保護的權力，在他的國度，他是唯一的，超越一切相似不相似的事物，他與任何事物都不同，也沒有任何跟他相同的事物。

那麼在印度被崇拜的其他「偶像」又是什麼呢？比魯尼認為，偶像崇拜者屬於較低的社會階層，這一行為反應了他們的無知。但是印度教的高端神學概念和一神教的伊斯蘭是一樣的。自然許多伊斯蘭宗教學者是不同意這一說法的，但是不管同意還是不同意，一個穆斯林學者得出這樣的結論，確實出人意料。

對大多數印度境內的伊斯蘭宗教學者來說，要將印度教徒視為「有經者」在神學上是不可能的，也因此，強迫改宗伊斯蘭是被允許的。有伊斯蘭宗教分子非常熱忱，強行迫使印度教徒改教，甚至還認為，處死不願改宗的人也是合理的。許多印度教的廟宇遭到摧毀，也有許多改成清真寺。根據文獻，比暴力更普遍的現象是，蒙兀兒王朝對印度教徒課以重稅，逼迫可憐的印度教徒改信穆斯林就可以免除賦稅。還有典型案例就是，低種姓的印度教徒皈依伊斯蘭教，以逃脫印度嚴苛的種姓制度，或者只為融入新治下的文化中。不過，最終結果是蒙兀兒未能把國內大多數的人轉教，這也不出統治者的意料之外，最後就變成了一種共生的狀態，至少對伊斯蘭教的宗教學者們來說是如此。從實際情況來說，印度教徒的地位頗接近於「有經者」，儘管他們並不符合神學上的定義。

從另一方面來說，雖然沒有穆斯林會去印度的神廟，但是大多數的印度教徒很樂意參觀穆斯林的清真寺，以顯示他們的包容力，或者說他們的泛神論。伊斯蘭進入了萬神殿之中。印度教徒也不說服其他人轉信他們的宗教，因為印度教是一個封閉的系統，必須生來就在體系內。如果想改成印度教，理論上來說必須屬於一個特別的階層或者社群，如果沒有血脈關係，或者種姓依據，那麼該劃入哪個階層才是合法的？如果沒有出生時的種姓連接，一個人在理論上就陷入了地獄的邊緣。另一方面的融合也發生了。在官方層面，伊斯蘭教自然不喜歡整合到新遇見的宗教傳統中去。但是印度倒樂見伊斯蘭教融合到印度教之中，這位創新人物是蒙兀兒的阿克巴大帝（一五四二—一六〇五年），也是前頭提到過的巴布爾的孫子。阿克巴是蒙兀兒王朝四百年歷史中最可圈可點的人物。

阿克巴了解印度境內宗教派別林立，包括伊斯蘭教（遜尼派、什葉派和伊斯瑪儀派）、數種印度教分派、耆那教、祆教、基督教，以及猶太教。他是一個寬容的人，對各派宗教都很著迷，他促成各個派別坐到一處討論宗教理論和道德議題。從這些交流中，他得出結論那就是沒有哪一個宗教獨掌真理，因此他邁出了革命性的一步，那就是創立了自己的宗教，名叫丁伊拉賀教（Din-i-Ilahi，意即神的宗教）或者神聖信仰，融合的伊斯蘭、印度教和其他吠陀信仰，甚至包括基督教和猶太教。透過傳揚神聖信仰，他希望成為一個宗教的通用概念，以免國內再為宗教起爭執。

穆斯林當然已經熟悉了先有猶太教、基督教，而後有伊斯蘭教理論。神聖信仰也包含一些神秘主義元素、哲學、倫理和自然崇拜的因素，特別容忍宗教的多樣性。但不承認任何的神、沒有先知、沒有經文，也沒有神職人員。這種把多種「異教」混雜在一起，對穆斯林的宗教學者來說，無疑是褻瀆，但是統治者提出的觀念，他們也必須抱持謹慎……最後，新宗教沒有傳出宮門之外，太過奇異且缺乏社會和文化基礎。儘管如此，這個想法是一個聯合宗教構想的表達，遠遠超出了其時代，其提出者的名字被印度信徒紀念著，雖然伊斯蘭學者記得他的就要少之又少了。

宗教融合說來玄妙幽微，但是融合了印度及伊斯蘭風格的蒙兀兒建築，卻是輝煌卓越，堪稱帝國最出名也最持久的貢獻。蒙兀兒王朝的建物至今依然是建築界的驕傲，宮殿、城堡、清真寺，其中最傑出的當數泰姬陵。蒙兀兒王朝的藝術風格也影響了穆斯林後來的建築，甚至把這個風格帶到世界各地，英國許多公眾和私人建物也都保留著印度殖民地的風格。

蒙兀兒王朝也創造了大量的傑出詩歌，為印度古典音樂打下了基礎。如今我們熟悉的印度料理其實是北印度風，也稱為蒙兀兒菜系，也是早期印度料理和波斯料理的完美組合。兩大姐妹語言印地語和烏爾都語也都找得到波斯、阿拉伯、突厥的詞彙，以及北印度的語法框架，至今依然是北印度和巴基斯坦的主要語言。簡要來說，如果現代印度文明抽掉了蒙兀兒元素，我們幾乎就會認不出來了。當然，有些印度民族主義分子不認同這一點。

印度教對伊斯蘭教有一個負面的文化影響，那就是印度的種姓制度。在印度教的種姓制度中，每一個人從出生就處在某個種姓階層，這在宗教體系和社會脈絡上都是無法改變的。高階種性的婆羅門和底層的達利特人不可以有身體上的接觸，如果接觸了，就必須進行一個淨化儀式。一個人在種姓制度中的位置，決定了其未來可以從事什麼職業，可以在哪個社交層面活動。長期處在這樣的社會氛圍中，印度的穆斯林也受到了影響，穆斯林社會也分成了較高地位的阿什拉夫（Ashraf）和較低地位的阿杰拉夫（Ajlaf）兩個階層。第一批穆斯林從印度北方進入印度時，人口較少，隨著時間的推移，更多印度人轉信成為穆斯林，這些人通常是地位較低的印度人。到印巴分治的時候，穆斯林人口已經高達一四%。

在伊斯蘭教中，不管哪個神學依據，階層觀念都是不可接受的。在古蘭經中就說得很清楚了，如果真主覺得一個人比另一個人優越的唯一原因是，前者更加虔誠。在這裡，我們看到了宗教共存帶來的文化影響。

講到這裡，我們可以總結一下幾處特別的地方。首先，穆斯林從南方進入印度，或者做貿易或者傳教，和當地人是沒有摩擦的。因此，印度南方的穆斯林和當地印度人在國族認同上是沒有差異的。但在北方，印度的政治權力中心差異是存在的，從中亞過來的穆斯林，主要是突厥─波斯人等，是外來的侵略者被失去權力的印度人憎恨；其次，不相容的神學在社會現實中經過的長期共容共存之後，彼此影響，雖然不同教別之間偶有暴力衝突；其三，文化融合產生了卓越成果，誠如伊斯蘭和波斯文化在伊朗，突厥和拜占庭文化在鄂圖曼帝國。

「血腥的（文化）邊界」似乎不足以說明這個過程，不同國族、不同文化、不同宗教之間異花授粉似相互影響。如果波斯人信仰祆教，他們就不會入侵印度了嗎？他們對印度征服會有什麼不同嗎？如果中亞的突厥人不是穆斯林，他們就不會跟其他族群一起入侵印度了嗎？伊斯蘭顯然不是真正最重要的因素。

印巴分治：現在穆斯林在哪裡？

雖著大英帝國的崛起和逼近，蒙兀兒王朝逐漸失勢，連帶的印度穆斯林也失去了其社會地位。英國殖民者也感覺到，統治穆斯林比統治印度教徒遭受到更大的阻力，因此他們知道誰更「可靠」一些。

穆斯林確實積極參與了許多抗英行動，包括一八五七年的印度大叛亂，謠傳在子彈的包裝上使用了豬油，穆斯林印度大兵開始叛亂行動。但是，最後證實印度教徒抵抗的力道也同樣強勁。英國治下的印度，人們對政治和社會的不滿已經累積到一個程度，一個上述小事件，就會引起全民叛亂。穆斯林和印度教徒會聯合起來抵制英國政權和統治者，雖然他們採用的手段不同。

隨著大英帝國權力的擴張，蒙兀兒王朝日漸衰微，穆斯林很快就發現自己是印度境內的少數，沒有權力，而且不得英國人信任。有些英國人甚至覺得穆斯林只是簡單的「反對外國統治」。二戰後，隨著印度從英國治下獨立出來的日子漸近，穆斯林更加關心如何保護在獨立之後的印度，如何保護他們少數族裔的權力，他們擔心在直選的民主程序中，他們會成為投票永遠無效的少數群體。因此，穆斯林更喜歡某種類似聯邦的體制，他們不會成為永遠的少數（所有民主體制的兩難就是少數永遠無法透過投票改變體制）。當然印度境內的穆斯林也不是鐵板一塊，他們也有階層、地區以及語言的不同。

而且，印巴分裂並不是穆斯林希望的結果。在數次事件之後，印度教徒擔心獨立之後在印度國家集權之下，穆斯林可能做出極端的行為，印巴分治成為大家樂見的選項。

有趣的是，印度境內的許多穆斯林宗教頭目並不希望看到國家分裂，他們甚至不願意看到新穆斯林巴基斯坦國的成立。他們已經清楚意識到，不可能所有的穆斯林都遷往巴基斯坦，那麼留在印度的穆斯林就會變得更少數的族群。一九四七年的印巴分治，共有一千四百五十萬人，穿過印巴邊界。這樣大量的人口遷徙過程中，發生了許多大規模的暴力事件，三大宗教團體錫克教、穆斯林以及印度教之間互相廝殺。倖存的新移民，進入巴基斯坦的穆斯林，進入印度的錫克教徒和印度教徒，卻因為經歷了創傷，成為新社會中最不寬容的人。可以說，政治原因造成了兩邊國家的宗教定時炸彈。事實是，留在印度境內的穆斯林處境確實變得更糟了，他們不但總體人數減少了，失去了政治影響力，而對新印度教為主流政權的忠誠度也受到質疑。兩國在日後打了三場仗，印度人眼中，這些穆斯林不可信，可能是潛在的通敵內奸。

喀什米爾的局勢也很不穩定。這是一個穆斯林佔多數的地區（一九四七年穆斯林人口佔七七％），有其獨特的歷史和民族特色。一九四七年時，英國特準此地可以公投決定要留在印度，或者加入巴基斯坦，但是印度最後卻食言不讓他們公投，因為顯然的，公投結果印度會失去這個省。穆斯林人口為主流的喀什米爾至今對此依然憤懣不忘，依然在爭取他們自己的權利；而印度政府繼鐵碗否決了喀省權利之後，又用不明智和不合常識的方法進行管理。接下來印巴之間的三場戰爭，部分起因皆由喀什米爾的主權所起，三場都以巴基斯坦失敗收場，喀什米爾地區成為支持巴基斯坦的沃土，想以此施壓印度來支持其武裝獨立運動。長期戰爭使得印巴關係緊繃，此地區依然是地區恐怖分子的重地。

印度穆斯林的人口現在回到了總人口的一三％。可惜的是，現代印度穆斯林社會更加分裂了。一方面，有許多穆斯林渴望建立獨立自主的社區，不用跟印度教徒一起生活——但這個夢想因為在印度穆斯林過於分散難以實現。而且，不計代價促進穆斯林社群認同的策略，讓穆斯林更孤立。另一方，有部分穆斯林超越了自治的想法，企圖整合到世俗的印度社會中。前者是恐懼和缺乏安全感，後者則是自信和樂觀的行為。兩方都可以找到支持的依據。

選擇權不全在穆斯林。一個強大的印度民族或者說宗教民族主義運動業已成形，他們已經瞄準非印度教的人口，主要是穆斯林，他們認為這群人是形成印度國家宗教的阻礙。印度人民黨（Bharatiya Janata Party，簡稱BJP）已經掌控印度中央政府，未來也可能繼續如此，他們在地方政府也有相當勢力。印度民族主義的暴力是穆斯林社群的嚴重威脅，這也更讓他們尋求獨立的穆斯林社群。

印度教民族主義，也稱為Hindutva，其實是基於宗教基礎的，因為並沒有所謂的印度民族，印度教徒有各式的種族背景和語言背景，這點和穆斯林一樣。和更入世的印度政治領袖不一樣，印度教民族主義分子是一九四七年印巴分治的強烈支持者，他們希望逐出穆斯林，可以建立印度教的印度。他們對錫克教徒、穆斯林以及基督徒的怨恨是出於同樣的原因，那就是這些非印度教徒的出現，讓印度國家變得帶有世俗成分，帶有多元文化的特質，這正是他們想要廢除的。諷刺的是，印度境內的穆斯林比任何其他穆斯林國家的信徒更支持一個俗世的國家，因為作為少數族裔他們深知，一個俗世的國家對保存他們自己的文化、以及社會宗教傳統更有利。留在印度的穆斯林覺得他們的文化要比在巴基斯坦的豐富許多，巴國幾乎成了沒有文化遺產的死水；印巴分裂之後，蒙兀兒印度的文化都保留在印度，當然巴基斯坦的拉合爾市是個例外。

在這樣的氛圍之下，雙方群體不時彼此暴力相向。位於印度東北部的阿約提亞市成為雙方情緒的火藥庫。這座城市是印度教的六個聖地之一，以優美典雅的寺廟建物而聞名。在九百年前，遭到阿富汗穆斯林的攻擊與洗劫。後來，據說建立蒙兀兒王朝的巴布爾大將在那裡修建了一座清真寺。許多年後，印度教信徒聲稱，清真寺的原址是羅摩神的寺廟，儘管證據不夠確釁。一九九二年，印度人民黨也選擇這個地方，挑戰蒙兀兒和穆斯林印度的概念。經過長期醞釀，他們組織了十五萬名印度教徒，用鐵鍬攻擊巴布爾清真寺，將其粉碎成小片。這一行為對雙方都有極強的象徵意義，並引發了相互報復的循環。在阿約提亞市二〇〇五年，五個穆斯林武裝分子試圖炸毀臨時的羅摩神殿，不過在過程中喪命，並未成功。

而印度教民族政黨，也稱希瓦軍黨（Shiv Sena）在孟買的崛起，更激化了馬哈拉施特拉邦地區的宗教和種族情緒。他們對來到孟買的南部印度移民充滿了敵意，這些穆斯林佔到孟買人口的一五％左右。這個政黨採納極強的民族主義價值觀，措辭激烈，招募街頭暴徒，攻擊穆斯林居民，同時具有相當不錯的執政能力。於一九九三年在孟買發起反穆斯林的暴動，致使九百人死亡，很多是被活活燒死的，受難者大多是穆斯林；官方的調查證實這起爆動的幕後策劃者是希瓦吉之軍黨。次年三月，孟買發生一起嚴重的爆炸事件，兩百五十人死亡，事後查明事件的組織者是穆斯林黑幫。怨怨相報的事件在其他地區也時有發生。

二〇〇一年十二月，五名持槍穆斯林歹徒光天化日之下，攻擊新德里的印度國會大廈，不幸中的萬幸是，除了警衛和歹徒之外，沒有其他傷亡。但是這樣重要的標誌性公共建物受到攻擊，造成的衝擊非常大。印度官方確認攻擊者屬於虔誠軍（Lashkar-e-Tayiba）和穆罕默德大軍（Jaish-e-Mohammed），這兩個團體的總部都設在巴基斯坦，過去也受到巴基斯坦的支持，在喀什米爾地區滋生事端。

二〇〇二年，古吉拉特邦發生了激烈的反穆斯林騷動，造成了兩千穆斯林的死亡。英國衛報做了相關報導：

> 根據當地的調查，在古吉拉特邦最近一次反穆斯林的暴動中，有兩百三十座伊斯蘭文化建築遭到破壞，甚至完全毀損，其中包括一座四百年歷史的清真寺。專家們說，破壞如此嚴重，直比阿富汗的巴米揚大佛，以及遭紅衛兵破壞的西藏寺廟。在其他騷亂中，有清真寺的隔板被毀、波斯銘文被磚砸，還有古可蘭經被燒……「這是想要系統性的剷除整個文化。」提斯塔．斯泰法德（Teesta Setalvad）表示。她為反對族群衝突的Sapara組織工作，負責編製受損文物的明細。

因此，二〇〇八年十二月孟買的穆斯林聖戰組織發動攻擊事件，也是一系列衝突的一環：這場無差別屠殺致使兩千人死亡，許多公眾建物和大型旅館到攻擊，這件事對印度的穆斯林非常不利，儘管或許他們無人參與其中。這些突發事件更加強了穆斯林社群的不安全感，促發穆斯林的核心身分進入躲避和防禦模式，正如外界對他們的既定印象。

一九九五年，美國國會圖書館主導的研究，總結印度社會族群的緊張關係不是由於「宿怨」或宗教基本教義派，而是一九八〇年之後，一系列社會經濟問題與印度官方不負責任的策略共同導致的結果。這項研究指出的不穩定因素包括快速的都市化，以及不同族群之間的生存競爭。該研究並指出，印度政治進程的變化，導致政客為了短期的選票，操縱宗教情緒，訴諸印度教徒的沙文種性偏見。而喀什米爾的穆斯林游擊組織以及旁遮普省的錫克教徒的行為也了印證了印度多數人的想法，那就是「少數宗教分子採用極端手段迫使政府讓步」。這項研究的結論是，「武裝分子、罪犯以及政客，操弄印度的宗教情緒，幾乎到了剝削的程度。」

時代雜誌在二〇〇三年對印度動亂的局面做過一個專題報導，認為這些顯示當地的印度教人口和穆斯林人口之間分歧的加深。就暴力方面來說，

印度穆斯林比印度教徒更容易成為暴力攻擊的對象。根據警方紀錄，自印度獨立以來，暴動事件造成了生命財產損失，穆斯林占了四分之三，在（二〇〇二）古吉拉特邦的事件中，這個比例更高達八五%。

儘管印度教暴動造成了六千人死亡（比方說二〇〇三年），當中卻鮮人以強姦、縱火以及

謀殺罪名起訴。在印度人民黨執政下，中央與地方政府形同刻意默許，昭然若揭。

時代雜誌還指出，城市人口中，有四〇%的穆斯林生活在貧困線之下，而印度教的人口則在二二%。穆斯林人口佔總人口的一三%，但是他們在政府人員中的比例只有三%，在私營部門的比例更少。在城市中，穆斯林文盲的比例為三〇%，印度教徒則為一九%。一位溫和的印度政黨領導人亞極（K.C. Tyagi）說到：「在印度有一種傾向，容易把穆斯林視為他們，而不是我們。這個傾向隨處可見。即便到了現在，總體來說，穆斯林依然未被容許進入我們所謂的印度主流。」

印度民族主義的出現，成為許多情緒的出口：反殖民主義、愛國主義和民族主義、種族、階層和地區差異，以及經濟競爭。印度近年來上發生的事顯示，即便是在民主的秩序之下，民族主義還是可以表現出醜陋的一面。雖然，穆斯林在印度的歷史經驗顯示，雙方的共存都豐富了彼此的文化。這兩個文化緊密相連，已經稱不上有「文明的邊界」，他們也別無選擇，必須在未來找到新的共存方式。從這個意義上來說，伊斯蘭透過整合、同化和融入，確實改變了印度的歷史。他們現在分散在印度各地。雖然諷刺的是，對印度人來說，「伊斯蘭」如今已經變成仇恨的象徵，而且跟宗教沒什麼關係，而是那些永無止境權力鬥爭。在此一脈絡下，穆斯林不過是殘酷競技場上的其中一員罷了。而巴基斯坦模糊的國家認同，地緣政治的恐懼，插手喀什米爾和阿富汗的緊張情勢，讓問題更是雪上加霜。如果心胸狹窄的各方勢力，只將這些相互交織的文化力量，企圖用再永久撕裂的方向，將會現代的悲劇。

我們有理由質問，如果沒有英國的入侵，沒有英國的殖民，那麼後來的印巴還會分裂嗎？如果蒙兀兒帝國在一段時間後，自然衰微，那麼印度和穆斯林會找出某種「有機」的辦法，為了一個統一的印度，而建立一個聯邦國家？很有可能。看起來，如果是由印度教徒或者穆斯林信徒主導，而不是外部帝國的干預，分裂的可能性要減少許多。顯然需要外來帝國勢力的干預，排除本地政治勢力，才能夠實現的政治方案。或許是英帝國幾百年的殖民統治，而不是伊斯蘭，更該對沒有解決問題、沒必要的分治提供一個答案。

第十一章　伊斯蘭與中國

伊斯蘭和中國有著緊密的關係，這點西方世界並沒有廣泛認識，分散在中國各省份的穆斯林人口總數超過兩千萬，這要比大多數阿拉伯國家都要多。但是中國的穆斯林主要分成兩種。一種穆斯林可說是漢人，雖然從早期移居中國的穆斯林身上混了阿拉伯或波斯血統。他們被稱為回族人，或者回回，佔到中國全部穆斯林人口一半的樣子。他們只會說中文，除了少許源自於伊斯蘭的文化差異之外，他們大多的生活習慣和漢族是一樣的。經過了日積月累，漢文化和穆斯林元素已經有機的結合在一起，可說這群人非常適應自在的處在大中華文化中。另一半的中國穆斯林是生活在中國最西部的維吾爾族，他們主要來自突厥系民族，在語言和種族上都和漢族有著非常明顯的差別。回族穆斯林大多非常融入中國主流生活方式，但是維吾爾族卻沒有。至今為止，中國官方對維吾爾族依然採用懷疑的態度，高壓的手段，凸顯出這基本上是種族問題，但又因為維族人信仰伊斯蘭而更加嚴重。

再一次的，「伊斯蘭教以刀劍傳播」一說在中國也是不成立的。根據穆斯林的紀錄，伊斯蘭教傳到中國的時間非常早，大約在公元六五一年，也就是先知死後十八年，由哈里發特使帶入廣東省。先知有句名言：「遍尋知識，即便遠從中國。」唐高祖特准依照穆斯林的傳統，在廣州建立清真寺。這是中國的第一座清真寺，且保存至今。唐朝帝王認為伊斯蘭教是和儒家教誨相通的，因此特准阿拉伯和波斯商人在廣東地區居住。早期在廣東地區，中國人和伊斯蘭的接觸是平和的，且收穫頗豐；而穆斯林也因為他們的承自阿拉伯源頭的商業頭腦在中國社會上佔得一席之地。中方很快就認識到穆斯林航海度洋本事，以及可望借助他們擴大中國影響力的潛在可能。因此，到宋朝（九六〇—一二七九年）的時候，中國的進出口產業是由穆斯林任職主導的，航運總監的位置向來由穆斯林獨攬。

但是遠在中國西北方，和伊斯蘭之間卻發生了截然不同的政治事件，也產生了地緣政治上長遠的後果。唐朝勢力往西一路擴展到中亞，公元七五一年的時候，在怛羅斯（現在的吉爾吉斯境內）和阿拉伯的阿拔斯王朝軍隊交戰。阿拉伯隊伍大敗中國唐朝軍隊，終止了唐朝繼續往中亞地區擴張。許多人都認為怛羅斯之戰意義重大，是文明上的一個轉捩點：中亞沒有落入中國的掌控中，更重要的是，此一地區的突厥人，愈來愈多轉信了伊斯蘭教。在後來數世紀的移民過程中，他們把伊斯蘭教帶去了地中海的拜占庭和安納托利亞地區。

到元朝的時候（一二七一—一三六八年），穆斯林更積極的參與到帝國的管理基層中，蒙古帝王也樂於藉由穆斯林加強和西方的貿易。遠征至大馬士革的蒙古軍，旗下聚集了成百上千的阿拉伯人、波斯人以及中亞地區的突厥人，把他們送至中國，協助帝國的財務、稅收、製作曆法以及星象觀測，協助在北京興建新國都。這是除阿拉伯和波斯之外，中亞突厥穆斯林第一次大規模進入中國。這些穆斯林被任用為政府文職人員，以及其他管理工作。他們豐富了回族多樣的面貌。

明朝（一三六八—一六四四年）是穆斯林如魚得水的時代。被認為是局外人的阿拉伯和波斯商人，在明朝有機會真正的融合到中國文化中，並且可以用中國人的名字。甚至在南京，還建立了穆斯林的研究中心；阿拉伯語和波斯語是研究伊斯蘭教使用的兩種主要語言。更多穆斯林和中國居民通婚，消彌其外國人身份，外貌上也沒有分別。再說，回教徒原本就「沒有共同的語言，共同居住的地區，沒有特定的經濟活動，雖然他們普遍頗有生意頭腦。」回教徒唯一的共性就是他們都信伊斯蘭教，以及相關的宗教文化行為。

十五世紀初，中國歷史上最了不起的航海探險是在一位穆斯林鄭和帶領下完成的，他受到皇帝的的授命，七下西洋，把許多西方穆斯林王國的文化帶回中國。

跨文化的影響

就像在俄羅斯和印度一樣，穆斯林在中國也產生了迷人的融合。同時，中國的伊斯蘭也一樣會經歷週期性復興運動，試圖去除宗教體系中非穆斯林的想法和做法，讓宗教聚焦在最重要的教條上。這兩種相反的趨勢：吸收新觀念以及去除變革，都影響著中國的伊斯蘭。

來到中國的早期穆斯林思想家，非常驚訝於中國古老哲學的博大精深，這些竟然早在穆斯林到來之前就以然存在了。正如歷史學家強納森．林普曼（Jonathan Lipman）所說：

> 中國穆斯林把儒家思想吸納進來，對明末清初，原本顯出衰敗之勢的伊斯蘭注入了新血液、新活力……湧現了一批中文的伊斯蘭研究學者。他們用儒家的思想體系來研究、整理伊斯蘭宗教信條，他們建立起一個完整的漢學伊斯蘭體系，用優美的中文編寫了伊斯蘭作品。這些作品被中國的穆斯林稱為漢克塔布（漢文經書之意），對後來的中國穆斯林產生的深遠影響。

中國清真寺的風格是傳統寺廟和寶塔的結合。回人還創作了一種非常獨特的中式阿拉伯文字，用阿拉伯字母組合成中國文字（編按：中文多稱為「經字畫」或伊斯蘭書法的「中國體」）。穆斯林學者在儒家思想中找到了其宗教理念相對應的哲學表述。知名的中國穆斯林學者馬德新就努力要將兩者融合在一起。他出生於中國的雲南省，於一八四一年前往麥加朝覲，之後在中東待了八年，在開羅的艾資哈爾學校研讀典籍，行跡遠至鄂圖曼帝國及耶路撒冷。馬德新通曉阿拉伯文和波斯文，也是第一個把古蘭經翻譯成中文的學者。他還把中東地區伊斯蘭最新的政治思想引入中國。

穆斯林鍾愛儒家思想，看似不尋常，因為後者本質上是「俗世」道德取向的，更接近哲學而不是宗教。但也正因為儒家思想主要是倫理道德框架，因此在神學層面對伊斯蘭教不構成挑戰。而且儒家思想是中國最「本土」的思想體系，對生活在警覺、多疑的清政府之下，說服官員們相信伊斯蘭教和儒家思想是相容的，對現有的社會秩序、公義，支持政府及皇權，是非常重要的事。

有些穆斯林認為，儒家思想體系是他們在中國散播伊斯蘭教的門徑。但是兩個思想體系並不完全合拍，穆斯林的信仰體系遠在冷靜、現世和遠鬼神的儒家思想之外。中國文化的優越感也不可能接受遙遠異國的麥加為中心的伊斯蘭信仰，同時其他三個西方宗教神蹟元素已經讓中國人不易相信外國宗教了。因此在說服漢人轉教方面，伊斯蘭少有收穫。而另一方面，來自印度的佛教，雖然也不是中國本土的，以穆斯林的角度來看太抽象、太出世、跟一神教相距甚遠，在中國接受度卻要高得多。

清朝（一六四四－一九一一年）

對中國穆斯林來說，清朝是一個轉捩點，除了毛澤東文革時期之外，那是最糟的時代了。從民族學上來說，滿人不屬於漢族，他們的語言屬於阿爾泰語系，他們對回人十分嚴厲、排外且不信任。清朝禁止建立新的清真寺，不允許去麥加朝覲，對穆斯林不友善。歧視性的政策最終在清朝衰弱時造成穆斯林的反抗，兩次起事一次是雲南回變（Panthay Rebellion），時間在一八五五－一八七三年，另一次是西北部於一八六二－一八七七年間的同治回變（Dungan Rebellion）。在兩次叛亂的過程中，數百多萬人因為官方（近乎種族滅絕的政策）而死亡。許多回教徒逃往俄羅斯中亞地區，也就是所謂的東干人，這是一群特殊的少數族裔，至今和中國有著聯繫。反清運動並不是穆斯林的專利，隨著清政府日漸腐敗，在中國各地都出現了叛亂和暴動。這裡要說的重點是，就像在俄羅斯一樣，除非出現極端惡劣的情況，像是清政府或之後共產政府的壓迫，穆斯林才會發起嚴重的反叛行動。

＊＊＊

中國的蘇菲派——強調密契主義（Mysticism）、有助於跨宗教接觸的派別，多源自中亞或穆斯林世界的西部。中東地區的穆斯林進行革新運動的時候，中國也有少數重要的穆斯林，計劃前往埃及、阿拉伯半島以及鄂圖曼帝國取經。這些稱作「新教」的最新觀念，也與傳統一直不變的穆斯林老觀念相互衝突。新教的出現，代表了分隔不同地區的穆斯林，進行接觸帶來的知識更新。許多學者希望將穆斯林核心地區的思想介紹給中國的穆斯林認識。

進入一九三〇年代，中國領頭的穆斯林學者依然在尋求與漢文化相容，希望現代的科學以及教育可以讓穆斯林社區變得強大。許多人相信，只有強大、有序、管理完善的中國才能夠穆斯林需要的文化安全，所謂文化安全就是在「在不違反其核心原則的情形下，穆斯林可以被中國的政治圈、知識圈和文化圈所理解、接受」。

之後，新成立的中共政權嚴厲摧毀所有宗教和傳統價值觀，特別是在文革的時候，伊斯蘭教也在劫難逃。清真寺就和其他宗教的敬拜場所一樣，都遭到了破壞、毀損。但是回教在中國的後共產時代，又重新復興起來，而且遍佈全國各地。回教和中亞的穆斯林文化已經成為大眾文化中浪漫詩意元素，比方說電影《臥虎藏龍》中的音樂和服飾都可觀見其影響力。其他另一方面就是飲食方面，中國回教餐館隨處可見。他們提供清真食物（類似猶太人的潔淨食物），而且他們獨特的羊肉料理，更與其他普通的中國料理大不相同。回教在中國的對外關係上，以及（與其他文化的）「共存模式」上有著日漸重要的作用。

一九九五年，伊斯蘭與儒家思想的國際學術研討會在吉隆坡召開，來自東亞各地的學者參與了這場文明的對話。傑出的馬來西亞政治家和伊斯蘭研究學者安華（Anwar Ibrahim）在大會的開幕致詞上說：

> 伊斯蘭和儒家學說有許多驚人的相似之處，不管是在觀念上還是在歷史進程中，他們拒絕把宗教、倫理和道德和公共領域分開。伊斯蘭反對政教分離的觀念，也就是說，反對把政治和其他社會問題和宗教及道德觀分家，與知名學者杜維明在《道、學、政：儒家思想論文集》（Way, Learning and Politics）中的觀點相當一致。儒家寄望政府，改善社會風範的觀點理應會得到穆斯林的認同。

維吾爾族

雖然同為穆斯林，但是另外一半人的際遇卻完全不相同，他們不是漢族，主要是突厥人，以及少部分說伊朗語的塔吉克人。這群人大體說來就是所謂的維吾爾族，人數在一千萬上下，居住在新疆。如俄羅斯的穆斯林一樣，這些維吾爾族人被劃入中國境內，是因為中國開疆擴土的結果。這群突厥人和塔吉克人生活在巴基斯坦和哈薩克斯坦接壤處，遠離中國的中心，從歷史來說，是相當晚近才被納入中國的。維吾爾族是中亞突厥文化的重要組成部分，與其他突厥族有著密切的關係，特別是烏茲別克，應該是歷史上很長一段時間，他們曾經不分彼此。因此這些少數民族在種族、文化和信仰上，都與漢族不一樣，面對漢人國家的吸納，他們前在的抵抗也愈強。

中國在共產黨治下，對少數民族變得不友善，特別是在文革期間，少數民族的文化被破壞革除。由於中國官方破壞維族自治與文化的政策，多年來不時造成武裝抵抗。而不管是和平或武裝的抵抗，大多被政府鎮壓了，但是維吾爾人依舊持續抵抗北京漢化的企圖。

他們的恐懼不是沒有依據的：為了對「難以管理」的少數民族施加控制，北京刻意吸引許多漢人移居新疆；利用移民潮讓維吾爾文化淹沒在漢人人口當中。只要時間夠長，千萬人數的維吾爾人無以對抗十多億漢人，而保存他們的獨特性和文化特性。到了某個時間點，維吾爾文化就會變成一個吸引遊客的旅遊景點，或者佔據博物館的一個角落。而近年來，中國又借全球反恐的東風，宣稱維吾爾的分裂活動是華盛頓反抗的恐怖活動之一。

正如世界上其他的地方一樣，北京與伊斯蘭的問題其實是北京與一個少數族裔的問題，特別是當這群少數族裔集中居住在一個特定的區域，比方說信仰穆斯林的維吾爾族，信仰佛教的西藏人與蒙古人。集中在某個地區，信仰同樣的宗教，讓這群人決意想要尋求某種方式的自治，來保護和維持他們的文化。

北京知道，其未來在亞洲的影響力取決於和穆斯林國家以及人民的關係，包括落在穆斯林（以及俄羅斯）範圍內的能源重鎮，範圍從新疆到裡海。而「伊斯蘭的文明血邊境」並不總是配合北京，維吾爾和西藏分裂分子總不時擦出暴力火花。新疆有極少數的聖戰分子，可能會繼續爭鬥，但是隨著中國政府逐漸且平和的稀釋維吾爾人，這些爭鬥的影響力會變得更加微不足道。

在穆斯林的世界中，大多數人把中國當做一個重要又受歡迎的力量，來抗衡美國在穆斯林世界的霸權。但是在靠近中國的地方，比方說中亞，中國的面貌則較為曖昧不定：當地人曉得中國擴張的歷史，也知道中國用龐大人口永遠「吸收」（或淹死）其他文化的能耐。不過即便是在這樣的地區，中國也要面對俄羅斯的抗衡，這倒給了了穆斯林一個較為寬鬆的空間。

很明顯的是，中國和伊斯蘭的問題本質上是中國和少數族裔的問題。而信仰穆斯林的漢人已經把穆斯林文化和中國文化做了創造性的整合。而那些非漢人的穆斯林，基本上是為了種族上的獨立而抗爭，而宗教的差異不過是附帶的。

第三部

現代世界中的伊斯蘭

第十二章　獨立的追求：殖民主義、民族主義與伊斯蘭

長話短說，伊斯蘭與西方世界的故事可濃縮為：穆斯林日衰，西方漸強，西方帝國勢力掌控穆斯林世界，反殖民運動，以及當代反抗西方新帝國主義對中東的控制與干涉。這個故事藏在穆斯林世界的心中，他們帶著這樣的故事，面對今天的西方和美國。了解這個過程，對理解穆斯林世界的動盪和憤怒非常重要。中東的歷史充斥著真實、具體以及負面的事件，伊斯蘭有時是焦點、動力或者添加色彩，但並非故事的核心。

雖然我說到了「穆斯林世界」，但是問題並不侷限在伊斯蘭教的穆斯林國家，有些發展中國家，比方說非洲、亞洲和拉丁美洲，也有類似的歷史和不滿。也就是說，沒有伊斯蘭教，問題也是一樣存在的。但是全世界穆斯林自覺的意識無疑更加引人注目。此外，抵制心理無疑已經鑲嵌在穆斯林的歷史和文化之中。就拿中國來說，他們對西方的強大也是敏感的，但是他們

卻有他們獨特的文化敘事以及歷史框架。

＊ ＊ ＊

長期以來穆斯林對自己在歷史上所扮演的角色很有信心：他們的成就證實神是庇佑他們的。伊斯蘭教在早期就成績斐然：先知過世之後的幾十年裡，在文化和政治上都達到一個高峰，伊斯蘭教擴展到半個亞洲地區以及北非。其後的數個世紀，穆斯林在藝術、科學、哲學、軍事以及技術方面都領先國際，這些都向追隨者證明他們走在正確的道路上。

受伊斯蘭教影響較少的地區之一是西歐。在宗教改革和大航海時代之後，西歐開始崛起，東西方文明的重心發生了改變。至此，穆斯林文化以及下屬的國家開始失去了其創造衝力，日漸式微。其實背後的原因複雜多樣。

穆斯林依然對這樣的轉變感到不解：為什麼會發生？到底哪裡錯了？穆斯林要如何重拾他們在太陽下的位置？[4]是因為伊斯蘭教失去了意義嗎？就是這段時間，西方大國崛起，挑戰並接管了穆斯林的世界，激起了穆斯林的排斥心。這樣的經驗成為今日穆斯林反帝國心態的基礎。

文明興衰自有其週期，穆斯林文化也不例外。其文明衰弱之後，穆斯林宗教人士擔心道德失去了方向，但是除了宗教之外，還有其他客觀的原因，造成了東西方文化的此消彼長。這些因素與伊斯蘭宗教無關，而更是政治、地緣政治以及其他因素的改變。簡單來說，就是即便沒有伊斯蘭從來都沒有出現過，大多數重大歷史事件依然還是會發生的。比方說，十九世紀後期，中國文明也日漸衰頹。

文化與思想的因素

下面我們就來看一看，影響穆斯林文明衰弱的在智識方面和文化方面的原因。

在其全盛時期，伊斯蘭可能是早期最重要的全球化運動。伊斯蘭傳播的範圍遠甚於羅馬帝國，這個區域有共享的伊斯蘭文化，以阿拉伯語跟波斯語為通用語言。不過，這種普世精神卻開始衰微，逐漸本地化，過去開放、好奇的知識社群也跟著萎縮。即便如此，究竟要照嚴謹詮

4 編註：place in the sun，典故出自德國在十九世紀末推行的帝國主義外交政策，當時外交部長宣稱「我們需要找到我們在太陽底下的位置。」

釋經文的路走，還是更寬泛廣納眾賢的路走，一直存在著爭議。

沒有大量新智識的輸入，伊斯蘭本身知識圈失去了活力和好奇心，造成了伊斯蘭神學、宗教、科學和技術方面創造性思維的衰微。在研讀伊斯蘭的過程中，例行儀式和嚴密的經文詮釋勝過了思考與探索。思維制式僵化，連早期允許的對經文和權威的歷史考據，後期也被禁止了。這番對思考的抑制，導致了穆斯林後來在科學方面的表現，甚至對西方的科學也採消極抵制的態度，直到後者以勝利者之姿，征服了穆斯林世界。即便面對這樣的挑戰，大多數穆斯林改革者也把西方看作儲存科技硬體的大倉庫，而無視促使硬體運轉的文化軟體。

穆斯林世界的衰弱，外部地緣政治也是重要的因素之一。十三世紀，兇猛善戰的蒙古騎兵掠奪了數十個穆斯林大都市，洗劫圖書館，殺戮人口，掠奪財富，造成的傷害讓穆斯林世界始終無法復原。十六世界，伊朗成為什葉國家，分裂了遜尼派的穆斯林世界，讓穆斯林和歐亞大陸的交流和貿易變得更加複雜。還有一個模式的巨大轉變，新出現的歐洲國家具備強大的航海能力，地中海和東方之間的貿易途徑從陸地轉到了海上。穆斯林國家一直壟斷著陸地交易，西方世界難以和亞洲地區直接交易。十四世紀初期的地中海東部爆發了黑死病，讓西方世界對陸路交易更是熱情缺缺。因此開始尋找一條通往東方的海上道路，以免除陸地交通的危險和困難。

通往東方的海上道路是建立在新航海技術根基上的。早幾個世紀之前，阿拉伯和穆斯林在航海技巧方面就卓有成效，他們探索了印度洋，繪製了詳細的地圖，指南針和船舶建造都適合於航行在公海，這些都為西方的航海之路打下的基礎。西方發展了這些技術，先是「發現」了新大陸。之後，專注於穿過大西洋的遠洋貿易，對遠東地區的探詢打開了全球歷史的新篇章，讓歐洲出現了一群暴富新貴，也讓過去獨佔亞洲貿易的穆斯林被邊緣化。

自然環境的重大改變也會影響文明的興衰。賈德．戴蒙（Jared Diamond）認為，肥沃月灣曾為文明的搖籃，後因森林砍伐、氣候乾燥、隨之減少的動植物，造成此一區域的衰微。羅馬衰亡之後的很長時間，西歐對世界文明的整體貢獻雖有，但不大，直到中世紀後期。同時，歐洲溫和的氣候，肥沃的土壤以及居於沃土上的動植物，伴隨著新文明的爆發力，最後促成了強大的西歐文明。而先前曾經頗有成就的東方社會，自然環境較遜色，整個文明也就褪色不少。

哈佛大學國際發展中心的傑佛瑞．薩克斯（Jeffrey Sachs）也指出了氣候和生態環境變化的重大影響：一方面是歐洲氣候溫和，另一方面是中東卻乾旱日甚。「一九〇〇年鄂圖曼帝國崩解的時候，歐洲具有煤礦、水利發電資源、木材以及金屬礦藏。而伊斯蘭國家少有十九世紀工業革命後必須的原料儲存。石油是在歐洲殖民之後，才發現開採的。」城市紀錄也說明許多問題。公元八〇〇年的時候，中東和西歐都有大約三千萬的人口。但是中東有十三個人口超過五萬人的城市，而歐洲只有一個羅馬。到公元一六〇〇年的時候，人口重心也發生了轉移。

航海時代打下了歐洲探索新世界和東方世界的基礎，一開始是建立轉口港，之後擴展為殖民前哨，直到後來建立完整的殖民統治。葡萄牙、西班牙、荷蘭、法國和英國，相繼建立了自己的殖民地區。雖然東地中海地區依然是穆斯林的後花園，但也不敵西方帝國的影響力，隨後開啟的帝國時代將延續數世紀之久。歐洲各國為了這些殖民權利你爭我奪，但最終，這些帝國都在法律上承認彼此的殖民地，即便被統治者不這麼認為。

到一次大戰結束的時候，幾乎整個穆斯林世界都在歐洲帝國的掌控之下，只有沙烏地阿拉伯的內陸沙漠和阿富汗的大部分地區得以倖免。而大多數的歐洲國家都在海外帝國遊戲插上一腳，這些國家包括葡萄牙、西班牙、荷蘭、法國、英國、德國、比利時，以及義大利。雖然宗主國風格各異，但都遭到殖民地人民的怨恨和抵制。

如果認為殖民主義或者帝國主義是西方特有的現象，或者說西方才有的罪惡，那也是種誤導。其實不管在什麼歷史時候，一個國家強大之後，就會把維護國際秩序視為己任。但是西方殖民主義有他們自己的特徵：首先，由於航海技術讓他們來到了遙遠彼岸，被殖民者是完全不同文化不同種族的人；同時他們也會讓基督教傳教士進入這一地區，懷柔當地人民；帝國主義的模式與非歐洲的帝國形成鮮明對比：這些非歐洲的陸上的毗鄰帝國，擴張通常較為連續、漸進。這些帝國對新征服的領土較為熟悉，互動與在領土上的磨合較多，文化也較有連續性。

毗鄰帝國通常只要求事實上的控制權。而歐洲帝國卻企圖讓這種控制合法化，在母國與殖民地之間建立法律與有機的連結，比方說，法國正式合併了阿爾及利亞，比利時則合併了剛果。而後者更容易讓當地政權覺得受到冒犯，儘管該國看似「合法」的進入了西方的國際秩序。雖然彼此不同，但是不管是鄰近的帝國還是遙遠的西方帝國，都是外來的不友善力量。

最後，最棘手、殺傷力也最強的帝國主義，則是讓外國人圈占土地、設置聚落——定居殖民。外國人移居來此地生活、接管土地、設立政府管理當地人口。當地人則是完全的輸家。這是最嚴酷的殖民情境，幾乎無法不靠暴力產生改變。我們看到南非、南羅德西亞（今辛巴威）、葡屬安哥拉、阿爾及利亞、以及以色列的歐洲猶太人在巴勒斯坦，都是這樣的例子。

殖民對穆斯林社會的衝擊

帝國殖民很快就讓穆斯林世界的發展變了形，摧毀了傳統的統治結構與傳統制度，打亂了文化的模式，又無法讓本地傳統有機會更新發展。簡單來說，帝國主義意味著直接把外國的文化結構直接出口到東方世界。而外來的元素很難直接嫁接到更早期的文明之上。至今為止，穆斯林社會依然被外國統治這樣的幽靈所困擾，即便傳統的殖民方式已經消失。

歐洲殖民統治政府結構特徵是，以殖民國的經濟、政治以及戰略利益為優先，而不以被殖民地區的國家發展為考量。被任命的地方治理長官並沒有獨立的權力，不過是保護殖民者利益的魁儡。

在殖民政府治下，烏理瑪的地位大幅下降。與國家治理相關的伊斯蘭機構，特別是法律系統，功能都被削弱，或者直接被廢棄了。烏理瑪被降級為管理一些個人法和家庭法的小事上。但是把烏理瑪從治理和立法的職位上移除，帶來一個嚴重的後果，那就是讓伊斯蘭機構無法隨著現代環境進化和現代化。本土管理機構陷入萎縮，無法改進，無法與社會的發展同步。即便後來國家從殖民者手中獨立之後，這些被拋下的管理階層仍試圖在新國家謀得一席之地，這往往會成為怨恨的來源。

阿爾及利亞就是受到嚴重文化衝擊的個案。阿爾及利亞在正式與法國合併之後，法國在境內選出一些地區，遷入數萬名歐洲人口。當地出現了以法語為溝通語言的菁英統治階層，他們與殖民者關係緊密。他們的世界觀融入了許多法國文化，而與阿拉伯的傳統卻漸行漸遠。這些菁英最後成為一個內建的定時炸彈。照說，經過高科技、管理高效的法國社會文化洗禮，對阿爾及利亞應該是有利的，但是經過了八年爭取獨立的艱苦抗爭，這些說法文的菁英卻發現他們處在一個兩難的位置：他們到底該算法國人，還是阿爾及利亞人？這個問題可以放在一個更大的視野來問，那就是對一個社會的菁英階層採用另一種語言體下的教育，對這個社會是好事嗎？如果菁英與其他平民之間的語言文化隔閡持續存在，當新一代的阿拉伯本地菁英成長之後，兩派之間必然會產生政治社會衝突。不管哪種情形，文化都成了分裂元素而不是統合元素。這些問題在阿國境內，至今依然沒有解決。

相較之下，鄂圖曼帝國則在十九世紀面對歐洲強勢壓境時，設法維護其主權。不意外的，這裡也成為宗教與國家關係的辯論熱點——在土耳其的文化傳統內進行。這也就是為什麼，儘管不乏小問題，比起其他穆斯林世界來說，土耳其的政治結構依然是相對穩定、「有機」的。

因為在其他地方，歐洲殖民統治已經阻斷了伊斯蘭機構自我演化發展的可能性。這是許多伊斯蘭的國家結構為什麼會萎縮僵化的主因，因為國家政治的發展進化受到的阻攔，因此在情感上的傳統與西方主導模式之間，產生了衝突。也可以這樣說，正因為穆斯林「正常」的演化過程被禁止了，穆斯林的世界才會產生緊繃的局面，為激進的運動提供了利基。

同樣的問題也出現在殖民地的教育政治上：伊斯蘭的學校教育被邊緣化，因此面對現代挑戰，受到社會壓力因而作出正常改變的機會被剝奪了。在俄羅斯帝國體制內，高加索以及中亞的穆斯林受到西方的刺激，激發了札吉德復興運動。在鄂圖曼帝國內，也有許多類似的復興改革運動。

從帝國到去殖民

對今天的穆斯林來說，沒有什麼比從入侵的西方新帝國主義中掙脫出來更熱門的話題了。在美國，「新帝國主義」一詞帶著馬克思主義的色彩，因而被認為過於意識形態而不受歡迎。「美帝」一詞也讓許多美國人覺得受冒犯，但是實際上，過去的幾十年裡，這方面的研究著作非常多。這些語詞卻在冷戰時期的第三世界、共產理論和馬克思主義理論中被重度使用。但是並不能因為共產主義使用帝國一詞，就讓這個本身失去意義：至少有四個世紀的時間，西方國家確實是全球的主導勢力，並依此獲得巨大利益，卻極少受罰。而今天的美國，幾乎在所有領域都佔有主導權力，想怎麼做就怎麼做，這點美方自己也都承認的。這些現象被稱為「霸權」或者帝國力量，有些新保守派思想家也公然接受美帝一說。不管如何稱呼，但是現象是真實存在的。

其實帝國一詞與事實也相去不遠：正式帝國主義時代結束之後，新的帝國形式出現了，特別是在中東地區，開始的時候，是由英國選定的順服統治者，作為新「獨立」政府的頭人；這些順服的國家統治者理應以西方需求為優先，即便拂逆本國人民的意願。親西方的統治者和本國人民之間的衝突達到了一個臨界點，伊朗、伊拉克、埃及以及敘利亞發生了革命，甚至在阿爾及利亞、利比亞、突尼西亞、約旦、伊拉克和葉門等地，更是發生了軍事政變。從那以後，阿拉伯世界和其他地方的大多數領導人都得到了西方的支持，沒有當選，並奉行在當地民眾中不受歡迎的親西方政策。

新帝國主義依然存在於穆斯林世界的兩大原因：一是因為大多數中東國家擁有地緣戰略的重要性，把握著能源及運輸路線。另外便是該地區依舊由軟弱順從的威權獨裁者統治。雖然直接的外國統治者已經消失了，但只是換成了現代機制，就拿埃及來說，美國透過世界銀行的貸款、軍售、外交支持、美軍基地、政治干預、操縱區域政策施壓，對當地的違反人權或公民自由的事件噤聲等等，都可以達到控制的目的。

所有這些新帝國的政策都在相關國家內部製造了出更多問題，削減了統治者的權威，激起了激進分子的暴力。這類的政治和經濟干預在中東地區比其他地區都更嚴重，因為「全球反恐戰爭」已經讓對立變得既深且廣，根除成了不可能的事。

反帝國的抗爭

穆斯林世界反國外統治干預的抗爭在反殖民的歷史上，算是來得非常晚的。我們回顧一下歷史，最早是美國第一個反抗他們的歐洲殖民者英國、西班牙和葡萄牙的。但是這些反抗並不是當地原住民反對歐洲殖民統治者，而是歐洲殖民者反抗他們母國的嚴厲掌控，和後來的反殖民抗爭很不相同。

反殖民爭獨立運動的第二個重要時間點是在十九世紀，巴爾幹半島上的基督徒反抗穆斯林的鄂圖曼帝國。其實他們成功的關鍵在於歐洲國家以及俄羅斯的支持，而後者支持基督徒的原因是想消滅鄂圖曼帝國的權勢，並在此地區擄獲新客戶。在鄂圖曼境內，有基督徒也有穆斯林，而參與反抗的基督徒，和境內多數忠誠的穆斯林形成了鮮明的對比，後者認為他們處在一個多民族的穆斯林帝國中，無論自己是否滿意官方的具體政策。因此，穆斯林統治者對少數的基督徒是擔心的防備的，尤其是他們還有西方國家的支持。事實是，一個半世紀之前的穆斯林領導人，也可以說出「基督教的血腥邊界」這樣的話來。雖然當地的穆斯林也時有反叛，但畢竟那是少數。

對阿拉伯世界的大多數國家而言，一戰結束時鄂圖曼帝國的崩解，並不意味著獨立。殘酷的現實是，戰爭結束之後，歐洲大國接管了大部份的地區為「託管地」，加以治理。因此，穆斯林對歐洲帝國的成功反叛要等到二十世紀之後。一個例外是，一八五七年印度軍中的大量穆斯林參與反抗英國的殖民統治，以及阿富汗對英帝國的反抗。第一個算得某種獨立的穆斯林國家是一九一九年的阿富汗。其次是伊拉克，但一九三二年英國政府只是口頭上承認其獨立，但依然間接主導著伊拉克的政府組閣以及政策制定，儘管不受歡迎，英軍依然駐扎在伊拉克長達二十六年之久。大多數穆斯林國家即便是在二戰之後，雖然達成了某種程度的獨立，但統治者依然是西方欽定的。諸多穆斯林國家較晚獨立的事實，說明了至今穆斯林世界依然有反帝情緒，同時西方的政治干預依然影響著穆斯林國家。

獨立的鬥爭：伊斯蘭或民族主義？

抵制外國的統治是所有文化的本能。所有殖民穆斯林的西方國家不僅種族不同，宗教也不同，這些西方國家也殖民過印度教的印度以及禮佛以及尊儒的中國。因此，反抗殖民帝國自然就凸顯出國族的差異和宗教的差異。為什麼宗教不能作為重要的斷層線，把種族的抗爭「神聖化」？而一神教宗教的神學理論自然是其「啟示」的特質，這是最容易和民族主義相結合的宗教力量。

事實是，宗教是一個比種族更強大的凝聚力，因為其象徵著一種更高的權力，至少在相當範圍內的人際關係中如此，當然如果有血緣關係的種族關係另當別論。因此在反殖民過程中，伊斯蘭常常被當作旗幟，這不意外。但是問題這是反殖民的抗爭，不是宗教戰爭，也就是說，那是基於國與國之間的對抗，而不是跨越國家的不同宗教之間的對抗。而穆斯林反殖民的抗爭是一個更廣泛、全球反殖民行動中的一環，包含基督教、佛教、印度教、儒家以及其他思想的國家都反對歐洲的殖民統治。

有一個穆斯林團體在對抗國外殖民勢力上表現非常突出，他們叫做蘇菲派。他們向來以安靜神秘而著稱，也是最有組織最具凝聚力的團體。他們組成了類似非營利組織的機構，即便在外來權力極端壓制的時期，依然可以維護伊斯蘭的文化，落實宗教實踐，為了反抗外來侵略，他們甚至還組織過抵抗運動以及游擊戰。蘇菲派參與過幾十起解放運動，廣泛分佈於亞洲、中東和非洲。先是反蘇聯、後來反美國入侵阿富汗、反美國在伊拉克的部署軍力。但是我們不應該認為伊斯蘭是這些抵抗運動背後的支撐力量，我們理應相信，即便沒有穆斯林，這些反抗外國勢力的運動依然會層出不窮的。

我們到西方國家內部來看看，一九三〇年代，美國的黑人穆斯林運動展現了用宗教來加強原本的社會差異，來反抗白人的壓迫。到了二十世紀初，美國的黑人領袖以利亞．穆罕默德（Elijah Muhammad）以及後來的麥爾坎（Malcolm X）更號召改信伊斯蘭教，一方面這個宗教和他們非洲的源頭更靠近一些，另一方面更重要的是，以擺脫「奴隸的心態」。非裔美國人已經和當地白人具備了種族上的差異，而以利亞更是希望加入宗教差異，來強化抗爭的力度。

與此同時，西方世界也毫不違和的把反帝國主義的穆斯林運動用於自己的目的。冷戰時期，華盛頓將蘇聯的穆斯林看作「蘇聯的軟肋」，是可能反對蘇聯的潛在力量。華盛頓素喜和親美獨裁者聯合，鼓勵許多國家的伊斯蘭主義者反抗當地的共產政府。其中最廣為人知的一例就是一九八〇年代的時候，美國支持阿富汗的聖戰士，當時阿富汗在蘇聯治下，美國總統雷根稱聖戰組織在「道德高度上等同於美國國父」。不過，在大多數時候，穆斯林並不需要借助外在力量，去反抗另一個外在力量。

爲何要放大穆斯林的身份認同？

每一個人都帶有多重身份：家庭、家族、地區、種族、國籍、宗教、性別、語言、社會階層、收入、職業，以及愛好等。這些不同的方面互相交織，構成了我們人生的不同階段：家庭和家族主要顯示在儀式和慶典上；參軍的時候表現出國籍；選舉時看出政治認同；在重要的生命儀式中表現出宗教；在就職時重要的專業認同；在男女相聚的場合，顯出性別不同，當然有時候，女性也會是遭受歧視的原因。在經濟困難和勞資談判的場合，社會階層的差異超越了種族區別。不同的環境，招喚不同的身份認同。

如果一九二〇年代在柏林問起一個猶太人的身份，他或她可能這樣描述自己：「德國人，生物學教授，社會主義者，猶太人」。十五年後，納粹治下的德國，猶太人的身份就成為生死攸關的第一重要的特徵。而在美軍佔領伊拉克期間，在什葉派為主的巴格達，一個伊拉克遜尼派的遜尼身份成為生死攸關，而伊拉克的身份卻無足輕重。在二〇〇一年的波士尼亞，宗教認同非常重要，即便大家都有著同樣的政治和語言背景，但是十年前，狄托總統時代的南斯拉夫卻不是如此。

在穆斯林覺得他們的世界被圍剿的時代，穆斯林的身份變得異常重要。馬來西亞的穆斯林在電視上看巴勒斯坦的穆斯林被殺的新聞；喀什米爾人在看車臣；奈及利亞在看伊拉克；阿富汗看索馬利亞。當全世界都在反恐，暴力事件四起的時候，沒有什麼比穆斯林的身份認同更顯得重大了。但這不是一個常態。穆斯林身份比其他認同因素更重要出現在一個穆斯林的艱困時期。穆斯林三個字被放大了，成為一個搖旗吶喊的口號。但事實是，很多衝突是地方上的，是不同國族之間的。當今西方的一個重要任務就是讓這些地區平靜下來，回歸到正常，不要再派駐軍，讓穆斯林成為其他身份認同的一個「正常」面向。在他們人生的大多數時候，他們有其他的事情需要操心的，而不僅僅只是穆斯林身份。

當一個團體要保護自己免於外來者侵犯時，他們必須尋找共同點。這就是我們現在看到的伊斯蘭認同，這是在穆斯林世界四面楚歌的時候。五十年前的中東，國家具有比宗教更強的號召力。可嘆如今，穆斯林身份的暗示在全球範圍內都是史上最強的。而穆斯林想要尋求支持，反對外部干預，也用同樣的身份認同，就可以聯合最多的力量。

在一戰末期，當阿拉伯終於從鄂圖曼帝國中獨立出來的時候，伊斯蘭顯然不具號召力，因為敵我雙方都是穆斯林。但是可以把國族當作號召力，這是阿拉伯對鄂圖曼的戰爭。民族國家在阿拉伯世界中重要性於一九五〇年代和六〇年代達到頂峰，特別是埃及納瑟總統當政時，反歐洲干預反新帝國主義的情勢下。但是隨著阿拉伯民族主義運動漸弱，國家民族的身份認同讓位給了穆斯林，此趨勢至今不見衰減。

在看到十九世紀及二十世紀的全球民族主義和世界大戰之後，我們可能應該想一想，該不該把國家民族當作族群的界線。有沒有多民族的或者說更高的社會組織形式？顯然，像美國、加拿大、澳洲和紐西蘭這樣的移民國家，已經體認到多種族的社會要比單一民族的耐受度高得多。當然，多族群的社會也只能這樣選擇。

在穆斯林的認知中，是沒有國族是社會及政治組織的基石這一條的。伊斯蘭直覺的認為，民族主義是狹隘的、容易引起爭議的，即便知道彼此之間不同但這些不同也豐富了文化。「眾人啊！我確已從一男一女創造你們，我使你們成為許多民族和宗教，以便你們相互認識。」（古蘭經，四九：一三）從這個角度來說，伊斯蘭的期望是不同宗教之間互相認識，因為可以包容更廣泛的族群，只要自己不設限，穆斯林也是兼容並蓄的。因此，在穆斯林的概念下的團體，要比在一個國族內的團體更高大。至於搖旗吶喊的口號，在對非穆斯林的征戰中，伊斯蘭當然是個響噹噹的口號。

許多伊斯蘭主義者對阿拉伯民族主義的觀念很反感，認為「民族主義」是西方造出來的充滿歧異且敵意的概念。確實他們的擔心，在土耳其成為事實。在鄂圖曼土耳其之後，現代土耳其的奠基人凱末爾（Mustafa Kemal Atatürk）就奉行民族主義，擊毀了伊斯蘭教的獨立機構，對其他穆斯林鄰國以及伊斯蘭本身也採取敵對的態度。對虔誠穆斯林來說，最糟糕的是，他還廢除了哈里發，這是遜尼派穆斯林名義上的最高精神領袖，這一行為等同於義大利總理決定廢除教宗。由民族差異分割的伊斯蘭世界，似乎更無力抵抗西方的干預。

從這個意義上說，西方發起的全球反恐戰爭，被認為是針對伊斯蘭的戰爭，卻也確實放大了伊斯蘭的身份認同，將把廣大穆斯林推向一個新的聯合高度上。

帝國主義在穆斯林世界留下的惡果

殖民國家任用權力，重新劃分國界，旨在滿足殖民國內的需求，並與周邊的其他殖民霸主競爭，這是殖民策略中最具傷害性的。原本的國族團體被切割了，政治和社會上自然相似的分界線被割斷，新的行政區域被劃分出來。如果讓阿拉伯國家自己裁決，那麼國家數量可能要比我們看到的少許多，我們可能依然會看到曾經存在於歷史上的大敘利亞區，包括今天的黎巴嫩、約旦和巴勒斯坦。要在獨立之後，統治這些新建立的人造國家，對阿拉伯領導人來說變得更加困難。對新國家的「忠誠」既屬人為，邊界爭端是自然的結果，民族鬥爭和民族再統一也是如此。政治發展主要是配合千里之外帝國，而非本地人的需要。

經濟發展也是為了輔佐殖民母國，而不是為了本國整體發展需求。母國無疑投資了殖民地的基礎建設，但是其目的是為了自己，當地的區域發展被忽視了。就拿非洲的鐵路來說，從原材料的產地，一路延伸到非洲的沿海口岸，內陸之間少有連接。殖民主也隨意的給殖民地烙上了新的文化印記，依據母國的利益，施惠服從的特定族群跟語言。這些都在殖民地的政治、經濟、社會和心理上綁上了定時炸彈，內部所產生的緊繃要很長時間才能消化。世界銀行的首席經濟學家，已經諾貝爾經濟學獎的得主約瑟夫．史迪格里茲（Joseph Stiglitz）探討的這個問題：

殖民國家在發展中世界留下了複雜的遺產，其中明顯的一樣是，當地人覺得自己被殘戶的剝削了……二戰之後，許多被殖民的國家都獨立了，但經濟上的殖民卻沒有停止。在有些地區，比方說非洲，自然資源和自然環境被剝奪許多，回饋卻很少，這樣的不對等非常明顯。或許其他地區沒有那樣明顯。在許多地區，國際貨幣基金組織和世界銀行等跨國機構都被視為後殖民的操控工具。這些機構促成了市場基要派（也常稱為「新自由主義」），被美國美化為「自由且無拘無束的市場」……自由市場的理念最後變成了一種新形式的剝削。

而最重要的是，穆斯林世界的石油和能源一直吸引著西方介入這一地區，希望擁有石油礦藏、控制採油公司、制定油價、價格份額，用政治手段談到優惠條件，並不惜用武力介入。一九五八年，伊朗第一位民選總理就被美國和英國聯手罷免，唯恐伊朗的石油變為國有。石油政治至今仍是大國之間的高風險遊戲，在穆斯林的領地上演。

反殖民的激進主義和伊斯蘭

帝國主義招人反感。反帝運動在不同時期，用不同意識形態包裝，以達到反帝目的。二戰之後，左翼民族主義在中東引領思想風潮。埃及納瑟的民族訊息，讓我們覺得很熟悉：譴責西方干涉中東，要求中東能源的主權，要求西方撤除中東軍事基地，聲援巴勒斯坦。

不要忘了在二十世紀五〇、六〇年代的時候，阿拉伯的民族主義被視為中東地區對西方世界的最大威脅，以致美國和英國聯手推翻了伊朗和敘利亞的國家領袖，並操控埃及的政治舞台。到了二十一世紀，美國依然認為可以忽視阿拉伯（以及其他國家）的民族主義，忽視這個問題就沒有其他問題了。而在早些時候，英美常常認為伊斯蘭主義是個利器，可以減弱阿拉伯的國家領導人影響力，以及消滅蘇維埃在當地的利益。

特別是美國，從來就沒有停止過干涉一個國家又一個國家的內政，扶植對美有利的政權。這些國家的名單可以羅列如下：韓國（一九五〇—五三年）、伊朗（一九五三年）、瓜地馬拉（一九五四年）、哥斯大黎加（一九五五年）、敘利亞（一九五七年）、印尼（一九五八年）、多明尼加共和國（一九六〇年）、秘魯（一九六〇年）、厄瓜多（一九六〇年）、剛果（一九六〇年）、越南（一九六一—七三年）、古巴（一九六一年）、巴西（一九六四年）、智利（一九七二年）、安哥拉（一九七五年）、尼加拉瓜（一九八一年）、黎巴嫩（一九八二—八四年）、格瑞那達（一九八三年）、巴拿馬（一九八九年）、伊拉克（波灣，一九九一年）、索馬利亞（一九九三年）、波士尼亞（一九九四—九五年）、科索沃（一九九九年）、阿富汗（二〇〇一年至今）以及伊拉克（二〇〇三年至今）。

華盛頓在一九五〇年代末，出資建立了穆斯林兄弟會，以反抗納瑟政權，在沙烏地也做過類似的事。一九六二年，兄弟會也協助推翻了葉門親納瑟的政權。這樣的遙控直達印尼穆斯林運動。以色列也玩起同樣的遊戲：一九六〇年代，他們把哈馬斯的政治人物謝赫·艾哈邁德·亞辛（Shaykh Ahmad Yassin）從獄中釋放出來，扶植他與巴路斯坦解放組織（簡稱巴解組織）做對，愚昧的認為伊斯蘭比民族主義更可操弄。二〇〇四年，以色列又回頭暗殺了亞辛。

穆斯林世界不同思想派別之間的爭鬥，美國負有部分責任，這也對美國造成了反撲。當然，如果沒有伊斯蘭，華盛頓方面也會找出其他意識形態，來減弱甚至詆毀這段時期的民族主義運動。

阿拉伯民族主義者的抵制並不孤單。在這一時期，湧現了不少民族主義的領袖，他們在一九五五年創立了不結盟運動（Non-Aligned Movement, NAM），意指除了蘇聯和西方陣營之外的第三股力量。此運動的領頭人呼籲發展中的國家，要維護其主權，反對新帝國主義的西方勢力。華盛頓將不結盟運動視為威脅，其實在深層是支持蘇聯，反對西方霸權。

不結盟運動於一九七九年的「哈瓦那宣言」中發聲，呼籲「反對帝國主義、殖民主義、新殖民主義、種族主義、猶太復國主義，以及各種外國勢力的侵犯、佔領、統治以及干涉主權，反對霸權主義和集團政治」，以求「民族的獨立、領土的完整以及不結盟國家的安全」。有三分之二聯合國的成員國成為不結盟運動的成員。從今日的眼光看來，不結盟運動的發言依然是正確的。

（以色列人有理由把不結盟運動視為反以色列的，事實也確實如此。但是不結盟運動反對的不是閃族人，而是反對排他的猶太民族主義觀念，此觀念支持猶太復國主義，而不管四分之三的巴勒斯坦難民，即將流離失所。對穆斯林世界和其他第三世界的國家來說，西方強力支持下的以色列可能成為一把利刃，插在中東的心臟地區。隨後發生的事，也沒有減少這樣的疑慮。）

從巴勒斯坦問題，我們最可以看出伊斯蘭的角色。因為不管是巴勒斯坦現在問題，還是以阿衝突，從源頭上說都與伊斯蘭毫無關係。巴國問題的開始，是猶太人從東歐移民過來，剛開始人數少，速度慢，但是到十九世紀末二十世紀初的時候，移民過來的西方猶太人愈來愈多，愈來愈快。這是新的猶太復國運動以及排他的猶太愛國主義出現在歐洲，比方說義大利、德國、匈牙利、斯拉夫、土耳其等等，鑑於長期以來在歐洲受到的歧視，特別是東歐，猶太人愈來愈覺得應該來一場猶太國／猶太教的復興運動。此時，巴勒斯坦開始擔心大量的歐洲移民來到他們中間，因為顯然復國運動者把巴勒斯坦看作猶太人的新家鄉。而大屠殺造成歐洲人的負擔，他們在罪惡感的驅使下，成為把猶太人趕往巴勒斯坦的關鍵一擊。

在新猶太復國運動達到高潮時，七十五萬巴勒斯坦人在以色列的種族清洗和恐嚇行為下，流離失所。歐洲犯下的罪，卻要巴勒斯坦人承擔，對此他們感到憤懣不平。當然，如果巴勒斯坦沒有伊斯蘭教徒，大家都是基督徒，國家落到猶太人手中，他們也會因為把國家拱手讓給猶太人而不樂意，也會參與游擊行動，試圖把國家奪回來。事實上，巴勒斯坦基督徒積極參與了反以色列的游擊行動。儘管，巴勒斯坦和猶太人的種族衝突近年來都帶著宗教色彩，但是在衝突的源頭上，卻與伊斯蘭毫無關係。

事實上，巴勒斯坦運動的意識形態經過了三個不同階段：阿拉伯民族主義、馬克思—列寧主義階段，最後是伊斯蘭階段。每一個理論都是支撐他們尋求獨立國家的依據。此一區域的問題是一樣的，但是承載的思想工具卻改不斷改變，以尋求最佳答案。

所有這件事件都反應了發展中國家，尋求獨立的熱情。穆斯林世界只是這個運動中的一個部分。伊斯蘭不過是一個載體，或者說搖旗吶喊的口號，以反抗西方的干涉。即便沒有伊斯蘭，反帝國的不滿不會減少，抵抗運動也不會減少；只不過在當下的民族運動中，少了伊斯蘭額外賦予的情感和意識形態動力。

只要有外來入侵者或者壓迫者，而他們又非穆斯林，伊斯蘭和民族主義就會成為號召，反抗入侵和壓迫。

第十三章　穆斯林的抵抗：戰爭、聖戰與恐怖主義

可能再也沒有其他地區，像中東一樣忍受西方強烈且持續的干涉了。後面有幾個主要原因：第一是位置緊靠著西方——尤其是後來走向強力擴張的西方；中東地區廣大的能源資源，以及由此產生的財經影響力；還有千百年來，地處東方西地緣政治的交匯點。在上一章，我們已經回顧了數世紀以來，西方殖民主義、帝國主義、新帝國主義，以及近來美國變本加厲的干涉。

後來發生的事，自然是被激發的憤怒、挫敗、以及激進情緒的表現。我們與其問「怎麼會發生九一一事件的」，不如該問，這樣的事情怎麼沒有來的更早？正如激進的中東團體在全球化時代所發出的不滿聲音，他們終於把抗爭搬到了西方的心臟地區，這有什麼好意外的？這不需要多少智慧，就可以想見西方長期的行為會招來激烈，甚至是暴力的反彈。而面對穆斯林世

界的暴力反彈，西方竟然表現出一付這個世界到底出了什麼問題的樣子，也太不誠實了。不願意承認過去兩個世紀以來，甚至更長時間，西方策略對穆斯林世界的影響，簡直近於遲鈍，或者說一種故意的不知覺。

即是使用暴力也不該感到意外。當情形惡化的時候，是溫和派還是激進派，先做反應？從這個角度來說，賓拉登就是中東礦井中的金絲雀，他的暴力行為顯示出中東地區已經到達警戒了。如果激進派在第一時間內做出的行動，那麼處在同樣環境中的溫和派，作出反應的時間還會遠嗎？我們已經知道在中東地區，儘管賓拉登造成的傷害不可原諒，但默默同情他的大有人在。

如果認為伊斯蘭、或者宗教學校，或者基本教義派，是反抗的主要源頭，這樣的推論是站不住腳的。這些宗教或意識形態因素，確實有助於匯集反抗情緒，激起暴力反應，但是他們不是問題的癥結所在。我們的首要任務還是知道問題到底出在哪裡。或者，我們可以認為，西方數世紀來不斷干涉中東事務，如果他們不是穆斯林，這樣的干涉對生活在中東的人就不算什麼了嗎？

事實上，如果中東的怨恨需要一個載體，那為什麼不是伊斯蘭宗教呢？宗教和異端從來都是中東表達抵抗的旗幟，我們從早期的基督教歷史中，也看到同樣的現象。因為伊斯蘭教能夠享有尊重與權威，並提供義士行動的正當性——也就是保護自己的信仰社群，反抗外來干涉。

如果不是伊斯蘭，中東還能靠什麼來抵制西方？靠什麼來凝聚眾力？我們看到過一九五〇—六〇年代時，納瑟統治時的埃及，阿拉伯民族主義曾經是一個凝聚力量，但是英、法、以色列聯軍，卻試圖在一九五六年蘇伊士危機時推翻他。馬克思列寧主義也風行一時，卻無果效。因此，唯有伊斯蘭教，其根脈深入中東區域的文化之中，可以宗教之名調動民眾支持，是唯一可以具有行動力的意識載體，至少在可以預見的未來不會改變。

俄羅斯人在遭受外來的政治干涉時，他們用什麼來喚起大眾的支持？在二戰時，史達林發現受到第三帝國軍隊的攻擊，他自然明白馬克思—列寧主義是喚不起眾志成城的，他轉而求助於俄羅斯的民族主義，最後在絕望之下，他求助於俄羅斯母親的象徵——東正教會。二戰之前，日本帝國主義也尋求一個載體，可以支持其在亞洲的帝國政策，他們找到了日本神道教，甚至還有佛教，都用來說服本國人的心靈。在斯里蘭卡在反抗印度教泰米爾分裂主義的時候，占主流地位的佛教就雇用了僧侶來支持內戰。希特勒也曾利用教會力量支持德國的爭戰。即便是在美國，戰爭的時代各派宗教，清教徒、天主教徒、猶太教，都引用宗教經文支援國家。

在這個脈絡底下看，如果伊斯蘭沒有用來和民族主義一起，激勵穆斯林人民反抗西方霸權，反倒是不正常了。在面對外來威脅的時候，這些因素是互相效力的。

華盛頓擔心伊斯蘭被用來當作抵制美軍反抗美軍的工具，也是可以理解的。反過來，難道美國要期望中東地區不抵抗，全然接受美方的干預嗎？這是不可能發生的，任何這樣的期望都是不現實的（當然大國常常有不切實際的想像）。因此，來檢驗這個工具，也就是伊斯蘭教，有什麼問題有什麼缺點，好像這個工具是引起抵抗問題的源頭，這不是本末倒置嗎？還是專注於討論伊斯蘭教，才可以否認其他真正的問題？這就是瑞士學者拉馬丹所稱的「把問題伊斯蘭化」。

羅伯特．卡普蘭（Robert Kaplan）在這一點上提供了不一樣的觀點，他認為穆斯林的結構確實與目前的政治現實有關。他的觀點很值得探討：

美國民族學家和東方學者卡爾頓．庫恩（Carleton Stevens Coon）在一九五一年寫道，「在一千四百年每下愈況的人類處境中，伊斯蘭教確實（給教徒）帶來了快樂，提供了最佳的生存狀態」。除了清楚鮮明表達了（神的）訊息之外，伊斯蘭教是鼓勵戰鬥的，因此對被欺壓的人特別有吸引力。這個宗教是（把人）裝備好去戰鬥的。生活的壓力、愈發敏感的文化議題、西方帝國不確定策略、難民潮，使得當今的時代成為傳播最好的時代，這已是世界上成長最快的宗教。（伊斯蘭也在西非傳播開來，但是因為混入泛靈論，新轉信者較不可能變成反西方的極端分子。這樣的壞處是在信仰方面被弱化了，在減少犯罪方面的功力大減。）

卡普蘭的觀點確實說明了伊斯蘭是反對國外干預的強效口號。但是在面對強大的壓力和武力之下，即便沒有伊斯蘭，我們也可以預見會有其他武力反抗的。

＊ ＊ ＊

九一一事件的電視畫面非常震撼：行動的規模與力度之大、傷害之猛、死傷的等級，藍天白雲之下的死亡黑煙，都非常令人震驚。但是對不同觀看者，同樣畫面講述的故事是不同的。對美國和西方觀眾來說，畫面的敘事直接了當：美國極力在維護世界和平，卻成了狂熱殺手的目標。必須立即嚴懲兇手，以免同樣的悲劇再度發生。到底伊斯蘭文化出了什麼問題？這中間還有美國的盟友，怎麼會做出如此恐怖的行為？簡單來說，歷史是從九一一開始的。

但是其他地區的人，包括有些西方人士，卻可以從稍許不同的觀點來看待同樣的事件。攻擊事件確實是叫人震驚，對無辜的受害者確實是一大悲劇。但是也有幾分在情理之中。美國對中東的政策長時間造成了極大的怨恨，穆斯林世界早晚都要反擊。歷史不是從九月十一日開始的，之前早有伏筆。如果美國繼續在政治和軍事上干涉其他國家、繼續如此主持全球事務，繼續累積反美情緒，此類的攻擊事件就不會停止。雖然恐怖事件很糟糕，但我們還是希望這是一個提醒，讓華盛頓重新考慮他們的國際政策，看到美國之外的呼聲。

戰爭的正當理由

許多穆斯林也十分難過地承認，他們的社會中有著嚴重的問題。但是對於抵抗西方的統治，甚至不惜使用武力，他們卻很少懷疑這種行為的正當性。事實上，對一個穆斯林來說，或者對任何一個人來說，願意為了某個原因而獻上生命，提示著這個原因是正當的，是值得奉上生命的。雖然在各大宗教中，把戰爭和宗教連接在一起，都牽扯到複雜的道德問題。

基督教關於戰爭道德基礎的討論，可以追溯到聖奧古斯丁，他提出了系列問題來檢視什麼是合理的自衛，什麼是「正義」的戰爭。傳統西方思想認為一個正義的戰爭至少包括兩方面的因素，其一是戰爭的理由，其二是戰爭中的行為倫理。當然還有其他方面的考量，比方說，戰爭是否必要，是否存在戰爭以外解決爭端的手段；戰爭的範圍多大；發起戰爭的權威是否合法；參與戰事個人原因的合理性；戰事造成傷害的比例；如何處理無辜的平民和非軍用公共建設。

談到戰爭的倫理，似乎是個自相矛盾的概念，大部分的軍事行動的核心就是破壞和死亡。自然，從絕對意義上來說，奪取任何生命都是不道德的。但是在戰爭中，道德或者行為的準則是相對的，哪一邊更正義一點？正義的比例佔多大？如何把普通平民的傷亡降到最低？哪一方是正義的，程度多少？歷史上幾乎所有發起戰爭的國家都聲稱，他們面對的是不正義的敵人，正義是站在他們這一邊的。

在民主社會中，這樣的兩難就更顯出其衝突的地方：若國家坦白承認戰爭中存在的道德灰色地帶，是否會引起軍隊與人民的不滿，降低出兵的正當性？因為，戰爭的發起通常需要把敵人妖魔化，把戰爭雙方變成道德上的黑白雙方。這個問題又因為現代的通訊技術變得更加複雜，如今戰爭可以在電視以及網路上接受多方檢視。小布希政府就試圖透過嚴格審查美國媒體，以掩蓋伊拉克戰爭的血腥事實。而最讓華盛頓火大的就是阿拉伯的半島電視台，對戰爭實況做了鉅細彌遺的報導。在美國媒體上，美軍，甚至平民死傷的照片，都被認定為過於「驚駭」，不能刊登，部分原因就是不希望被看見。事實上，製造這些照片的行為才是真的「驚駭」。最容易進行的戰爭，就是對人類影響看不見、摸不著的戰爭。

聖戰

聖戰（jihad，或音譯為「吉哈德」）一詞，以及相關的文獻，扮演著類同於基督教裡的「正義之戰」的角色。這個字用來定義與限制穆斯林在戰爭中的行為。聖戰可說是當今西方世界對穆斯林世界最富爭議，以及最情緒化的用字了；幾乎沒有一天不在媒體上出現，不論是出自聖戰士本身，抑或是出自伊斯蘭的批評者。許多評論者也沒耐心多加考證這個字的由來及用意，認為不過是聖戰士以駭人手段挑戰西方的權力、和平與穩定的代名詞。

在古蘭經和聖訓當中，聖戰有著非常豐富的含義。其阿拉伯字根的基本含義是，「努力」或者「奮鬥」，用來說個人為了活出有價值的生活，努力在生活中踐行宗教道德標準，用個人以身示範有信仰的生活樣貌。在這個脈絡底下，對穆斯林來說，聖戰依然是一個有正面宗教意涵的字，表示個人致力於更好的改變。也常常用在阿拉伯口語中，表示「我會努力，我願意盡力」。這就是先知所定義的「大聖戰」，或者個人的聖戰。

先知隨後定義了「小聖戰」，是指保護伊斯蘭宗教或者其宗教領袖的戰事。因為地處麥地那的穆斯林社區常年受到來到麥加異教徒的包圍困擾，因此保護穆斯林社區是先知以及古蘭經的重要議題之一。後來，早期的穆斯林社區穩定之後，小聖戰一詞才用來指稱軍事擴張，也就是指伊斯蘭教傳到其他的國家以及帝國時，要控制新地區的戰鬥。

如何打仗伊斯蘭的法理也設計了鉅細彌遺的規矩，包括不可以攻擊婦女、兒童，武力該用到什麼程度，應該保證城市建物不受毀損；還有戰爭的發起應該是由國家領袖發起，不合以上規矩的戰爭是不合法的。有紀錄顯示先知曾命令手下「避免傷害婦女、兒童、老人，以及在寺廟以及修道院中的人士」。中世紀的宗教學者們就曾經對向城堡裡投射炸彈的合法性進行了辯論。認為不合法的一方，理由是這種武器的命中率不夠準確，可能傷及士兵之外的普通民眾。

就像基督教的戰爭倫理在實際生活中被濫用一樣，伊斯蘭教的聖戰規則也是如此。「附帶損害」（Collateral damage）已經是美國的習慣用語，以委婉說明戰爭造成的平民百姓的傷亡。當然啦，在二戰的時候，對德國漢堡和德勒斯登的轟炸，對廣島和長崎第一次投下的原子彈，可說是直接針對平民百姓的「震撼與威懾」了。

正如《戰爭論》的作者，知名軍事家克勞塞維茨所說，戰爭發之於情緒，超出理智。一旦衝突開始，雙方都懷帶怨恨，一報還一報，暴力行徑不斷上升。

在較近代的用法中，聖戰用來指非常俗世的任務，就像英文中的「十字軍」也常用來指打擊犯罪，以及對抗毒品的行動。聖雄甘地的反對英國殖民的抗議，阿拉伯語就寫成聖戰，突尼西亞國家總統帶領的國家經濟發展也稱為聖戰，甚至有些爭取女性權利的女權運動，或是維護社會道德秩序的行動，也都被稱為聖戰。但目前聖戰主要是指穆斯林世界對西方諸國—特別是對穆斯林世界採取軍事行動西方國家——的反擊。事實上，有些瓦哈比以及極端的薩拉菲派也用聖戰一詞來合理化他們跟什葉派的對抗。

隨著時間推移，攻擊與防禦的界線已經不那麼明確，聖戰一詞也擴及到穆斯林世界的戰爭上。穆斯林世界的國家彼此之間也時有衝突，但這顯然已經和伊斯蘭的傳播無關。十九世紀時，非洲蘇丹的叛軍首領「馬赫迪」（Mahdi，意指末日審判前會出現的救世主）稱其反抗鄂圖曼帝國的行為稱為「聖戰」，他呼籲殺死所有的鄂圖曼人。[5]而瓦哈比派宣稱要對其他派別的穆斯林進行聖戰。因此，數世紀以來，聖戰一詞已經被誤用在許多場合，到了今天又被用到穆斯林世界對抗西方勢力的抗爭中。

有些基本教義派把古蘭經的聖戰一詞用於對付不同政見的穆斯林身上。他們甚至宣稱聖戰是伊斯蘭傳統五功之外的第六功。我們應該注意，不管名稱叫什麼，現行國際法都認為對外來武裝力量採取武力反擊是合法的。

現在聖戰已經和西方干涉主義變成一對共生的概念，互相依存，互為對方的存在而合理化自己。而在美國，對聖戰的研究已經成為類似家庭手工業，由立場堅定雙方派別，熱切辯論問題的性質。這些研究多半著重於中東和穆斯林文化中的病理原因，以便合理化美國與中東的對抗。「聖戰」在此成為中東問題的源頭，而非問題的症狀。

無疑有些極端激進的暴力團體，確實濫用聖戰一說，把他們極端的方法詮釋伊斯蘭教，以推廣對西方的仇視。這些因素我們會在稍後討論。但是我們難道會相信，如果沒有聖戰，穆斯林世界就不會用打游擊的方式來反抗西方嗎？美國對付伊拉克前總統薩達姆．海珊（Saddam Hussein）的攻擊完全是世俗的，而一開始抵抗是來自復興黨和民族主義的力量，和伊斯蘭或者聖戰毫無關係。是後來，聖戰才變成伊拉克反美侵略的核心概念。我們在這裡，同樣把伊斯蘭這個問題的載體，誤以為是問題的源頭。

正義權威和賓拉登

第一次波斯灣戰爭，美軍在沙烏地阿拉伯駐軍時，聖戰問題再次浮現出來。因為傳統的伊斯蘭律法對穆斯林的統治者，協同外來力量，殺戮其他穆斯林是非常謹慎的。這樣的協作需要

5 編註：此處應指十九世紀非洲蘇丹地區的叛軍領袖，穆罕默德．艾哈邁德（Muhammad Ahmad），他於十九世紀舉兵反抗鄂圖曼及英國軍隊。

其他附加條件，比方說特定的背景之下。拿當時的背景來說，就是沙烏地的宗教學者同意美軍進駐，但是必須是在極短的時間之內，幫助他們抵抗伊拉克的入侵，一旦外在危機解除，美軍就必須撤離。問題是，戰爭結束了，美軍沒有撤離，對宗教學者來說，這是違背了合約，不過沙烏地的人不敢挑明了對美國說。但是賓拉登以及其他的伊斯蘭教宗教領袖提出了這一問題，在一九九六年接受衛報記者採訪時，賓拉登說：

當美軍進入沙烏地阿拉伯的時候，麥加和麥地那兩個聖地所在地，許多宗教領袖和學生都強烈抗議美軍介入。沙烏地邀請美軍入境，犯下了極大的錯誤……（沙烏地）他們支持了其他國家（比方說美國）來攻打其他穆斯林。在把當事的烏理瑪監禁十八個月之後，沙烏地的政權也失去了其正當性……

……後來沙烏地人民想起了烏理瑪說過的話，他們意識到美國才是問題的源頭。一個尋常市民也知道，他們的國家是世界上最大的石油生產國，但是卻要忍受高賦稅和糟糕的待遇。現在人民了解到烏理瑪在清真寺裡說的，我們的國家已經成了美國的殖民地。他們決定要採取行動，把美國趕出沙烏地……

……終於，所有的穆斯林都要聯合起來反抗美國了。」賓拉登如是說。「我相信，或早或晚，美國都會離開沙烏地阿拉伯的，因為美國對沙烏地宣戰，就是對所有穆斯林宣戰。抵抗美國的行為將在穆斯林國家四處興起。我們相信我們的宗教領袖，已經給我們做出了裁決，那就是我們要把美軍趕出去。解決目前危機的方法，是美軍撤回……因為他們的出現就是對沙烏地人民的污辱。

我們不一定非得接受賓拉登對沙烏地社會大眾和其他穆斯林解釋的外國軍隊的衝突起源。但這是他起事的源頭，先開始反對美軍入駐阿拉伯地區，再之後，拉開了更廣泛的反抗圖景。九一一之後，他的名聲更為穆斯林世界所知曉，而全球反恐戰爭也激起更多極端分子轉向恐怖行動或自殺式暴力。這裡除了部分宗教修辭之外，幾乎與伊斯蘭無關，更多的是地緣政治以及保護沙烏地阿拉伯本國利益的民族主義。

不過，這是蓋達組織的說法，蓋達組織是一個極端聖戰士組織，其宗教解釋並不具備權威性。那也可以參照開羅艾茲哈爾大學的伊斯蘭研究院的說法——這可是重量級的宗教權威了。在美國於二〇〇三年三月十一日，攻擊伊拉克晚上，該校發表了一篇申明，身價等同於伊斯蘭宗教領袖的裁決書：

（在此）呼喚所有的穆斯林，全民全力參與這場不合法的侵略戰爭……軍隊配置了最強有力的毀滅性武器……我們阿拉伯人、伊斯蘭國家甚至我們的伊斯蘭宗教，無疑是這些軍隊的主要目標，他們要的就是我們的百萬信眾、我們的國、我們的教、我們的聖所以及財富。達成目標的第一步就是攻擊伊斯克，侵佔其土地，掠奪其豐富的石油資源……本學院支持伊斯蘭高峰會的決議，拒絕攻打伊拉克，責成用和平的手段解決爭端……就目前的局勢來看，許多人認為攻打伊拉克是在所難免的。但是根據伊斯蘭的律法，如果有外敵侵佔的穆斯林的土地，那個每個穆斯林都有保護土地的聖戰義務。我們阿拉伯和穆斯林國家將面臨一場非人道的新戰爭，其旨在剝奪我們的土地、信仰、尊嚴和榮耀……本學院呼籲所有的阿拉伯和穆斯林不要屈服，因為阿拉已經保守了我們的勝利。

二〇〇四年十一月，二十六位傑出的沙烏地宗教學者和專家提出了一份聲明，譴責伊拉克戰爭，在討論了和平是必要首選之後，此項聲明說道：

凡事力所能及的個人，都應該毫無疑問對入侵者進行一場聖戰。這是一場防禦戰，不同於發起戰爭，或者戀戰。不需要具備領導力，唯一需要的能力就是敬畏阿拉。入侵我們土地的人是外犯，與他們征戰，讓他們灰溜溜離開，這是合於我們神聖律法的，合於神心意的。此外，人的法律也認可國家抵禦外敵的行為。聖戰的許可原本就是基於這個原因的，先知說「被進攻者，已獲得反抗的許可，因為他們是受壓迫的。真主對於援助他們，確是全能的。」（古蘭經22:39）阿拉已經為保護伊斯蘭生命、保護伊斯蘭的正義和宗教的爭戰正了名。因此，抵抗美軍的行為不僅是合法的，還是每一個伊拉克人民的宗教責任，以保護他們的榮譽、土地、石油，他們的現在和未來都免於殖民的盟軍之下，就像他們過去抵禦英國殖民者一樣。

甚至連伊拉克一向謹慎小心的希斯塔尼（Ayatollah Sistani）也表布了一條號令，如果出於自我防衛和伊拉克境內的美軍發生衝突是合法的。戰爭期間，還出爐了其他的一些伊斯蘭法規，允許聖戰和反擊。其實在任何地區，人若犯我，我必犯人，但伊斯蘭的律法特別保障這一權利。

恐怖主義的動機

恐怖主義和自殺攻擊已經收錄到西方的字典中，放在戰時穆斯林行動的條目下。其實美國在二戰時，也在戰場上遇見過日本神風特攻隊自殺式的攻擊。顯然，較弱的一方會採用恐怖主義的攻擊方式，就像哈馬斯的謝赫亞辛曾經說過的，如果巴勒斯坦有戰鬥機和高射炮，他們當然也會使用。美國獨立戰爭的時候，駐美英軍也指責美國喜歡用游擊戰，而不正面與英軍對峙。

今天美軍試圖把戰爭框定在標準的軍事行動中，因為這樣他們擁有絕對優勢；同時他們也譴責穆斯林不規範的戰爭行為為怯弱不道德。儘管自殺攻擊者可能犯有其他罪，但是怯弱卻絕對不是其中之一。

使用怖攻擊的問題，主要出現在伊斯蘭教裡嗎？顯然本書是不會贊成把問題歸結於「伊斯蘭」的，那麼到底有哪些地緣政治和社會因素，造成了穆斯林要採用這種弱者的攻擊武器呢。其實恐怖主義在不同地區，都有著悠久的歷史，僅在上一世紀，臭名昭著的恐怖行為就包括越南共產黨、巴斯克分離組織埃塔（ETA）、秘魯極左主義的光明之路（Shining Path）、土耳其的庫德族組織PKK、反抗伊朗統治當局的團體MJK、斯里蘭卡的泰米爾之虎組織、印度的錫克教、共產黨和納薩爾派（Naxalite）、愛爾蘭共和軍、以色列極右派凱煦（Kach）、義大義極左派赤軍旅（Red Brigades）、奧姆真理教、哥倫比亞革命軍（FARC）等。但是近幾十年來，因為和西方對抗，穆斯林組織在此一名單上的數量大大增加。

我們願意為了什麼獻上自己的生命呢？在什麼特殊情形下的死亡讓死亡本身具有更大意義嗎？為別人而死，為家庭、為族人、為部落、為國家而死，還是為了神而死，在歷史上，我們不難看到這樣的死帶著犧牲的特質，帶著榮譽的光彩，帶著利他的光環。突然的死亡是需要意義的。留下來的存活者希望得到解釋和得到慰藉，這些非自然的死亡總有一些意義和目的。那麼自殺行為呢？在什麼情形下，自殺是合理的？這樣複雜的倫理和道德問題，每一個世代每一個宗派都會產生新的答案。通常會在最高的道德脈絡也就是一個文化的宗教中找到答案框架。

* * *

究竟為什麼要用自殺式的攻擊，可以爭論很久。無疑，中東的社會在許多方面尚在發展中。除了石油貴族和富裕的海灣國家之外，大多數國家的教育程度、生活水準和就業機會都相對較低。除了非洲之外，中東地區治理不善的機率也比別處高。可是重要的一點是，這些問題存在於中東很長時間了，伊斯蘭教也在中東盛行十五個世紀了。目前大量增加的暴力事件、恐怖事件以及自殺式攻擊，是在美軍入侵的軍事政策之後。儘管有觀點認為，穆斯林的文化比其他文化更容易滋生暴力事件，讓下面我們就來看看讓暴力增加的原因。

不幸的是，過去十年裡，我們已經習慣了暴力事件、恐怖主義和自殺性爆炸，以致我們認為這是穆斯林在戰爭向來如此。可是事實卻是，這些現象都是新產生的。我們現在很難想像二、三十年之前，這些事件都是很不尋常的。在一九五〇至一九七〇年代的穆斯林世界，自殺性爆炸幾乎聞所未聞，即便阿拉伯民族主義熱潮高漲的年代，以及被以色列大敗後的一九六七年也不例外。巴勒斯坦人也對以色列發動過恐怖攻擊，但不是自殺式的攻擊。最早的自殺式攻擊出現在一九八〇年代初期，黎巴嫩的什葉派雇用自殺型殺手攻擊美國使館和美國軍隊駐地，造成極大的破壞。之後一九八〇年代，斯里蘭卡的泰米爾之虎組織開始常態使用自殺式背心裝備，事成機率非常高。以後，自殺式爆炸才在中東劇烈增加，美軍攻佔伊拉克和阿富汗的時候，達到最高峰。

根據美國政府的資料數據，二〇〇七年是迄今為止，恐怖攻擊事件最多起的年份，共六百五十八起，其中有五四二起發生在被美軍佔領的阿富汗和伊拉克。這個數字是過去二十五年中最高發生率的兩倍。此外，五分之四的事件發生在最近的七年，而且現在類似事件在全球範圍內發生。「自一九八三年以來，從阿根廷到阿爾及利亞，克羅埃西亞到中國，從印度到印度尼西亞，五十多個團體已經從改裝汽車炸彈，到把炸彈安置到安全帶、背心、玩具、摩托車、腳踏車、渡船、背包和假裝孕婦的肚子裡……在二十五年的一千八百四十起事件中，有八六%的發生在二〇〇一年以後，過去四年的發生率為最高。」

關於自殺式爆炸事件數量大增的原因，理論有好多。大多數理論都站在敵對雙方其中的一方的意識形態立場上。有些分析家認為，宗教原因至關重要，保護伊斯蘭宗教領袖，捍衛穆斯林的世界，為宗教犧牲自我，之後可入天堂。另一些人認為，個人病態的心理構成了自殺任務的基礎，認為事件本事是非理性的。還有人認為，對經濟和社會的絕望導致了心理的不正常。芝加哥大學的羅伯特・佩普（Robert A. Pape）教授認為，大多數此類行動都是對外國入侵以及擺脫入侵者的直接反應。還有一些人，例如馬克・薩奇曼（Marc Sageman），提出了這種版本的修訂版，他們同意民族主義和異文化入侵是一個原因，但是真正執行需要一個強有力的社團，緊密的朋友或志願者，願意以死相爭。

為什麼採用自殺式暴力的原因很重要，因為找到了原因，就是找到了解藥。美國也擠入詮釋古蘭經的行列，以期向滋事者「證明」，這樣的行為在宗教上是錯誤的，是違反伊斯蘭教義的。華盛頓曾經招集了數名穆斯林宗教人士，讓他們以伊斯蘭之名，把恐怖分子逐出教外。可惜，對基本教義派的激進人物「正確詮釋」伊斯蘭經文，這樣簡單的舉動並沒有解決問題。更不可能讓伊斯蘭宗教權威制止反抗暴政或攻擊美軍的游擊游動。沙烏地和埃及重要的宗教學者已經一再譴責蓋達組織和其他極端分子的暴力行徑。也有部分監獄中的囚犯「悔改」，「看見他們過去行為的錯誤」，並宣布放棄暴力行動。

也許有些極端分子，真的受到神職人員的說服，看見自己的錯誤並且改變。但是，若說在獄中「悔改」，卻是叫人懷疑這是否代表了他們的真心。就以沙烏地阿拉伯或者埃及來說，很多知名的宗教學者與執政者親近，本身就跟執政者同一陣線，對抗令官方焦慮的激進意識形態。真正能夠說服激進人士可靠的宗教大師為數不多。

許多年輕人變成激進分子是因為當地發生的事：外國軍隊佔領土地，美國、西方國家或者以色列軍隊殺戮市民，有時甚至目睹家人被殺，他們感到羞辱，他們渴望復仇。這是他們直接的體驗，即便沒有親身體驗也可能在電視上看到，這樣的切身體會與神學理論無關。這類的激進分子是不會因為聽過一堂講道，就改變其暴力報復的行徑。如果家人、族人或者伊斯蘭弟兄被殺害，他們只會要求血債血償。他們可能會聽一聽古蘭經的經文解讀，但目的是找到支持他們行為的經文。簡單來說，就是憤怒先，經文其次。從這個層面來說，很難從古蘭經上引經據典，可以平息憤怒，化解怨恨。這種時候，血氣先於智慧。此外，任何宗教的經文，都可以斷章取義出一些可以支持暴力行為的內容，不論宗教本身為何。

即便由穆斯林政府進行洗腦，也未必能改變想法。沙烏地阿拉伯地區的什葉派教徒在學校被迫使用貶低該教的課本，他們說，孩童在學校直接取笑課本上的內容。就像在蘇維埃體系之下的民眾，大家都知道官方宣傳的內容是作假的，直接在腦中拒絕了這些內容。簡單來說，學校和資訊系統暴露的訊息，和訊息被大眾接受是兩回事。

許多溫和的穆斯林也無法接受蓋達組織對血腥事件的辯護以及宗教的詮釋。但是他們也承認，穆斯林世界在這個時代也確實相當危險，而對西方投降也不該是選項。他們厭惡自殺式的報復，但是他們也發現這個「弱者的武器」是唯一可行的回擊。他們擔心自己的兒女涉及到這樣的行動中，但卻對這一行為表示理解，因此個人無法對施暴者嚴厲譴責。而社會對暴力的默認成為恐怖主義存活的重要因素。

每個社會都會自我防衛。從某個層面來看，事情就這麼簡單。小布希政府宣聲，美國只是想要保護自己，「把恐怖分子消滅在伊拉克，免得他們侵犯美國」。但是問題是，大部分的戰爭、權力的爭奪都是發生在穆斯林的土地上，外來勢力在這裡囂張了很長一段時間。穆斯林可能比美國更適合使用自衛一詞。

在戰爭爆發的時候，宗教的力量總是被調動起來，激發大眾，維護正義，特別是在一神教的文化之中。但是戰爭不是為宗教而打的，即便沒有宗教，依然會有紛爭、衝突和大戰。

第十四章　怎麼辦？面對穆斯林世界的新方略

了解什麼是眞正的恐怖主義

恐怖主義是政治手法之一，沒有人可以完全終結它，但是可以把它縮小到一個範圍之內。而美國現在的政策不是縮小它，而是讓它愈演愈烈。美國政府犯下的第一個錯誤是，用自己的方式定義恐怖主義，而不去了解真正的恐怖主義。當然，要給出一個國際達成共識的恐怖主義定義，向來棘手。各國政府都有他們自定義的恐怖主義。二〇〇四年美國國防部曾經給出的定義是：「蓄意使用非法暴力、或暴力威脅來製造極大的恐懼，旨在強迫或威脅政府或社會，達到其政治、宗教或者意識形態上的目的。」

請注意上述文字中關鍵了兩個字：「非法」。這裡沒有給出非法的定義，但是顯然是「沒有得到政府核可」。這又扯出了素有爭議的合法一說。照現代西方的政治理論，國家是允許使用暴力的核准機構。所以說，國家認同＝合法。但這個等式成立的前提是在大部分的西方國家，民主制度下政府的統治是合大眾心意的，但是在威權國家中，反對派是被禁止或者被迫害的，這一說法就有待商榷。因為如果沒有「非法」的活動，現狀就不法改變。而這些活動就被冠上了恐怖主義的名號。

九一一事件和全球反恐戰爭也大力增加了國家的權力，那些面對內亂的國家，都把他們的政敵稱為「恐怖主義」。恐怖主義自然成了一個致勝絕招，一旦被冠上的恐怖主義，就不再需要協商和妥協，國家有權使用極端暴力剷除異己。於是，全球政權都全數參加到小布希提出的全球反恐戰爭中，把自己放到一個道德陣營中，對手是邪惡，不需妥協。哈佛教授沃爾澤（Michael Walzer）睿智觀察到：「壓迫先是成了恐怖主義的藉口，接著，恐怖主義又成了壓迫的藉口——只是前一個是極左派的藉口，後一個是新保守右派的藉口。」

在任何社會中，政治暴力都是不受歡迎，這點沒人反對。說來恐怖主義也是政治暴力的一種。但是在世界上的許多地方，政治暴力慣常的被統治者用來鎮壓反對派。而非法的政權也不可避免要面對政治暴力的問題。下面這段話出自美國《獨立宣言》：

> 人們設立了政府，把判斷公正的權利授予政府……任何形式的政府一旦沒有保障基本人權，人民就有權利更換或者廢除……如果濫用職權和巧取豪奪……讓人民至於暴政之下，人民就有權利也有義務，推翻這樣的政府，為未來的安全建構新的保護。

在現代的穆斯林世界，少說也有三點構成了使用政治暴力的條件：改變推翻專制制度，爭取民族獨立，用武力對付外來勢力。這裡說的也不只是穆斯林世界，包括所有發展中國家。下面我們就來詳細說說這三點。

一、**推翻專制政權**：

在穆斯林國家，有相當比例的依然是專制制度，好些幾十年來都受到西方國家的支持。他們透過暴力以及監禁等多種手段，施行高壓統治。如果對抗專制政權的暴力是恐怖主義，那麼鎮壓就合理了嗎？如果再壓迫的國家之下，武裝反抗又有多少正當性？很遺憾的是，會產生甘地或者曼德拉的國家少之又少。

二、**爭取民族獨立**：

由於歷史原因，其中包括殖民國家重劃了非洲以及歐亞大陸很多國家的邊界。不少族群被人為的國界分割，或者跟不同族群被劃入同一個國家，這些民族包括：車臣人、喀什米爾人、維吾爾人、西藏人；斯里蘭卡的泰米爾族；巴勒斯坦人和印度的錫克教徒；身處伊朗、伊拉克和土耳其三國的庫德族；菲律賓的摩洛人；獨立前的孟加拉族；奈及利亞的伊博族；從衣索比亞獨立前的厄立垂亞；塞爾維亞的科索沃族……這個名單可以一直寫下去。要求獨立的可能是一個民族，也可能是一個宗教支派。

歷史向我們證明了，有許多國家都是從「非法暴力」中誕生的，透過反殖民反帝國的抗爭而獨立的國家有：土耳其、以色列、中國、墨西哥、阿爾及利亞、印尼、希臘、保加利亞、古巴、越南、肯亞、南非，甚至美國。如果今天五角大廈的標準去看一七七六年美國反抗英國的殖民統治，那麼就不會有今天的美國。不要忘了像肯亞的喬莫・甘耶達（Jomo Kenyatta）、以色列的梅納赫姆（Menachem Begin）、以及南非的曼德拉，他們過去都是所謂恐怖活動的首領，現在卻是令人尊重的政治家。

現代美國的政策，一直站在維持現狀和國家政府的一邊，即便國家為了維持現狀而採用了高壓手段，雖然偶有良心發現的時候。良心發現的時候大多是在國家把想要獨立出去的力量視為敵人時，比方說：海珊執政時伊拉克的庫德人，伊朗的俾路支人，蘇聯體制下的烏克蘭、拉脫維亞，以及毛澤東時期的藏人，華盛頓方面會對他們表現出同情和支持。

三、用武力對抗外來的侵略者：

最近的是抵抗美國入侵伊拉克、阿富汗和索馬利亞。儘管在一九八〇年代的時候，阿富汗的恐怖主義對抗紅軍曾經受到華盛頓的熱切支持。為什麼被侵略的國家，沒有武力反抗的權利？戰爭中的國家，即便是民主國家，也不願公開討論這個問題，因為擔心一旦暴力被接受，就成為常態。他們寧願為了眼前的需要，改變原本的普遍定義。在他們自己看來，國家永遠是對的，永遠站在道德的一邊。

在戰爭的正義性問題上，也有著同樣的困境。如果有幾個人被恐怖分子殺害，那麼國家發起戰爭，造成千百倍的死亡，在道德上是合法的嗎？以色列非正式的支持「以一百隻眼還一隻眼」，算是一種威脅嗎？還是所謂的「震撼與威懾」？透過入侵來改變政權嗎？還是平民遭殃？這裡，我們再次滑入相對主義和主觀認定的斜坡：從五萬英尺高空丟下炸彈，襲擊恐怖分子同時可以預見的其他無辜者也會一同死亡，一個是恐怖分子為了國家獨立在以自殺式爆炸的方式殺死敵對方，同時也造成無辜者死亡，哪個是合法的？無疑，有些恐怖活動只是為了散佈恐怖氣氛，但是德勒斯登、長崎、廣島也是為了恐嚇，用現代術語來說，為了製造「震撼與威懾」來贏得戰爭？所有這些問題都直接與穆斯林世界裡裡外外重重危機相關。這些卻又與穆斯林完全沒有關係，唯一的是穆斯林讓抵抗者更團結一致。

僅僅通過相對正義的輕描淡寫的定義簡單地在這裡定義恐怖主義的存在是錯誤的。恐怖主義確實存在，並且是對社會的禍害。實施恐怖行為的人常常在社會邊緣殘酷且精神失常，從事犯罪活動，或者是有強烈意識形態的狂熱分子。但是，並非全部都是如此。壓迫和戰爭等嚴酷條件使這種不良的社會因素與許多其他公民一起受到暴力打擊。為恐怖主義選擇的定義必須一貫適用。華盛頓對這個詞的自私自利的使用，對其法律，分析和說服力的有效性提出了質疑，並且在世界範圍內大大削弱了它的主張，更不用說在穆斯林世界了。

當然更重要的是，外面的世界大多數的國家如何看待這些問題。拿伊拉克來說，其他國家的觀點是和美國看法不一樣，或者說，與美國主流媒體報導的不一樣。忽略地區的問題和限制，註定了小布希政府的政策失誤。為民族之名而戰的穆斯林，不應被視為「恐怖分子」，而應該被視為政治上的異議分子，他們的行為是希望達成某些協議。暴力可能看似「非法」，但也是對不公正待遇的正常反應。

殺人在道德上犯了罪，這點人人都同意。但即便如此，西方法律也區別出其中的不同：有一級謀殺、二級謀殺、誤殺以及過失殺人等，對應的罰責也不相同，有些死罪，有些死罪可免。政治上的暴力以及恐怖事件，也該有個區別等級。下面三種輕重有別，我想略有政治頭腦的人是不會有意見的：第一，巴勒斯坦的伊斯蘭基本教義派哈馬斯在被巴斯斯坦和以色列佔領的特定地區，雇用游擊隊進行恐怖攻擊；第二，伊拉克和普什圖人在自己國家的美軍佔領區，發起了暴力事件；第三，蓋達組織，比方說，紅色旅、霍夫幫、奧姆真理教，面對整個西方發起的恐怖活動。

與恐怖分子的「談判」

在面對世界各地的恐怖攻擊事件，小布希政府拒絕看出其中的區別，「沒有所謂『好的』恐怖主義」。但是儘管原則上都在反恐，但有些國家首腦依然會和恐怖組織談判，特別是如果知道談判也可能解決問題的時候。英國最後就和愛爾蘭共和軍對談了；相當數量的以色列人相信他們必須和哈馬斯對話。還記得，以色列過去在原則上是拒絕和巴解組織對話的嗎？許多美國人也相信，我們也應該和哈馬斯、真主黨、伊拉克復興黨成員，甚至阿富汗的塔利班分子對話，因為他們是對自己國內有具體政治目標的「理性」團體。

「理性」的政治團體發起的暴力事件通常有一個具體、特定的目標。他們通常有個辦公的地方，可供人參觀，在一樓大廳還有貼有文宣，印有小冊子，領頭的人會出現在媒體上，接受採訪。儘管我們由於政治原因，不認同他們的目的，但是我們可以理解他們。有些會讓我們排斥，有些也會讓我們同情。把他們也一併列入恐怖分子，是過於粗陋的做法，也於事無補。政府官員會一再重複，他們絕對不會和恐怖分子談判——直到他們坐下來談；他們一再重複，他們絕對不承認——直到他們承認。其實，政府官員應對恐怖主義的立場，有些時候只是在進行嚴肅談判前擺出來的姿態。

「一個人的恐怖分子，是另一個人的自由鬥士」，這話看似油滑，也不無道理。這句話激怒了不少政府，因為把衝突雙方放在一個道德上對等的位置，兩邊都不討好。問題關鍵在於，抵制是好事還是壞事，在於我們站在哪一邊。當我們選定一邊的時候，另一邊的行為就變成了「恐怖」的。如果我們總是抱著所有恐怖事件都是不安分的伊斯蘭極端議程所推動的，我們就永遠也不可能解決問題。因為所有的問題都有非關宗教的，可妥協的現世目標。

恐怖主義如何結束？

二〇〇八年美國智庫公司的蘭德報告《恐怖組織如何結束》（How Terrorist Groups End）是近年來對恐怖活動最全面也最有趣的統計資料。這張報表檢查了六四八起恐怖事件，參考年份是一九六八至二〇〇八年，最大的發現是「大部分的恐怖組織最後都轉向政治程序」。我們來看幾個主要的結論：

- 恐怖團體的四三%，也就是其中的大部分，最後都轉向了政治程序，也就是說透過雙方的妥協而終止了恐怖活動。蘭德研究得出的另一個結論是：「政治妥協的可能性與恐怖訴求的廣泛性成反比。」換句話說，如果恐怖暴力的訴求愈是具體、愈是有限，那麼達成妥協的機會就愈大。
- 就四〇%未能轉到政治程序上的恐怖事件來說，監督手段比軍事手段更容易有效的把事件轉化淡化。因為比起無差別的武力攻擊，警察和情報單位更容易理解、滲透並無害化這些組織。
- 在被終結的恐怖事件，有一〇%是達成了他們的目標。只有七%是被軍事行為消滅的。
- 「宗教團體發起的恐怖活動要花更長時間來消彌。換句話說，宗教團體很少達到他們的訴求」……「規模也是成敗的關鍵。超過一萬人的大團體有二五%達成妥協的機會；低於一千人的團體，少有成功的案例。」
- 「當恐怖團體發展成暴動的時候，就很難收場。幾乎五〇%的機會，暴動會在政府的協商下平息；二五%的機會，他們會達到目的；一九%的機會是政府軍隊平息了暴動。」

這就是伊拉克和阿富汗這兩個國家的情況。

如果「全球的」運動的和「實際」的訴求兩相作用，即便是溫和派也會變得激化，伊拉克和阿富汗發生的事就是這樣的例子。同樣的，如果可以和「實際」的恐怖團體達成妥協，也可以溫和「全球性」的政治氣氛，而大眾對特別訴求的團體，比方說蓋達組織的同情度也會降低，因為他們的行動與地方公共利益的關聯甚低。

對應政策

歸根結底，恐怖主義離不開中東人民的處境、關切和困境。眾所周知，恐怖主義是弱者的工具。但穆斯林訴諸恐怖主義，無論多麼不可接受，也不能使他們的不滿失去合法性。拿蓋達組織的劫機撞大樓事件來說，他們就像放大鏡一樣，把社會對外來入侵者的不滿都聚集到單一事件上。但是，不滿是先存在的，而且現在依然存在著。

如前所述，歷史並非從事件發生的九月十一日開始的。過去的幾十年裡，美國極力想讓穆斯林的意願和美國目標一致，這個努力沒有成功，沒有解決問題，反而抬升了穆斯林對美國的不滿，讓美國為此付出了高昂的代價。

要想中東和其他地區恐怖事件真正的減少，是消除形成恐怖分子的前提條件。美軍追捕獵殺單一恐怖分子，只會製造出更多恐怖分子。以色列統治巴勒斯坦六十年，造成了是更廣範圍，可說是全球性的反抗。

當然，最重要依然是穆斯林人口。首先，讓穆斯林國家不再有外國的鐵蹄，讓這裡的社會有機會平靜下來，恢復常態；第二，只有穆斯林自己才能改變社會的集體思想，只有溫和的穆斯林解除了激進分子的武裝。或許讓使用恐怖手段變得不合伊斯蘭律法，但這樣說不是因為宗教出面聲音比較大，而是因為伊斯蘭宗教首領是受到尊重的。另外很重要的一點是，可靠的穆斯林宗教領袖不會強迫推行溫和主義，只在氣候成熟的時候，適時推行。但是，氣候是會改變的。而外國軍隊的存在，只會消滅溫和派的聲音，加強激進派的聲音。

「對恐怖主義零容忍」是一個應該零出現的口號。因為意義空洞，就像「對犯罪零容忍」一樣，毫無意義。

不難看出，穆斯林不太可能比美國社會更歡迎對其社會進行嚴厲的外國干預。不需要特別的洞察力就可以得出結論，停止引起穆斯林社會這些暴力反應的活動可能是當前美國災難性道路的合理政策替代方案。現階段情況已經惡化，針對美國的恐怖主義甚至不會隨著美軍撤離該地區而突然結束。但這將是結束它的第一個關鍵且不可或缺的步驟。撤軍將嚴重削弱基地組織等激進運動存在的關鍵理由。在個別穆斯林國家，一旦他們的存在被證明是對抗外國入侵者的一種手段，他們將不再受到歡迎。在新的戰略環境下，當穆斯林人口本身不再需要或接受外來戰士對他們施加暴力時，恐怖主義的空間將迅速縮小。如果我們要掌握其實際的、具體的性質，我們就不能將這個問題伊斯蘭化。遺憾的是，華盛頓遲遲沒有放棄在穆斯林世界和全球範圍內發揮美國戰略主導地位的決心——這是問題的一個關鍵根源。

歐巴馬總統在華盛頓的風格和方向的改變以及他對新方法的開放態度引起了穆斯林世界的廣泛關注。顯而易見，他了解穆斯林世界和其他發展中國家的感受和動機。他意識到尊嚴和尊重在交流中的重要作用，取代了咆哮、招搖和武力。但他能否扭轉延續已久的中東政策是另一個問題，目前看來這項任務可能超出了他的能力範圍。大多數穆斯林都為歐巴馬感到鼓舞，但他們希望看到真正的、現實的改變。

* * *

過去半個世紀的全球局勢，讓伊斯蘭成為世界上政治自覺程度最高的文化。本書想要呈現給讀者的是在全球視野底下，伊斯蘭的過去和現在，我們現在已經清楚看到伊斯蘭其實和其他文化是非常類似的。對有些讀者來說，可能會覺得似乎在為伊斯蘭找理由，找藉口讓大家原諒伊斯蘭。但是本書不僅僅要說伊斯蘭文明的榮耀與失落，不只是列出其優點和缺點。本書的目的是要讓非穆斯林了解，穆斯林的情感，他們的衝動，他們的選擇，到底是什麼讓穆斯林產生了他們的感受，採取了他們的行動。惟其如此，才能找到解決之道，而不是掩耳盜鈴，忽視問題的存在。當然穆斯林世界的個人感受也不是同質的，但是外頭的景況愈糟，這一群人的同質性就愈高。

了解到其他社會發展後面的推力，有機會幫助美國避免危機，比方說過去幾十年來和伊拉克、巴基斯坦、阿富汗、普什圖、索馬利亞的衝突都是可以預見的，甚至其他國家比方說中國、越南、委內瑞拉，甚至俄羅斯，國內的民族運動也是脈絡可見的。這些洞見可以幫助我們在九一一之前，就看到累積的壓力。如果決策者不願意對穆斯林社會有不同角度的了解，固執於「為什麼他們這樣恨我們」一的單方面版本，錯誤的決策就會導致歷史的遺憾。

大戰略

正如本書的書名，華盛頓在制訂中東策略的時候，應當帶著「如果沒有伊斯蘭」的態度。這一地區的重要事務都可以抽掉伊斯蘭的因素加以處理和解決的。因為加入了伊斯蘭這個因素，反而讓問題變得更加混沌不清，而其本身卻不是問題的源頭。伊斯蘭教，特別是其更極端的意識形態形式，可以使問題複雜化，甚至加劇，但不會造成此類問題。相反，問題和問題源自非常具體、具體的區域政治、經濟和社會挑戰——包括教育不足——這些挑戰超越了宗教，無論它們可能被伊斯蘭（文化）修辭所包裹。

如果把伊斯蘭當作問題，意味著我們要投入精力時間加以研究，最後以符合我們利益的方式來改變它。但任何「美國版的伊斯蘭」都注定要失敗。事實上，「美國伊斯蘭」一詞最早出現在伊朗革命中，這種極端強調個人虔誠，不過問棘手的政治議題的作法有其方便——簡而言之，不會引起地緣政治的風波。此外，對伊斯蘭教的關注很方便地將問題轉移到「他者」身上，而無需認真審視我們自己的政策失敗。這並不是說中東和發展中國家沒有嚴重的問題。事實上問題很多。不過，正如我們不能將所有事情「責怪伊斯蘭教」，我們也不能將所有事情「責怪西方」。最穩當的前進方式，就是專注於具體問題、原因和潛在解決方案。

為了化解美國和穆斯林世界之間的對抗，建議採納以下具體事項：

- 西方對穆斯林世界的軍事和政治干預——都對穆斯林具有高度挑釁性——必須停止，才能讓該地區回復平靜。這意味著所有美國和西方軍隊從穆斯林的土地上撤出。
- 由警方和情報部門來查明並阻止恐怖行動，主導調查的機關由國際組織或者事發地的當地機構，而不是美國將其主權在境外非法行使，隨意抓捕和暗殺個人。
- 美國應該停止支持親美的獨裁者——這不僅讓美國支持民主的名聲掃地，而且只會累積反美情緒，讓政治環境更趨火爆。
- 華盛頓應該允許穆斯林世界民主化，但不應該由美國主導。理想情況下，華盛頓應該不干預這個過程，以免因為美國自身的利益而損害它。過去華盛頓選擇性和工具性地利用民主化來追求美國的戰略目標，這已經使其民主化計畫的概念名譽掃地。
- 美國必須承認，在民主程序下，伊斯蘭政黨將在大多數穆斯林國家的早期選舉中合法當選。好消息是，如果伊斯蘭主義者不能兌現他們的承諾或公眾的期望，他們將在一年左右的時間內迅速失去支持。這意味著他們得要處理緊迫的經濟和社會問題，而不是空洞的反帝言論。

• 儘快解決巴勒斯坦問題。在穆斯林世界，這是最嚴重的外國力量干預事件，致使當地人流離失所，或生活在難民營，或成為以色列的二等公民，持續六十年。必須中止以色列對巴勒斯坦的殖民，並設法逆轉現狀。

• 華盛頓花費在中東戰場上的一萬億美元，只消使用其中的十分之一，用於建設學校、研究機構、醫院診所，以及其他培訓機構，這些地區的生活將大有改善，而且美國形象也會飆升。

• 開明的美國政策將會結束跨國暴力，以及激進主義的源頭。而各國國內的恐怖暴力則各有源頭，需另做詳細分析，但是這些並沒有構成立即的危機。

• 最後一點，那就是只有當地穆斯林才能化解當地的伊斯蘭激進主義。

當是當代的伊斯蘭，出於種種歷史因素，往往難以集中心力處理自身的沉痾，又要在後殖民的混亂中，重建自身的獨立與尊嚴——一面又要應付西方的軍事、政治和文化攻勢。伊斯蘭本身具有廣獲的根基與文化視野，只要沒有對石油、權力與基地的國際政治的殘酷鬥爭，伊斯蘭很有機會出現智識的復興。

伊斯蘭文化博大精深源遠流長，其深刻的智慧對社會、人文都有深遠思慮。但伊斯蘭思想的現狀也還不夠成熟，因此，在這樣敏感的發展階段，不要在感受到生存威脅的狀態下，挑動其中攻擊、狹隘的一面，讓溫和改革的力量無法施展。

西方國家對此應當挑起責任。西方先進國家有衝突的兩面：一面是面對國內時，其民主進程、社會福利、教育、人權、對少數群體權益的保護，都卓有成效。這些成就也都為穆斯林世界所欣賞。另一方面，在國際事務上卻濫用權力，且以反共、反恐、促進民主等名號包裝，這些說辭在穆斯林社會遭到厭惡。穆斯林世界因為這些軍事行動所受的苦難，遠遠超過它們能從美國獲得的好處。要使美國領頭的西方社會，對外像對內一樣民主開明，還有很長的一段路要走。

現在發生的事，也不能推說美國是特別邪惡的國家，只是因為他們現在握有權力。我相信，如果支配全球事務的權力落在其他國家，法國、英國、德國、中國、俄羅斯，或其他任何國家，也未必會做得更好。在任何時候，權力的壟斷都是不健康的。我們制訂憲法以達成國家內部的制衡，也制訂了反壟斷法，以防止任何公司，無論多麼優秀，都不會壓制所有競爭。在國際事務上，我們也一樣不希望權力被壟斷——這對任何人都沒有好處。

在未來相當的時間裡，伊斯蘭宗教依然會和國家治理以某種方式聯繫在一起。對穆斯林來說，這確保重要的價值不會消失在爾虞我詐的權力遊戲之中。無論是好是壞，宗教作為國際關係中的一股力量也不會消失。進入超越領域似乎是人類哲學渴望的一部分。但是，從宗教的角度來說，權力加上宗教往往是糟糕的組合。不過說到底，權力與意識形態總是會互相腐化。如果不是伊斯蘭，可能會是其他宗教，或者其他意識形態，但是作用卻是一樣。因此，一個沒有伊斯蘭教的世界不會顯著改變事物的本質。

如果我們認為宗教在現代史上扮演了消極了角色，那麼我們想一想其他因素，比方說，世俗暴政造成的大屠殺，兩次世界大戰、法西斯主義、德國納粹，以及共產主義。世俗的極端主義更糟。真正的問題在於人類目標的好或壞。如果我們能夠將我們對地區問題的看法去伊斯蘭化，並將它們簡單地視為普遍的人類社會和政治問題，我們也應為此分擔一些責任，那麼我們西方人就會走上更穩健的道路。

謝辭

這本書反映了我長年累積的想法與洞見，在這個過程中，受惠於許多人，有西方人士也有穆斯林。名單之長，無法一一羅列。

我只能列出對此書成形有直接且重大影響的人名，他們是：Daniel Bogert-O'Brien、Russell Brant、George Fowler、Andre Gierolymatos、Dimitrios Krallis，以及Glenn Perry。我可能遺漏了許多曾經跟我一起分享想法，或對書中觀念提出有益辯論的人士，在此一併致謝。若本書有任何疏漏，自然文責在我。

另外，我要特別感謝Little, Brown出版社的編輯Junie Dahn——她是令人樂於共事的夥伴，以及主編Geoff Shandker，在他的鼓勵下，我才開始寫作本書。

- The section on just war is informed by Garry Wills, "What Is a Just War?" a book review of Michael Walzer's *Arguing about War* in *The New York Review of Books* 51, no. 18 (November 18, 2004).
- The section on rules of conduct in war is informed by John L. Esposito, "Jihad: Holy or Unholy War," in *Understanding Jihad, Deconstructing Jihadism,* Esposito and Glenn, eds. (Washington, DC: Center for Muslim-Christian Understanding, 2007).
- Robert Fisk's interview with Usama bin Ladin can be read at http://www.robert-fisk.com/fisk_interview3.htm.
- The Islamic Research Academy's statement is here: http://www.islamonline.net/servlet/Satellite?pagename=IslamOnline-English-Ask_Scholar/FatwaE/FatwaE&cid=1119503546644.
- The *fatwa* of the twenty-six Saudi scholars is here: http://www.globalterroralert.com/saudifatwairaq.pdf.
- Some of the statistics on suicide bombings are from Robin Wright's "Since 2001, a Dramatic Increase in Suicide Bombings," *Washington Post,* April 18, 2008.

第十四章　怎麼辦？面對穆斯林世界的新方略

- The Department of Defense's definition of "terrorism" comes from Department of Defense Dictionary of Military Terms as amended 17 March 2009, http://www.dtic.mil/doctrine/jel/doddict/data/t/7591.html. The italics are mine.
- Walzer's quote is from Garry Wills, "What Is a Just War?" a book review of Michael Walzer's *Arguing about War* in *The New York Review of Books* 51, no. 18 (November 18, 2004).
- Seth G. Jones, Martin C. Libicki, *How Terrorist Groups End,* RAND Report (Santa Monica, 2006).

A History of Muslims in Northwest China (Seattle: University of Washington Press, 1997), 43.

- The extract on the influence of Confucianism on Chinese Islam is from Jonathan N. Lipman's *Familiar Strangers: A History of Muslims in Northwest China*(Seattle: University of Washington Press, 1997), 72. Quoting from Feng Jinyuan, *Cong Zhongguo,* 280.
- The biographical information on Yusuf Ma Dexin is from the Wikipedia article of the same name.
- The quote about the desire of Islamic scholars to make Islam "comprehensible, moral and effective" is from Jonathan N. Lipman's *Familiar Strangers: A History of Muslims in Northwest China* (Seattle: University of Washington Press, 1997), 211.
- The text of Ibrahim Anwar's 1995 speech can be seen at http://ikdasar.tripod.com/anwar/95-08.htm.

第十二章　獨立的追求：殖民主義、民族主義與伊斯蘭

- A few of the early paragraphs of this chapter are borrowed from my earlier work: Graham E. Fuller, *The Future of Political Islam* (New York: Palgrave, 2003), 5–7.
- The section on environmental changes is drawn from Jared Diamond's *Guns, Germs and Steel: The Fate of Nations* (New York: Norton, 1997), 409–411, and Jeffrey Sachs's "Islam's Geopolitics as a Morality Tale," *The Financial Times,*October 28, 2001.
- The Joseph Stiglitz extract is from "Wall Street's Toxic Message," *Vanity Fair,*July 2009.

第十三章　穆斯林的抵抗：戰爭、聖戰與恐怖主義

- The Robert Kaplan quote is from his article "The Coming Anarchy," *The Atlantic,* February 1994.

and Robert L. Worden's *India: A Country Study* (Washington: Government Printing Office for the Library of Congress, 1995).

- The extract on the likelihood of Indian Muslims' being the victims of violence and various statistics on the discrepancies between Hindus and Muslims are from Alex Perry's "India's Great Divide," *Time,* August 4, 2003.

第十一章　伊斯蘭與中國

- Basic volumes on Muslims and Islam in China include:
- Michael Dillon, *China's Muslim Hui Community, Migration, Settlement and Sects* (Richmond, Surrey, UK: Curzon Press, 1999).
- Dru C. Gladney, *Dislocating China: Muslims, Minorities, and Other Subaltern Subjects* (Chicago: University of Chicago Press, 2004).
- Jonathan N. Lipman, *Familiar Strangers: A History of Muslims in Northwest China* (Seattle: University of Washington Press, 1997).
- James A. Millward, *Eurasian Crossroads: A History of Xinjiang* (London: C. Hurst, 2007).
- S. Frederick Starr, ed., *Xinjiang: China's Muslim Borderland* (London: M. E. Sharpe, 2004).
- Some of the information on the Hui, including the quote on their lack of common language, common territory, and common economic life, is from "Jonathan Lipman on Chinese Muslims," on Wang Daiyu's *Islam in China* website, November 4, 2007. See http://islaminchina.wordpress.com/2007/11/04/jonathan-lipman-on-chinese-muslims/.
- The section on Zheng He is informed by Richard Gunde's "Zheng He's Voyages of Discovery," UCLA International Institute, April 20, 2004. See http://www.international.ucla.edu/article.asp?parentid=10387, and Jonathan N. Lipman's *Familiar Strangers:*

Depoliticization," July 2, 2006. See http://www.islamonline.net/servlet/Satellite?c=Article_C&cid=1162385923118&pagename=Zone-English-Euro_Muslims%2FEMELayout.

- The extract by the UK Muslim convert is from Shaikh Abdal-Hakim Murad's "Tradition or Extradition," Islam Online. See http://www.islamonline.net/servlet/Satellite?c=Article_C&cid=1158658504101&pagename=Zone-English-Living_Shariah%2FLSELayout.
- The question-and-response extract can be found at http://www.islamonline.net/servlet/Satellite?cid=1213871143613&pagename=IslamOnline-English-Ask_Scholar%2FFatwaE%2FFatwaEAskTheScholar.
- The quote by William Dalrymple can be found in *Emel,* November 2007, 27.

第十章　伊斯蘭與印度

- Stephen P. Cohen's quote is from his *India: Emerging Power* (Washington, DC: Brookings, 2001), 11–12.
- The al-Biruni quote on Hinduism and monotheism is from W. Montgomery Watt's article "Biruni and the Study of Non-Islamic Religions,"http://www.fravahr.org/spip.php?article31.
- Saeed Naqvi's *Reflections of an Indian Muslim* (New Delhi: Har-Anand Publications, 1993), 23–27, was a great resource in researching Indian Muslims.
- Sunil Khilnani's *The Idea of India* (New York: Farrar, Straus & Giroux, 1997), 161–165, informed my sections on partition.
- Information on the Gujarat anti-Muslim riots was drawn from Luke Harding's "Gujarat's Muslim Heritage Smashed in Riots," *The Guardian,* June 29, 2002.
- The Library of Congress country study on India is James Heitzman

Press, 2006), 14.

- The quotes on the alliance between the Left and Islam and Amir Taheri are from "Electing a New People: The Leftist-Islamic Alliance," *Dhimmi Watch,* May 30, 2006. See http://jihadwatch.org/dhimmiwatch/archives/011610.php.
- Much of the information on first-generation Muslims is drawn from Amin Nasser's "Muslims Are Trying to Integrate," Islam-on-Line. See http://www.islamonline.net/servlet/Satellite?c=Article_C&cid=1165994195133&pagename=Zone-English-Euro_Muslims%2FEMELayout.
- The information on French Muslims and Catholic schools is drawn from Katrin Bennhold's "French Muslims Find Haven in Catholic Schools," *New York Times,* September 30, 2008.
- Tariq Ramadan's statements on integration are drawn from "Europe and Its Muslims: Building a Common Future," Lectures in Japan by Tariq Ramadan, July 12, 2007. See http://www.tariqramadan.com/spip.php?article1049 for more information.
- The quote from Rod Parsley is from David Corn's "McCain's Spiritual Guide: Destroy Islam," *Mother Jones,* March 12, 2008.
- The quote from Franklin Graham is from http://cbs11tv.com/watercooler/Franklin.Graham.Islam.2.265296.html.
- The comments by Sheikh Omar Bakri Muhammad and Dyab Abu Jahjah are from David Pryce-Jones's "The Islamization of Europe?" *Commentary,* December 31, 2004.
- Cardinal Jean-Louis Tauran's quote is from Tom Heneghan's "Muslim Return God to Europe, Catholic Prelate Says," *Reuters,* November 29, 2008.
- The extract on the 2006 rioting in Paris is from the International Crisis Group's "France and Its Muslims: Riots, Jihadism and

- Information about Sultan-Galiev can be found in Maxime Rodinson and Richard Price's article "Sultan Galiev—A Forgotten Precursor: Socialism and the National Question," October 2004, which can be found at http://www.europe-solidaire.org/spip.php?article3638.
- The long quote from Sultan-Galiev is from Mirsäyet Soltanˇgäliev, quoted from I. G. Gizzatullin, D. R. Sharafutdinov (compilers), *Mirsaid Sultan-Galiev. Stat'i, Vystupleniya, Dokumenty* (Kazan': Tatarskoe Knizhskoe Izdatel'stvo, 1992), 52. Cited by Wikipedia.
- The quote from Dmitry Shlapentokh is from his article "Islam and Orthodox Russia: From Eurasianism to Islamism," *Communist and Post-Communist Studies*41 (2008). The italics are mine.

第九章　西方穆斯林：忠誠的公民還是隱藏的內奸？

- Tariq Ramadan's quote is from "Europe and Its Muslims: Building a Common Future," Lectures in Japan by Tariq Ramadan, July 12, 2007. See http://www.tariqramadan.com/spip.php?article1049 for more information.
- The statistics and information on European Muslim populations are from Jocelyne Cesari's "Immigration and Integration," *Islam-on-Line,* May 1, 2006. See http://www.islamonline.net/servlet/Satellite?c=Article_C&cid=1162385926736&pagename=Zone-English-Euro_Muslims%2FEMELayout.
- The quote highlighting the 2004 Dutch parliamentary report is from Liz Fekete's "Anti-Muslim Racism and the European Security State, Race and Class," *Race and Class* 46.1 (2004), quoted in Cesari's article.
- Eric L. Goldstein's quote is from his book *The Price of Whiteness: Jews, Race, and American Identity* (Princeton: Princeton University

- The passage featuring the words of Valery Ganichev is drawn from Olga Kostromina and Yelena Dorofeyeva's "World Council of Russian People Denounces Sects, Immorality," *Itar-Tass* via COMTEX, December 13, 2001.

第八章　俄羅斯與伊斯蘭：拜占庭精神長存

- The extract focusing on Makarii's influence is drawn from Matthew P. Romaniello's "Mission Delayed: The Russian Orthodox Church after the Conquest of Kazan," *Church History,* September 1, 2007. See http://goliath.ecnext.com/coms2/summary_0199-7006685_ITM.
- The quotes about Moscow's desire to "transform religious authority" and how Russia came to play the role of "defender of the state" are from Robert D. Crews's *For Prophet and Tsar: Islam and Empire in Russia and Central Asia* (Cambridge: Harvard University Press, 2006), 2. The observations that the Russian state claimed its authority was "grounded in religion" and based on a "shared moral universe" are drawn from pages 7–8 of the same source.
- Some of the background information on Jadidism is from Daniel Kimmage's "Central Asia: Jadidism—Old Tradition of Renewal," *Radio Free Europe/Radio Liberty,* August 9, 2005. You can read the article at http://www.rferl.org/content/article/1060543.html.
- Gaspirali is quoted in Şener Aktürk's "Identity Crisis: Russia's Muslims in the Debate over Russian Identity vis-à-vis Europe," *International Affairs Journal,* UC Davis, December 31, 2005. The italics are mine.
- Much of the information on Russian politics as they relate to Russian Muslims is drawn from Shireen T. Hunter's *Islam in Russia: The Politics of Identity and Security* (Armonk, NY: M. E. Sharpe, 2004), 15–21.

linkage between religion and state power" in Christian history that historically exceeds that of Islam.

- I used the History Learning Site as a resource for much of the basic Calvin information.
- The statement about human weakness is taken from a Wikipedia article on the Great Apostasy.

第七章 「第三羅馬」：繼承東正教會衣缽的俄羅斯

- Numerous legendary accounts exist of Russia's choice of Orthodox Christianity, including the well-known maxim that "drinking is the joy of the Rus; we cannot live without it."
- Philotheus's letter is quoted in Theodore Pulcini's "Russian Orthodoxy and Western Christianity," *Russia and Western Civilization* (New York: M. E. Sharpe, 2003), 89. Pulcin's article cites Nicolas Zernov's *The Russians and Their Church*(Crestwood, NY: St. Vladimir's Seminary Press, 1978), 49.
- Eric Ormsby reviewed Andrew Wheatcroft's *The Enemy at the Gate: Hapsburgs, Ottomans, and the Battle for Europe, New York Times,* June 15, 2009, BR22.
- For the section on Russian philosophy and culture and anti-Westernism, I again relied on Vasilios N. Makrides and Dirk Uffelman's "Studying Eastern Orthodox Anti-Westernism: The Need for a Comparative Research Agenda." It is available online at http://www.unierfurt.de/orthodoxes_christentum/worddocs/makridesleeds1.doc.
- The extract on evangelism in Russia and the Orthodox Church's 1,005-year-old traditions are from Patricia Lefevere's "Tide of Evangelism May Swamp Religious Freedoms—Russia," *National Catholic Reporter,* June 18, 1993.

- Five versions of Urban II's speech can be found at Fordham University's *Medieval Sourcebook,* http://www.fordham.edu/halsall/source/urban2-5vers.html.
- The quote on cannibalism is from *The Crusades Encyclopedia* article, "Cannibalism During the Crusades." You can find it at http://www.crusades-encyclopedia.com/cannibalism.html.
- The story of Umar and the Jewish temple is drawn from Ben Abrahamson and Joseph Katz's "The Persian Conquest of Jerusalem in 614 CE Compared with Islamic Conquest of 638 CE: Its Messianic Nature and the Role of the Jewish Exilarch," which can be found at http://www.eretzyisroel.org/~jkatz/The%20Persian%20conquest%20of%20Jerusalem%20in%20614CE%20compared%20with%20Islamic%20conquest%20of%20638CE.pdf.
- *The Catholic Encyclopedia* entry on the Crusades can be found at http://www.newadvent.org/cathen/04543c.htm.
- The quote from Spiros Vryonis describing the attack on Constantinople is from *Byzantium and Europe* (New York: Harcourt, Brace & World, 1967), 152.
- The statement from Pope Innocent III is quoted in Victoria Clark's *Why Angels Fall: A Journey Through Orthodox Europe from Byzantium to Kosovo* (New York: St. Martin's Press, 2000), 27.
- The assertion about the transformation of the east Baltic world is taken from the Wikipedia article on the Northern Crusades.
- The characterization of Muslim views of Franks is drawn from Carole Hillenbrand and Thomas Madden's "Why the Crusades Still Matter," *National Catholic Reporter,* February 24, 2006.

第六章　新教改革與伊斯蘭的共相

- I am indebted to Russell F. Brant for the insight on the "intimate unierfurt.de/orthodoxes_christentum/worddocs/makridesleeds1.doc.

第四章　當伊斯蘭遇見東方基督教

- This chapter draws from well-established events and the time lines of the region widely available in many books. The striking quote on Syrian antipathy to the West is from Arthur Vööbus's article "The Monophysite Church in Syria and Mesopotamia," *Church History* 42, no. 1 (March 1973): 17–26. See also analysis by Andrew James in the discussion section of the Wikipedia article on Monophytism.
- The quote on the siege of Damascus is from the work of Ahmad Ibn Yahya Al-Balazuri, a ninth-century classical Arab historian.
- The quotes from Ira Lapidus on Muslim conquests are from his *History of Islamic Societies* (Cambridge: Cambridge University Press, 1988), 41–43, 53.
- Merlin Swartz's assertion on Jewish attitudes in the Byzantine Empire is drawn from his article "The Position of Jews in Arab Lands Following the Rise of Islam," *The Muslim World* 60, no. 1 (January 1970): 6–24.
- Arnold J. Toynbee's quote on the use of force in the propagation of Islam is from his magisterial *Study of History* (abridgement of vols. I–VI), D. C. Somervell, ed. (New York: Oxford University Press, 1987), 488.
- Richard Bulliet discusses this process of conversion to Islam in *Conversion to Islam in the Medieval Period: An Essay in Quantitative History* (Cambridge: Harvard University Press, 1979).

第五章　十字軍東征（一〇九五—一二七二）

- The classic study of the Crusades remains Stephen Runciman's *History of the Crusades* (Cambridge: Cambridge University Press, 1951–54).

the Prophet (New York: HarperOne, 1993).

- There are diverse positions about the role of Jesus in history among Jewish scholars. For the section on Jewish perspectives on Jesus, I drew from Rabbi Shraga Simmons's article, "Why Jews Don't Believe in Jesus," which can be found at http://www.aish.com/jewishissues/jewishsociety/Why_Jews_Dont_Believe_In_Jesus.asp.
- The Maimonides quote is from Abraham S. Halkin, ed., and Boaz Cohen, trans., *Moses Maimonides' Epistle to Yemen: The Arabic Original and the Three Hebrew Versions* (New York: American Academy for Jewish Research, 1952), *iii–iv.*

第二章　權力、異端與基督教的演化

- University of North Carolina at Chapel Hill scholar Bart D. Ehrman's *Lost Christianities: The Battles for Scripture and the Faiths We Never Knew* (New York: Oxford University Press, 2003) is a fascinating and groundbreaking study of the problems of early documents in the evolution of Christianity.
- For a discussion of texts that did or did not make it into the formal Christian canon, see http://gbgm-umc.org/umw/Bible/noncanon.html.
- For the discussion on Marcionism, I drew from http://www.earlychurch.org.uk/article_marcion.html.

第三章　拜占庭與羅馬：基督教兩極之間的戰爭

- *Orthodox Christianity and Eastern Europe,* a volume edited by Jonathan Sutton and Wil van den Bercken, features invaluable information on the culture of Eastern Orthodoxy. Particularly noteworthy is the paper by Vasilios N. Makrides and Dirk Uffelman, "Studying Eastern Orthodox Anti-Westernism: The Need for a Comparative Research Agenda." It is available online at http://www.

註釋

本書想提供的是一些另類思考的觀念；我並沒有試圖去「證明」或翻案另一種歷史，我只是檢視我們所熟知的事件，並探討其中宗教以外的因素。

本書的論點來自於我對中東與伊斯蘭亞洲地區歷史的長期思索。我從年輕時代便開始學習中東知識，那些照片、書籍、音樂與電影都激起我無窮的想像。我看過無數關於中東的書籍，也在數個中東國家生活、工作與研究超過十五年。

本書所用的參考資料主要是為了確認年代日期，修正我的記憶，並為這本對東西方衝突的另類解讀——降低宗教本身，而非其他歷史因素的分量——增添一些細節。而《大英百科全書》、《伊斯蘭百科全書》（Encyclopedia of Islam）以及日益精進的維基百科，都對提供事件的大略細節頗有幫助。

第一章　伊斯蘭教與一神教信仰

- Ira M. Lapidus's fine study *A History of Islamic Societies* (Cambridge: Cambridge University Press, 1988) is a valuable resource on many aspects of broader Islamic history, including the early Islamic conquests.
- Good general books on the life of the Prophet Muhammad are Maxime Rodinson's *Muhammad: Prophet of Islam* (London: I. B. Taurus, 2002) and Karen Armstrong's *Muhammad: A Biography of*

THE CONTINENT
大陸
001

如果世界沒有伊斯蘭：
面對地緣政治新變局，來自美國中情局的戰略思考
A World without Islam

作者	葛雷姆・富勒（Graham E. Fuller）
譯者	藍曉鹿
執行長	陳蕙慧
總編輯	張惠菁
責任編輯	吳鴻誼
行銷總監	陳雅雯
行銷企劃	尹子麟、余一霞
封面設計	兒日設計
內頁排版	宸遠彩藝
社長	郭重興
發行人兼出版總監	曾大福
出版	廣場出版／遠足文化事業股份有限公司
發行	遠足文化事業股份有限公司
地址	23141 新北市新店區民權路 108-2 號九樓
電話	02-22181417
傳真	02-22180727
法律顧問	華洋法律事務所 蘇文生律師
印刷	前進彩藝有限公司
初版	2022 年 1 月
定價	450 元
ISBN	978-986-06936-1-4

國家圖書館出版品預行編目(CIP)資料

如果世界沒有伊斯蘭：面對地緣政治新變局，來自美國中情局的戰略思考/葛雷姆・富勒(Graham E. Fuller)著；藍曉鹿譯. -- 初版. -- 新北市：遠足文化事業股份有限公司廣場出版：遠足文化事業股份有限公司發行, 2022.01
面；　公分. -- (大陸；1)
譯自：A world without Islam

ISBN 978-986-06936-1-4（平裝）

1.伊斯蘭教　2.歷史　3.東西方關係

258　　110021508